C·H·Beck
PAPERBACK

Die berührungslose Gesellschaft

ELISABETH
VON THADDEN

C.H.BECK

Originalausgabe

Satz: C.H.Beck.Media.Solutions, Nördlingen
Druck und Bindung: GGP Media GmbH, Pößneck
Umschlaggestaltung: Geviert, Grafik & Typografie,
Andrea Hollerieth unter Verwendung von Motiven von Shutterstock
Gedruckt auf säurefreiem, alterungsbeständigem Papier
(hergestellt aus chlorfrei gebleichtem Zellstoff)
ISBN 978 3 406 72782 5
Printed in Germany

www.chbeck.de

«Jeder hat das Recht auf Leben und körperliche Unversehrtheit.
Die Freiheit der Person ist unverletzlich.»
Art. 2,2 Grundgesetz

«Der handelnde Leib, seine Bewegungen und Rhythmen, seine Gesten und Kadenzen bilden das Zuhause, das mehr ist als Obdach, Zelt oder Haus.»
Ivan Illich, Genus

«In Wahrheit haben sich die Worte, anstatt in meinem visuellen Gedächtnis haften zu bleiben, in meinem Tastsinn zusammengedrängt und sind miteinander verwachsen, und heute weiß ich, dass es diese Worte sind, die in meinen Fingerspitzen kribbeln, die versuchen, aus meinen Fingerspitzen, aus meinem ganzen Körper herauszusprudeln.»
Barbara, Es war einmal ein schwarzes Klavier

Inhalt

Eingangs:
Eine merkwürdige Umarmung

Ein Sommertag, Bahnhof Jena Paradies. Der Blick fällt auf eine riesige Werbefläche: In der Dusche steht eine dunkelhaarige Schöne und wird von einem schemenhaften Phantasiegebilde aus weißem Seifenschaum innig umarmt. Das Seifenwesen umschlingt das Menschenkind bergend und begütigend. Warum tut es das? Nun: um «Ihre Haut in Schutz zu nehmen», wie es die Bahnsteigreklame erklärt. Merkwürdig, da kommt einiges zusammen. «Ihre Haut», Abstand mithin, dieser Mensch wird gesiezt. «Schutz», Fürsorge also, für den verletzlichen Menschen. «Haut», die Membran, an der sich entscheidet, ob eine Berührung verletzend ist. In einer Seifenumarmung.

Die Zeichen und Spuren des Alltäglichen erzählen, was sich gerade in den Köpfen und Gefühlen einer Gesellschaft vollzieht. Und sie stellen einen unversehens auf einem Bahngleis vor Fragen wie diese: Was ist in einer Gesellschaft passiert, in der die Vorstellung anziehend sein soll, von Seifenschaum innig beschützt zu werden? Noch ein Blick, noch eine Verblüffung: Die weiße Seifenfigur auf der Werbewand ist weder Mann noch Frau, sie ist beides zugleich, und sie zeigt mit gleich zwei Ikonen der westlichen Kunstgeschichte eine auffällige Ähnlichkeit: Von Botticellis Venus mit ihrem gelösten Haar, dem um 1484 entstandenen Inbegriff der Erotik weiblicher Prägung, hat sie den Kopf und die fliegenden Haare. Und sie erinnert an den männlichen Gott Jupiter, der auf Correggios Gemälde von 1531 in Gestalt einer küssenden Wolke die makellos weiße Io umarmt.

Da rührt also ein Seifenschaumhersteller im akut krisengeschüttelten Europa dank einer gebildeten Werbeagentur an einen wunden Punkt: Berührung soll sein, nicht aber Verletzung. Verwundbarer als in der Dusche kann man seit Alfred Hitchcocks Film *Psycho* kaum wirken. Die plakatierte Seifenschöne indes erfährt eine Berührung, die wohltut, jenseits herkömmlicher Sexualitäten, und diese bietet einen Schutz, den sie genießt. In der Wirklichkeit realer Körper aus Fleisch und Blut hingegen bedeutet Berührung, wie jeder weiß, mehr. Sie kann elektrisieren, sie kann öffnen, bedrohen, verwunden, ekeln und unüberschaubar riskant sein. Das Dilemma liegt zu Tage: Die Verletzung, vor der jeder Schutz sucht, und die Zuwendung, die jeder braucht, sind die beiden Seiten derselben Offenheit für Nähe. Nähe soll sein, aber irgendwie nicht zu nah kommen. Bei anderen Menschen weiß man nie, wie gefährlich oder lästig sie sind: Seifenschaum, in den man sich selbst hüllt, ist sicherer.

Von dem Dilemma, das die kunstreiche Seifenumarmung ins Bild setzt, handelt dieses Buch. Es fragt, was heute Berührung bedeutet. Heute, während wir epochale Umbrüche am lebendigen Leibe erleben: Wo in unseren spätmodernen Gesellschaften jeder mehr Wohnraum für sich allein hat denn je, wo jeder ein Recht auf Unversehrtheit genießt und Körperverletzung geahndet wird. Wo Mobilität und digitale Technik unseren leiblichen Abstand herstellen. Wo jeder möglichst unbehelligt ein singuläres Körperkapital zu Markte tragen will, aber die Einsamkeit wächst und mit ihr auch Angst.

Die These meines Buchs lautet: Unsere Gesellschaft spürt beunruhigt, dass selbst die perfektesten Körper verwundbar sind, und dass sie doch notwendig der Nähe und Berührung bedürfen. Jeder trägt den Zwiespalt, Nähe zu brauchen und doch in seiner Verletzbarkeit vor unfreiwilliger Nähe geschützt sein zu wollen, am eigenen Leibe aus. Noch steht nicht fest, ob wir eher auf eine Gesellschaft zusteuern, in der Menschen angstlos zugewandt sein können und einander freiwillig nah kommen – oder ob es eine Gesellschaft sein wird, in der argwöhnische Verschlossenheit, Kontrollbedürfnis und eine aseptische Berührungslosigkeit vorherrschen. Beides liegt in der Luft.

Der britisch-polnische Soziologe Zygmunt Bauman hat in der letzten Publikation vor seinem Tod *Retrotopia* beschrieben, wie grenzüberschreitende Krisen und Szenarien unkalkulierbarer Gewalt uns Bürger der westlichen Welt heute an unsere Verwundbarkeit erinnern.[1] Wir hatten es fast vergessen, obwohl, wie Zygmunt Baumans Werk deutlich macht, die Moderne von Anfang an dieses Doppelgesicht trägt: In ihr wirken die universellen Gleichheitsideale der Aufklärung, die körperliche Grausamkeit und den physischen Schmerz durch das Recht einhegen wollen, ebenso fort wie die erfahrene Realität barbarischer Gewalt.[2]

Wir spätmodernen Individuen hatten uns gründlich abgedichtet, mit einer undurchdringlichen Siegfriedhaut, Ohrstöpsel eingesetzt, Blick aufs Smartphone gesenkt, unstörbar, um allen Wettbewerben beweglich gewachsen zu sein. Doch selbst der flüchtigste Blick auf die Bildschirme führt uns vor Augen: Millionen gefährdeter Menschen in Europas unmittelbarer Nachbarschaft zeigen multimedial unabweisbar, was reale Verletzbarkeit ist, vor der Staaten sie nicht schützen. Der bulgarische Politologe Ivan Krastev gibt in seinem Essay *Europadämmerung* zu bedenken, dass besonders die Bürger des Westens im Zeichen der Flüchtlingskrise und der Instabilität des europäischen Gefüges der eigenen Verletzbarkeit neu gewahr werden, die sie doch seit 1945 hinter sich lassen wollten.[3]

Um die menschliche Verletzbarkeit geht es mir in diesem Buch.[4] Die Krisenbefunde will ich wörtlich nehmen und ihnen nachgehen: am Körper. Er ist ein Schauplatz des Wandels. Die Moderne mit ihrem Anspruch, allen gleichermaßen Raum und Schutz für die Entfaltung des Selbst zu geben, hat dem Körper – nach und nach – das Recht auf Unversehrtheit ebenso erkämpft wie die stete Erweiterung des räumlichen Abstands, den er zu anderen Menschen einnehmen kann; sie hat ihn in der Zeit der Industriemoderne als Arbeitsvermögen formiert, hat ihm dann im spätmodernen Wettbewerb um das größte Körperkapital, zumal im Netz, immer mehr Perfektion abverlangt, immer mehr Gesundheit verkauft und ihm ein Recht auf sexuelle Selbstbestimmung zugesichert; sie hat ihn älter, pflegebedürftiger werden lassen, damit verletzlicher und zugleich immer kinderloser.

In diesem Sinne steht der Körper gegenwärtig auf der Schwelle zwischen gestern, heute und morgen: Noch prägt das Bild vom perfekt gestalteten individuellen Körper, den die Gesundheits-, Sport-, Ernährungs- und Wellness-Industrien geformt haben, die geläufigen Vorstellungen davon, wie man in der spätkapitalistischen Gegenwart am besten auftreten sollte. Doch diese Vorstellung bekommt Risse und wird porös. Es zeigt sich, dass Menschen sich höchstens für ein paar Jahre ihrer Lebenszeit und nur an wenigen Orten der Welt aus der Verletzbarkeit herauswünschen können. Drumherum, also fast immer und überall, brauchen sie die Nähe anderer. Viele sind einsam. Viele wachen auf, in berührungsloser Gesellschaft, und sehen sich danach um, wo es etwas Berührung gibt, notfalls auch für Geld. Oder sie entwerfen neue Ideen für freiwillige Nähe, also für eine Spätmoderne, die Verletzlichkeit respektiert und den Menschen als berührbar versteht.

Mit gutem Grund: Selbst, wenn man Europas expansive Gewaltgeschichte vor Augen hat, ist es doch unbestritten, dass sich das moderne Recht mehr und mehr dem Schutz vor Gewalt zugewandt hat. Es gilt heute als unmoralisch, die Verletzlichkeit anderer durch eigene Macht auszunutzen. Skeptischen Beobachtern gehen zwar Fortschrittsdiagnosen nur noch zögerlich über die Lippen, doch hier ist das Wort einmal angebracht: Es gibt diesen Fortschritt, der seit der Mitte des 18. Jahrhunderts nach und nach errungen wurde. Niemand soll einem anderen ungebeten oder gar gewaltsam zu nahe kommen. Was für den Menschen im Allgemeinen zutrifft, gilt im Besonderen für Frauen, Kinder und Alte, deren Unversehrtheit allzu lange kaum der Beachtung wert schien – man denke nur an die Heerscharen von Dienstmädchen, die in bürgerlichen Haushalten den Übergriffen der Hausherrn ausgesetzt waren. Seit ein paar Jahrzehnten erst wird die spezifische Schutzbedürftigkeit einer jeden und eines jeden Kindes in Deutschland garantiert, in Gestalt von Verfassungsgrundsätzen und Straftatbeständen. Das könnte gelassener machen und offen für andere.

Doch der historisch so junge Schutz vor Übergriffen scheint für viele noch spürbar fragil. In Sachen unfreiwilliger Berührung ist die Gesellschaft endlich hochaufmerksam. Die brodelnde Debatte um die massenhaften sexuellen Belästigungen, die unter dem Hashtag #Me-too geführt wird, beweist es eindrucksvoll.[5] Ein weiterer Fortschritt wird deutlich: Die Normen haben sich tatsächlich verschoben. Endlich ist breitenwirksam und öffentlich sagbar, dass der Körper ein einklagbares Recht hat; über erlittenen Machtmissbrauch muss nicht mehr geschwiegen werden. Mehr noch: Endlich sind auch Männer als Verfechter derselben Güter präsent, weil sich die Erfahrung verbreitet, dass es sich schöner freiwillig liebt als in den konventionellen Mustern der Macht.

Und doch ist die Verunsicherung spürbar groß, was morgen aus dem Unversehrtheitsversprechen werden soll. Eine Rückkehr von Unfreiwilligkeit und Übergriffen erscheint manchen denkbar. Ich möchte deshalb mit diesem Buch auch dazu beitragen, dass die fragilen Errungenschaften der Moderne erkennbar werden, denn auch sie sind am lebendigen Leibe zu spüren: als freiwillige Nahbarkeit und als angstlose Offenheit, die rechtlich geschützt sind. Sie bilden immerhin eine Alternative, eine reale Möglichkeit der Geschichte, selbst, wenn sie nie als sicher oder garantiert gelten können.

Ist die Aufmerksamkeit für die Verunsicherung erst einmal geweckt, springt einem bei jeder Lektüre, bei jedem Weg auf die Straße, ins Kino oder ins Netz eine Vielfalt an Zeichen ins Auge: Da gewinnt ein Film im Februar 2018 die Berlinale, der das Publikum aufwühlt, weil er die Berührungsangst und die Berührungsbedürftigkeit von Menschen zum Gegenstand einer siebenjährigen Recherche gemacht hat, die übliche Normen des Begehrens nicht erfüllen: Adina Pintilies Film *Touch me not.* Der erfolgreichste aller französischen Filme der Nachkriegszeit, der in Deutschland unter dem Titel «Ziemlich beste Freunde» in die Kinos kam, hieß im Original *Intouchables.* In ihm erfährt ein alternder Schwerstverletzter durch einen jungen Outlaw die körperliche Pflege, die seither wie ein menschenfreundliches Ideal körperlicher Nähe und Berührung gefeiert wird. Oder in der alltäglichen Realität: Da sucht eine Universitätsklinik nach Pflegekräften und druckt ihre Stellenanzeige auf dem Hintergrundbild von maximal vergrößerten Papillarleisten einer Fingerspitze ab: «Fingerspitzengefühl? Ohne geht's nicht».[6] Und Berührung wird politisch bühnenreif eingesetzt: Der junge Präsident Emmanuel Macron gestaltet nun die Beziehungen zu den Vereinigten Staaten vor den Augen der Weltmedien durch wohlbedachte Berührungen von Präsident Trump.[7]

Eines Tages habe ich begonnen, all diese Auffälligkeiten im Straßenbild, in Begegnungen, in den Wissenschaften und Medien, in Gesprächen, der Philosophie, in Filmen und in der Literatur zu notieren. Das Buch, das so entstand, gliedert sich in seinen vier Kapiteln nach den vier Sphären des epochalen Wandels, deren Schauplatz der Körper ist. Und auch wenn man in Büchern nun mal die Kapitel nacheinander abdrucken muss, so habe ich mich doch bemüht, die einzelnen Abschnitte so abzufassen, dass man im Grunde mit dem Lesen überall anfangen kann, mit jedem Kapitel.[8]

Da ist erstens die Sphäre, in der es unmittelbar um die physische Berührung der menschlichen Haut und ihre Unersetzbarkeit geht, vom menschlichen Tastsinn über das Fingerspitzengefühl und die sexuellen Revolutionen der Gegenwart bis zu den Berührungen, die Kindern, Kranken oder Alten fehlen und der Sorge, ob der Mensch vergisst, dass er ein Säugetier ist (Kapitel 1). Dann ist da zweitens die rechtlich-politische Sphäre, in der seit Beginn der Moderne um ein Recht auf körperliche Unversehrtheit gekämpft wurde, während viele Körperqualen noch lange Zeit rechtens blieben, und ich will davon berichten, welche politische Kraft aus dieser Ungleichzeitigkeit erwuchs (Kapitel 2). Das dritte Kapitel wird davon handeln, wie es kam, dass Menschen in Europa einander nicht mehr auf die Pelle rücken müssen, sondern mit so viel räumlichem Abstand zueinander leben, dass unfreiwillige Nähe und Berührung seltener werden, dass für die Freiwilligkeit neuer Spielraum entstand und doch viel ungewollte Einsamkeit herrscht (Kapitel 3). Und schließlich möchte ich zeigen, wie die spätmoderne Gesellschaft mit ihrer Dynamik dazu beiträgt, dass sich heute die Frage nach dem verletzbaren Körper in bisher ungekannter Dringlichkeit stellt: Jeder trägt jetzt seinen Körper zu Markte, auf einem Arbeitsmarkt, der ihn genau betrachtet und nicht alle braucht; auch um der Wettbewerbstauglichkeit willen ziehen sich viele in Unberührbarkeiten zurück, während Kunst und Philosophie nach anderen Antworten suchen (Kapitel 4).

Einen Vorbehalt möchte ich aber voranschicken: Wo immer ein roter Faden gesponnen wird, wirkt er leicht wie ein übermächtiger Megatrend im Singular, als bestimme er alles Geschehen. So geraten das wimmelnde Multiversum und die aus ungezählten Fäden gewobene Textur moderner Gesellschaften aus dem Blick, aber auch die Vielfalt, mit der Kulturen weltweit Übergriffe ächten und Nähe ermöglichen. Um es ausdrücklich zu sagen: Der Schutz körperlicher Unversehrtheit ist historisch wirklich keine europäische Spezialität. Ebenso fern liegt es mir, die freiwillige Nahbarkeit zu einer europäischen Besonderheit zu erklären. Unbestreitbar scheint mir hingegen zu sein, dass Umbrüche am Körper ausgetragen werden.[9] An der eigenen Gesellschaft, die mir am lebhaftesten begegnet, möchte ich diese Geschichte beschreiben. Und so hoffe ich, alles in allem, ein paar Anhaltspunkte dafür geben zu können, warum auf jenem Plakat im Bahnhof Jena Paradies sich eine junge Frau in der Dusche ausgerechnet von der Umarmung eines Seifenphantasmas den Schutz verspricht, den sie braucht.

1. Kapitel
Fingerspitzengefühl: Vom Berühren

1.1 Antastbar: Zu Besuch beim Tastsinnexperten

Berührung will bedacht sein. Hand geht, Unterarm auch. In den meisten Kulturen akzeptieren es Menschen gegenwärtig, dass sie von Fremden an den Händen berührt werden, zumal wenn es eine rituelle Form wie den Handschlag gibt, der auch Abstand hält. Fast alles andere finden sie unangenehm, und Berührungen im Gesicht oder Genitalbereich gehen gar nicht. Etwas anders verhält es sich bei sogenannten nahestehenden Menschen: Schultern, Kopf, Rücken dürfen die zumeist leicht berühren, also Familie oder Freunde, das fühlt sich unkritisch an.[1] Alles andere: eher unangenehm. Freiwillige Umarmungen ausgenommen.

Und doch unterscheiden sich die Kulturen danach, wie offen sie für Berührung sind: In Puerto Rico, so zeigen Studien, tauschen Einheimische während eines Gesprächs in einem Lokal etwa 180 Berührungen in der Stunde aus.[2] In Frankreich hat man 110 Berührungen in 30 Minuten gezählt, während es in den USA nur deren zwei sind.[3] Und außerdem gibt es auch noch die Berührungen, die erkennbar etwas wert sind: zum Beispiel, nachgewiesen, gibt es in Europa im Restaurant mehr Trinkgeld, wenn die Bedienung den Gast leicht streift, beiläufig, etwa am Oberarm.[4] Ich wüsste gern: Warum ist das so? Was weiß man über Berührung?

Handschlag, der Tastsinnforscher Martin Grunwald erwartet den Besuch vor seinem Labor. Ein feingliedriger Mann Anfang fünfzig, randlose Brille, roter Wollpullover, Gründer des Haptiklabors am Paul-Flechsig-Institut für Hirnforschung der Universität Leipzig, medizinische Fakultät, im Souterrain. Ein Pfeifenraucher, sächsische Färbung des Tonfalls. Eine Koryphäe seines Fachs, doch aus dem legendären MIT in Boston ist er freiwillig nach Deutschland zurückgekehrt, die ständige Präsenz der militärischen Nützlichkeit war nichts für ihn.

Er hat ein Standardwerk der Haptikforschung geschrieben, *Human Haptic Perception*, von 2008. Und unlängst hat er ein Update in populärer Form nachgelegt: *Homo Hapticus*, 2017 erschienen, in dem er zusammenführt, was man weiß, zum Beispiel die Sachverhalte, mit denen ich dieses Kapitel eben begonnen habe. Im *Homo Hapticus* erklärt er, warum Menschen zwar ein Leben als Blinde oder Taube oder Geruchssinnlose führen können, aber sie können wie andere Primaten nicht gedeihen, wenn sie ohne Hautkontakt leben, also nicht tasten und berührt werden. Haut an Haut: Das ist die Erfahrung, aus der das Gedeihen ist. Der Körperkontakt mindert den Stress und stimuliert von der Geburt an die Hirnentwicklung, das Wachstum des Hippocampus, mithin die Gedächtnisleistung wie das physische Wachstum.[5] Wenn Menschen gar keine Berührung erfahren wie jene traurig berühmten Kinder in den rumänischen Waisenhäusern, dann gehen sie ein.[6]

Nur ist merkwürdigerweise der Tastsinn dennoch das absolute Stiefkind in der modernen Sinnesforschung: «Auch als ‹Mutter der Sinne› bezeichnet, wurde dem Tastsinn bisher wenig Aufmerksamkeit zuteil», bedauert etwa die Anthropologin und Verhaltensforscherin Nina G. Jablonski, Direktorin des Center for Human Evolution and Diversity in Pennsylvania, «und seine Bedeutung in der Evolution der Primaten ist wenig erforscht».[7] «Weltweit», steht in Grunwalds *Homo Hapticus*, «forschen nur wenige Hundert Wissenschaftler zu den grundlagen- und anwendungsbezogenen Aspekten der menschlichen Tastsinnwahrnehmung». Warum ist das so?

Ein paar Stufen hinab, um die Ecke, dann sind wir an einem Ort angekommen, der den Reiz einer anderen Zeit ausstrahlt, ein wenig europäisches 1750 liegt in der Luft: ein Bastellabor, Forschung als Menschenerfahrungskunde, spürbar, begreiflich, für alle Sinne. Hier steht in hölzernen Regalen und Schubladen, was sich an Ertastbarem und Handwerkszeug nur vorstellen lässt, denkbar analog, unerfindliche Flüssigkeiten, Gewinde, Stoffe, Rollen, Bänder. Plus Sägen, Hammer, Zangen, Schraubenzieher. Wenige Bücher. Kaum Bildschirme. Alles ist angenehm in feine Schwaden von Pfeifenrauch gehüllt. In diesem Forschungslabor im Universitätskeller in Leipzig sitzt also nun Martin Grunwald und stopft die Pfeife. «Ohne Kontakt zu den Dingen findet man nichts heraus», sagt er mit einem Blick auf seine Werkstatt.

Warum ist der Tastsinn so wenig erforscht? In seiner Schrift über die Seele hat Aristoteles schon in der Antike die *basics* festgehalten, dass nämlich der Tastsinn der einzige der menschlichen Sinne ist, ohne den das Tier Mensch eingehen müsste – und hat hinzugefügt, dass Menschen allerdings auch sterben, wenn sie exzessiv berührt werden, also mit Gewalt: Damit war das Dilemma der menschlichen Natur formuliert.[8] Grunwald schüttelt den Kopf, eigentlich unbegreiflich, warum der Mensch heute seine allernatürlichste Natur nicht zur Kenntnis nimmt oder sogar bestreitet. «In den vergangenen 200 Jahren haben wir uns irrsinnige Mühe gegeben zu vergessen, dass wir Säugetiere sind», sagt er. «Aber es hilft ja nichts, wir sind Säugetiere. Und wenn wir in jeder Hand zwei Handys hielten: Menschen brauchen Hautkontakt, sonst wissen sie nicht sicher, dass sie existieren. Sonst werden sie von Angst und Stress beherrscht.» Ohne intaktes Tastsinnsystem wissen sie nicht, wo vorn und hinten ist, oben und unten, rechts und links, sind verloren im Raum. Einem Menschen wird schwindlig, sobald er das nicht mehr weiß. Er geht sich selbst verloren.[9]

Wenn also die Würde laut Grundgesetz unantastbar sein soll, der Mensch selbst ist es nicht. Er tastet und braucht Berührung. Lebendige Haut. Er sucht sie. Sie tut ihm gut. Davon ist Grunwald überzeugt, bei ihm stehen viele Sätze wie dieser zu lesen: «Etwas, das meinen Körper berührt, zugleich warm und weich ist, ist gut für meinen Körper.»[10] Das wisse ein menschliches Wesen dank der neun Monate, die es im Uterus der Mutter verbracht habe. Die Forschung gibt ihm recht, sie hat in den vergangenen zwanzig Jahren einiges zu Tage gefördert: Studien belegen, dass sich das Immunsystem durch Berührungsreize stabilisiert, und dass sie entzündungshemmend wirken.[11] Berührung reduziert die Anspannung, sie beruhigt. Sie ist entscheidend für die gedeihliche Verhaltens- und Lernentwicklung von Kindern.[12]

Wer in angenehmen Berührungen lebt, leidet weniger an Depressionen. Kinder, denen es an Berührung fehlt, stehen unter Stress, und nicht nur sie. Alte Menschen, zumal in der Pflege, sind auf wohlmeinende Berührung angewiesen, sie hilft gegen die Angst, lässt den Atem ruhig gehen. Wer ruhig atmet, dessen Skelettmuskulatur ist entspannter.[13] Bei solcher Berührung wird das Hormon Oxytocin ausgeschüttet, im Gehirn sorgt es für die Senkung des Blutdrucks.[14] Und so fort: die Berührung menschlicher Haut macht stark. Oder wie Martin Grunwald es ausdrückt: «Berührung mobilisiert die ganze körpereigene Apotheke des Menschen».

Die Forschung weiß inzwischen überhaupt die erstaunlichsten Dinge: Das Hören gilt ihr auf Grund seiner physiologischen Natur als eine Form der körperlichen Berührung, die eine vergleichbare Wirkung hat, und so wundert es sie nicht, wenn die Redensart sagt, Musik gehe unter die Haut. Ebenso wenig wundert es, dass Menschen mit Kopfhörern das Straßenbild prägen, die Musik gibt ihnen eine Gewissheit, nicht verloren zu sein. Auch das Singen wirkt ähnlich einer angenehmen Berührung der Haut, es setzt ebenfalls Oxytocin frei. Oder die soziale Einbettung von Berührungsreizen: Halten wir etwas Warmes in der Hand, wird unser Urteil über andere milder. Sind unsere Hände mit rauen Oberflächen in Berührung, so empfinden wir eher Mitgefühl mit dem Ungemach anderer, sind gewissermaßen offener für die Rauheit des Lebens.[15] Anorexiepatientinnen lässt sich durch Neoprenschutzanzüge, die wie eine zweite Haut wirken, nachweislich helfen. Kinder im Tragetuch am Leibe zu tragen, gibt ihnen Ruhe, und unterdessen ist gut bekannt, dass Frühgeborene durch Berührung und Körperstimulation besser gedeihen.[16] Aber die kostspieligen Langzeitstudien fehlen.

Kein Zweifel, für Grunwald ist die Tastsinnforschung die Königsdisziplin, und wenn er sieht, wie schwer sich die Robotik heute damit tut, die menschliche Hand nachzubauen, etwa für Pflegezwecke, dann weiß er genau: Da haben sie noch Arbeit für 300 Jahre. Schneller geht das nicht. 600–900 Millionen tätige Rezeptoren beim Tasten, das bedeutet unvergleichliche Informationsfluten. Wer Pflegeroboter bauen will, komme höchstens in Schritten von fünfzig Jahren voran. Den Tastsinn knacken zu wollen, sagt Grunwald, komme einem Raumfahrtforschungsprogramm gleich, das sei mit zwei bis drei zusätzlichen Assistentenstellen nicht zu machen. Aber wenn er das bei Expertenanhörungen ausspreche, werde er nicht noch einmal eingeladen. Die Vision ist beliebter als die Realität.[17]

Wie kommt es, dass die Forschung 200 Jahre Verspätung hat

und dass der Mensch alles tut, um seine Säugetiernatur zu vergessen? Der Grund ist ziemlich einfach, meint nun Grunwald und schüttet uns Kaffee ein, denn wir seien seit 200 Jahren eingleisig unterwegs. Die Moderne, seufzt er dann, wollte seit Descartes' «Cogito ergo sum» nur den Geist ernst nehmen. Den Körper hat sie abgewertet, der Tastsinn galt lange als tierisch. Dass der Aristoteles-Leser Thomas von Aquin im Mittelalter sicher gewesen sei, der Tastsinn sei das erkenntnisleitende Sinnessystem, weil nichts gedacht werden könne, was nicht zuvor gespürt worden sei – alles vergessen. Als habe nicht die blinde Amme des Odysseus den Heimkehrer durch Berührung erkannt: die Narbe am Knie, die sie ertastet, hat der Held sich als Kind zugezogen, an ihr ist er ein Leben lang zu erkennen.[18] Wer liest schon die *Odyssee* oder Thomas von Aquin.

Die Moderne: Für den Berührungsexperten ist sie im Grunde eine körperlose Epoche. Von allen Sinnen zählten fast nur die Augen. Sogar der Gründervater der experimentellen Psychologie, hier in Leipzig, Wilhelm Wundt, sei ein Platon-Leser gewesen, also höchstens für den Sehsinn aufgeschlossen, sonst nur purer Geist. Grunwald rauft sich die Haare: Wo sollen die Forschungsgelder für ein Haptiklabor herkommen, wenn lebendige Berührung in der Forschungslandschaft einer Gesellschaft nichts zählt? Dabei ist deren Wortschatz gepflastert von Ausdrücken, die sagen, wie elementar wichtig Berührung ist: unter die Haut gehen, in Reichweite sein, begreifen und ein Begriff sein, naheliegend, unter Nahestehenden, zum Greifen nah oder eben unantastbar, sich etwas vom Leibe halten oder handgreiflich werden ...

Eben, handgreiflich, von diesem Stichwort muss nun die Rede sein: Denn das Säugetier Mensch hat in seiner Geschichte erfahren, wie verletzbar es ist, und es will daraus lernen. Jedenfalls in der Gegenwart, denn die Moderne ist eine Geschichte der Gewaltexzesse, die Menschen einander zugefügt haben, sie hat dagegen ein Recht auf körperliche Unversehrtheit und Schutz erkämpft – Herr Grunwald, muss man als Tastsinnforscher nicht ebenso auf die übergriffigen Berührungen achten wie auf die wohltuenden? Übersieht er die Gewalt, hat er nur die wohlmeinende Berührung und ihre Wirkung im Blick? Nun wägt er sichtbar Gedanken ab, Kopf gesenkt, er nimmt sich Zeit. Pfeifenqualm. Und dann taucht plötzlich in seinen Worten die andere Realität des Säugetiers auf: «Jede Berührung kann existenzbedrohend sein, wenn sie in den Körper eindringt. Auf nichts achten Menschen deshalb so sehr wie darauf, dass niemand unkontrolliert in ihre Körpernähe gelangt. Visuelle oder akustische Reize sausen an ihnen vorbei, ganz anders bei Berührungsreizen, keiner bleibt unbemerkt: in Millisekunden prüft jeder Mensch, ob eine Berührung gefährlich ist oder nicht.»

Wer einmal die Erfahrung von Gewalt oder Missbrauch gemacht habe, in dessen Körper präge sich diese für immer ein, wenngleich individuell ganz verschieden.[19] Ist es angesichts dessen nicht leicht zu begreifen, dass Menschen, wenn sie nur können, nach Abstand suchen? Dass sie unfreiwilliger Enge entkommen wollen und in ihrem Alltag zu Künstlern der Distanzierung werden? Da denkt Grunwald wieder eine Weile nach und kommt mit seinen Gedanken schließlich bei der Doppelnatur der Berührungsbedürftigkeit an: «Gewiss, das ist zu begreifen. Aber so sehr wir fürchten, dass einer uns unberechtigt zu nahe kommt, ob durch Gewalt oder durch Unachtsamkeit, so sehr fürchten wir andererseits das Gegenteil von Nähe: die Einsamkeit. Auch ihr wollen wir entkommen. Wir können nicht ohne Nähe.»

Nicht zu nah, nicht zu fern: Es ist ein ewiger Akt der Balance. Wer darf nah kommen, wer muss fernbleiben? Sehnsucht nach Nähe, Angst vor unfreiwilliger Nähe. Sehnsucht nach Abstand. Angst vor Einsamkeit. Die Psychologin Sherry Turkle hat dieses Balancieren zwischen Verletzlichkeit und Einsamkeit, Angst und Sehnsucht in ihrem Buch *Alone together* auf die kürzestmögliche Formel gebracht: «We are very vulnerable indeed. We are lonely but fearful of intimacy.»[20] Und für ein paar kurze Jahre des Lebens zumindest, auf dem sogenannten Zenit der Leistungs- und Wettbewerbsfähigkeit, wollen viele diesen Balanceakt möglichst selbstbestimmt tanzen.

Ein und dieselbe Disposition: der menschliche Körper ist offen, für Wohltat wie für Gewalt, die Wissenschaft aber scheint streng arbeitsteilig zu forschen, und Grunwald steht für das Positive.[21] Wie kommt es, dass die einen Wissenschaftler bei Berührung primär an das Wohltuende der Nähe denken, die anderen aber als Gewaltforscher die Verletzbarkeit in den Fokus ihrer Aufmerksamkeit rücken, hat er eine Vermutung? Grunwald spekuliert nicht gern. Aber er meint dann im Gespräch testweise, es sei sicher auch eine Frage der eigenen Kindheit und Prägung. Ihm sei es gut ergangen, keine Gewalt, keine Übergriffe. Er sehe das Wohltuende.

Was wohltuend wirkt, ist allerdings strittig. Erst heute wird an den Spitzen des Eisbergs sichtbar, wie üblich bis in die jüngste Gegenwart sexuelle Unfreiwilligkeit war, wie massenhaft sie noch vorkommt, und oft zwangsverkleidet als Lust. Da nimmt unser Gespräch notwendigerweise einen kleinen Exkurs zum öffentlichkeitsbeherrschenden Thema der sexuellen Belästigungen, und Martin Grunwald, in dessen Forschungen diese Frage keine Rolle spielt, macht mit der Entschiedenheit des Tastsinnexperten klar: Es stehe nie objektiv fest, was wohltue, doch spürten es die Beteiligten bei einer Berührung gleich, und zwar beide Seiten, *ob* es wohltue. «Was eine angemessene Berührung ist, wird vom Empfänger entschieden». Die Haut sagt die Wahrheit.[22] Und der Berührende merkt es.

1.2 Berührungslos: Ist die Gesellschaft «unterkuschelt»?

Die Haut hat Hunger, so drücken es die Experten aus.[23] Sie will berührt werden, immer wieder – wenn es denn in spätmodernen Lebensverhältnissen noch stetige menschliche Berührungen gäbe. Die Anthropologin Nina G. Jablonski äußert sich besorgt darüber, dass im modernen Leben der körperliche Kontakt generell auf dem Rückzug ist. Sie nennt als Gründe den räumlichen Abstand, die Anforderungen von Mobilität, die technische Kommunikation. Sie ist mit der Sorge nicht allein. Die Öffentlichkeit, die in den Medien seit ein paar Jahren solche Diagnosen abwägt, ist erkennbar irritiert, quer durch alle politischen Lager. Die linksalternative *taz* diagnostiziert auf Grund der jüngsten Forschungen zum Modehormon Oxytocin, unsere spätmoderne Gesellschaft sei «unterkuschelt»,[24] denn die freiwillige Berührung unter Menschen, und mithin das Vertrauen seien bei den modernen Distanzierungspraktiken zu Schaden gekommen.

«Der Hauthunger», sagt die schwedische Berührungsforscherin Kerstin Uvnäs Moberg vom Karolinska-Institut in Stockholm, werde nicht mehr gestillt, ein paar Minuten körperliche Berührung pro Tag seien für Menschen nicht genug, um sich in der Welt orientieren und vergewissern zu können.[25] Die liberale ZEIT nahm dasselbe Hormon zum Anlass, um in einer Titelgeschichte dessen medikamentöse Verabreichung zur Steigerung des Bedürfnisses nach körperlicher Nähe zu empfehlen.[26] Dem zu Grunde liegt die Vermutung, dass der vertrauenschaffende menschliche Oxytocin-Spiegel historisch gefallen ist. Keine zwei Monate später versprach ein weiterer ZEIT-Titel, der jenseits der Käuflichkeit das Heilende und Stärkende der Nähe betont, einem jeden mögliche Abhilfe: «Medikament: Zuwendung».[27]

Gemeint war als Mittel der Heilung die zugewandte Nähe eines anderen Menschen als Alternative zum pharmazeutischen Medikament.[28]

Nirgends ist Angst stärker ausgeprägt, so belegt es nun eine weltweit vergleichende Studie des MIT, als in Europa und Nordamerika, dort also, wo besonders viel Platz ist. Zwölfjährige Amerikaner, so hat es eine Studie in Miami ermittelt, empfinden Hautkontakt heute eher als Aggression denn als Zuwendung.[29] Gleichzeitig meldet das Touch Research Institute in Miami, was Martin Grunwald in Leipzig seit langem schreibt, dass nämlich Berührung für fast alles Lebensnotwendige förderlich ist, für die Entwicklung der Frühchen, für das Gedächtnis von Alzheimer-Kranken, zur Stärkung des Immunsystems. Und eben zur Heilung.

Was denkt also der Tastsinnexperte Grunwald über die besorgte Diagnose, wir lebten in berührungslosen Zeiten? Stimmt er den Befunden zu? Alles Hypothesen, wenig Belege, brummt der Mann in den feinen Dunstschwaden. Aber was stellen Sie fest, Herr Grunwald, wenn Sie sich mit ihrem geschulten Blick umsehen? Als der Forscher dann von der Gesellschaft erzählt, die er als experimenteller Psychologe beobachtet, fügt sich nichts mehr in einfache Adjektive und Gegensätze.

Er erzählt davon, wie die Versuchspersonen seines Labors sicher sein wollen, dass ihr Handy während der Dauer eines Experiments in Reichweite bleibt und nicht in einem anderen Raum liegt, denn so sehr gleicht das Gerät inzwischen einem eigenen Körperteil, so sehr gleicht seine Berührung einer Selbstberührung, zur Vergewisserung, dass man lebt. Er erzählt von Zahnärzten, deren Patienten während der Behandlung die Handys umklammern.

Grunwald nimmt eine Gesellschaft wahr, in der es leichter ist, sich im Netz einen Sexualpartner zu organisieren als einen vertrauten Menschen zu finden, den man immer wieder umarmen kann. Dabei ist er sicher: Das menschliche Grundbedürfnis richtet sich nicht auf Sex, sondern auf eine Nähe, die einem die Sicherheit gibt, dass man existiert und nicht allein ist.[30] Durch Umarmung oder notfalls durch Äquivalente von Umarmung. Auffällig unruhigen Kindern in der Schule Sandwesten anzulegen, sagt Grunwald, wirke sich wie eine dauerhafte Umarmung aus und sei in der Behandlung von Autismus-Patienten bewährt: die Verlorenheit dieser Kinderkörper im Raum lasse nach, und in ihnen könne so Ruhe einkehren.

Kennt er empirisch valide Befunde für die Diagnose «berührungslose Gesellschaft»? Doch, drei Symptome einer tiefgreifenden Veränderung nimmt der Tastsinnexperte wahr, alle empirisch dicht belegbar, die den aktuellen Stand der Berührungsbedürftigkeit anzeigen: Erstens, dass die expandierende Wellness-Kultur, die ursprünglich vor allem auf Farben und Gerüche gesetzt habe, nun vor allem Körperereignisse wie Massagen verkaufe. Zweitens zeige das wachsende Angebot an sogenannten Kuschelpartys, in denen Fremde – für Geld, nach festen Regeln, ohne Sex – einander anfassen, dass diese eingehegte Form der freiwilligen Berührung im gesamten Spektrum der Gesellschaft sozial akzeptiert und stark nachgefragt sei.[31] Und drittens sei die steigende Zahl der zumeist felltragenden Haustiere wie Hund oder Katze ein zweifelsfreies Symptom für Berührungsbedarf, 30 Millionen Haustiere insgesamt waren 2015 gemeldet, das sind sieben Millionen mehr als noch 2010, und sie zeigen Wirkung. Wer ein Haustier hält, wird deutlich weniger krank, gesundet schneller, lebt insgesamt länger.[32] Der Mensch, sagt Grunwald, schätze es nicht, wenn ihm wohltuende Berührung fehle. Er sorge für Abhilfe. Und dann lacht er: «Das Säugetier Mensch lässt sich gerade etwas Neues einfallen, um doch ein Säugetier zu bleiben.»

Letzte Frage, Stunden später in diesem Leipziger Souterrain: Was hält der Tastsinnforscher unter den aktuellen Säugetierumständen von dem Dauerkontakt menschlicher Finger mit den glatten Kunststoffoberflächen der Smartphones? War nur eine Frage, doch da passiert etwas wirklich Erstaunliches: Der freundliche, nachdenkliche Mann wird plötzlich sehr wütend. Und traurig. Seine Stimme hebt sich. «Wir veröden. Wir verrotten. Das können Sie genau so schreiben: Grunwald sagt, wir verrotten in der flachen, glatten Welt. Wie verrottet wir sind, sehen Sie an den Sandwesten, die wir den unruhigen Schulkindern umlegen.» Und wie ist es mit der imaginären Berührung, die nur in der Vorstellung wirkt, ob nun vor der Kinoleinwand oder am privaten Pornobildschirm, ist sie ein Ersatz? Grunwald klingt nun beinah unwirsch. «Nein. Die Biochemie einer Hautberührung kann man durch nichts virtuell simulieren.» Kein Zweifel: Der Mann macht sich wirklich Sorgen um das Säugetier, das sich selbst vergisst.

Dann streckt er mir zum Abschied die Hand hin: ein warmer Handschlag. Auf Wiedersehen. Und mir fällt erstmals auf: Man gibt einander die ganze Hand. Nicht die Finger. Die übliche Berührung findet handflächig und nicht über die besonders empfindsamen und exponierten Fingerspitzen statt.

1.3 Fingerspitzengefühl: Finger, Berührung und Taktgefühl als Voraussetzung von Gesellschaft

«Fingerspitzengefühl? Ohne geht's nicht. Mein Job ist anspruchsvoll und ich bewirke viel». So wirbt das Hamburger Universitätsklinikum im Herbst 2017 auf Plakatwänden nicht um Chefärzte, sondern um Pflegepersonal. Das ist besonders knapp. Pflegende, so will es zumindest die Hoffnung, fassen mit ihren geschulten Händen bedürftige Menschen an, denn Pflege bedeutet nach diesem Bild Hautkontakt. Als trügen Pflegende nicht zumeist Einwegplastikhandschuhe.[33]

Aber das Werbeplakat zeigt stattdessen, riesenhaft vergrößert, worauf es idealerweise ankommt: die Subtilität einer Fingerkuppe mit ihrer Papillarleistenlandschaft. Suchte man nach nur einem Wort, das stellvertretend die Besonderheit des modernen Menschen seit der Epoche der Empfindsamkeit zum Ausdruck bringen kann, so wäre dieses ein Topkandidat: das Fingerspitzengefühl. In ihm, schreibt die Dermatologin Sylvie Consoli in ihrem Buch über die Zartheit, verkörpert sich die menschliche Fähigkeit, die in der Pflege zentral ist, nämlich sich anderen einfühlsam zuzuwenden. Durch Berührung.[34]

Das Wort «Fingerspitzengefühl» bedeutet, wie der Duden angibt, etwas primär Physisches, das in der Moderne auch in den Spürsinn des Geistes, der Seele und in den Habitus eingewandert ist, nämlich als «Feingefühl, Einfühlungsgabe im Umgang mit Menschen und Dingen». Die Synonyme lauten, dudenhaft aufgelistet: «Einfühlungsgabe, Einfühlungskraft, Einfühlungsvermögen, Feeling, Feingefühl, Gespür, Taktgefühl, Verständnis, Zartgefühl, Sensibilität, Empathie».[35] Eben dies ist das Bedeutungsspektrum, das umfasst, was seit der Mitte des 18. Jahrhunderts den zum Mitgefühl begabten modernen Menschen zum Erfinder des Menschenrechts auf körperliche Unversehrtheit gemacht hat: eine Empathie, die jetzt idealiter jedem eignen und für jeden gelten soll, gleichermaßen. Weil jeder die Schmerzen des anderen spüren kann, indem er die eigene Verletzbarkeit spürt, sucht er idealerweise nach Vermeidung von Schmerz.[36] Der große Gegner des Feingefühls, der den modernen Menschen umtreibt, ist die Grausamkeit.[37] Stellvertretend für diese moderne Sensibilität steht also das Fingerspitzengefühl. Es geht mit der Aufklärung buchstäblich Hand in Hand. Der Philosoph Immanuel Kant hat in seiner *Anthropologie* in der Hand, den Fingern, dem Fingerspitzengefühl die Organe erkannt, ohne die Begreifen nicht denkbar ist.[38]

Das redensartliche Fingerspitzengefühl beruht auf einer anatomischen Realität: Die Fingerspitzen von Primaten sind besonders empfindlich, weil sie anatomisch spezialisiert sind, die Fingerkuppen sind haarlos, durch Hornhaut verdickt, sie bündeln besonders sensible Nervenenden, Blutgefäße und Drüsen. Mit 600 Druck- und Berührungsrezeptoren pro Fingerkuppe. Mit ihnen erspürt man die Welt, sich selbst und andere Körper. Mit ihnen erschaffen Menschen ihr Verhältnis zur Welt. Aus ihnen erwächst ein Wechselgeschehen zwischen Körper und Welt, in dem sich Menschen als wirksam erfahren, in dem die Sinneserfahrungen füreinander durchlässig werden können. Die Pianistin und Sängerin Barbara hat dafür ein Bild umfassenden Spürens geschaffen, in dem die Fingerspitzen auf den Tasten des Klaviers Klänge erzeugen, die über den Tastsinn in den Körper gelangen, aus dem sie verwandelt als Worte hervorsprudeln können: «In Wahrheit haben sich die Worte, anstatt in meinem visuellen Gedächtnis haften zu bleiben, in meinem Tastsinn zusammengedrängt und sind miteinander verwachsen, und heute weiß ich, dass es diese Worte sind, die in meinen Fingerspitzen kribbeln, die versuchen, aus meinen Fingerspitzen, aus meinem ganzen Körper herauszusprudeln.»[39]

Die Kunst der Fingerspitzen zeigt sich aber besonders in Geselligkeit, am anderen Menschen. Das Fingerspitzengefühl hat deshalb nicht nur die Erforscher des Tastsinns beschäftigt. Der Soziologe Helmuth Plessner hat in seinem Buch *Grenzen der Gemeinschaft* von 1924 im Taktgefühl – das ja von «Tasten» kommt und nur ein anderes Wort für Fingerspitzengefühl ist – eine Grundvoraussetzung von Gesellschaft erkannt. Am Taktgefühl entscheidet sich für Plessner, ob ein Mensch sich für einen anderen öffnen kann, ohne ihm zu nahe zu kommen: «Takt ist der ewig wache Respekt vor der anderen Seele und damit die erste und letzte Tugend des menschlichen Herzens.»[40] Taktgefühl, so sagt es Plessner, zeige sich als Zartheit: «Sie ist das einzige Mittel, den geselligen Verkehr möglich und angenehm zu gestalten, weil sie nie zu nah noch auch zu ferne kommen lässt.»[41] Nicht zu nah, nicht zu fern: In dieser mittleren Distanz liegt heute der Ort des spätmodernen Menschen, der nicht einsam sein will und doch nicht in seiner Unversehrtheit gefährdet.

Am Fingerspitzengefühl erweist sich schon seit dem Beginn der Moderne das genuin Menschliche: Es sind die Fingerkuppen, an denen auf dem ikonischen Gemälde Michelangelos *Die Erschaffung Adams* die aufeinander zu gestreckten Zeigefinger Gottvaters und seines Geschöpfes Adam einander fast berühren. Nur fast. Denn der eine ist Gott, der andere ein Mensch. Es sind die Fingerspitzen, in denen auf Correggios nicht minder ikonischem Gemälde *Eva mit dem Apfel* die mythische Eva den Apfel hält, eine Berührung, die den Menschen aus dem göttlichen Paradies in die Menschenwelt führen wird.

Suchte also ein Künstler nach einem Teil des Körpers, an dessen Wohlergehen oder an dessen Leid sich heute die berührungsprekäre Situation des Menschen darstellen ließe, so wären die Fingerspitzen bestens geeignet. In ihnen spitzt sich buchstäblich zu, was es mit dem Menschen auf sich hat. Wie existentiell die Berührung den Menschen bedroht und wie existentiell wir ihrer zugleich bedürfen, hat der Schriftsteller John Green in seinem jüngsten Roman *Schlaft gut, Ihr fiesen Gedanken* (2017) meisterlich verdichtet: im Bild der verletzten Fingerkuppe.[42]

Betrachten wir diesen Roman als eine literarisch sprechende Form der Gegenwartsdiagnose, mithin symptomatisch: Er erzählt auf unerhörte Weise davon, was es bedeutet, Finger zu haben, die Menschen berühren könnten, und er liest sich wie ein Schock. Denn die Fingerkuppe der Protagonistin dieses Romans ist eine Wunde. Und diese Wunde schließt sich nicht. Sie befindet sich an der Mittelfingerkuppe der rechten Hand, zumeist unter einem Pflaster, aber Aza muss es oft abziehen, um zu sehen, ob die offene Stelle sich entzündet oder eitert, und wenn sie geschlossen wirkt, kratzt sie sie mit dem rechten Daumennagel lieber auf, bis etwas Blut fließt, tut etwas Desinfektionsmittel drauf, gegen die Bakteriengefahr. Das brennt, auch dies also ein lebhaftes Fingerspitzengefühl, dann kommt wieder ein frisches Pflaster drauf.

So geht es tagein, tagaus, immer. Eine Zwangslage, wie Aza sagt. Aza Holmes, eine 16-jährige Halbwaise, kennt es nicht anders, eine schwere Angststörung, deretwegen sie psychiatrisch behandelt wird, zwingt sie, Dinge zu tun, von denen sich trotz unausgesetzten Grübelns nicht sagen lässt, warum sie notwendig sind und ob Aza sie wollen würde, wenn sie die Wahl hätte. Aber die hat sie nicht. Der Grund der Angst ist hier nicht die physische Verwundbarkeit, sondern die Offenheit für eindringende Bakterien, die den Körper von innen zu zerstören drohen. Offen für Verletzung – offen für Berührung.

Wenn diesem jungen Mädchen in Person des gleichaltrigen Jungen Davis die Liebe begegnet, dann schiebt sich in Form eines qualvollen inneren Dialogs zwischen dem Zwang und dem Wunsch eine rücksichtslose Angst in den Vordergrund des Erlebens: dass Liebende sich üblicherweise küssen müssen. Aber wie soll das gehen, wenn man dabei doch von fremden Keimen und Parasiten geflutet wird und aus den verschiedenen Körperöffnungen lauter Flüssigkeiten ins Spiel zu kommen drohen, die infektiös sein könnten? Auch Kauen ist eklig. Schlucken. Verdauen. Ausscheiden. Biomassen, Bakterienkolonien. Das Berühren eines anderen menschlichen Körpers, gar eines nackten begehrten Körpers, bedeutet für die junge Frau einen fortwährend drohenden Bioterror. Lebendigkeit ist unkontrollierbar. Was ihr Tastsinn erträgt, sind die Tasten des Smartphones. Erst sie öffnen einen Zugang zur Innerlichkeit, erst sie ermöglichen eine Art Innigkeit.

Dies ist die verstörende Motivkonstellation, in die John Green die Protagonistin seines Romans stellt. Nun ließe sich zu dazu einfach sagen, dass der heute 40-jährige Green, einer der meistgelesenen Autoren und meistgesehenen Videoblogger der Welt, ein sternennachtklares Gespür dafür besitzt, was er seinen jugendlichen Lesern an Gegenwartsdiagnostik schuldet, wenn er sie ernst nimmt, und das wagt er, auch weil er mit der eigenen Angststörung zu leben gelernt hat wie kaum ein anderer Autor. Für dieses Wagnis rühmt ihn fast einhellig die Kritik, deshalb verschlägt es einem beim Lesen den Atem: etwa, wenn Greens Erzählung als Realität anerkennt, dass bei heutigen Kindern das Internetleben vor jeder Erfahrung aus Leib und Blut steht. Und man begreift, lesend: Sogar ein so netter gleichaltriger Mensch wie Davis kann einem verstörend als Biomasse zu nah kommen, die eines Tags faulen wird und jetzt schon riecht, wenn doch sonst alles, was den eigenen Fingern begegnet, eine kühle Wischfläche ist oder Tasten. Allein dies zu erzählen, wäre gegenwartsdiagnostisch schon unerhört gut.

Doch in diesem Roman geschieht mehr, und deshalb spielt er hier im Kapitel über das Berühren eine so hervorgehobene Rolle. Denn in der zentralen Motivkonstellation von Wunde und Finger, die im gesamten Roman stetig wiederkehrt, verdichtet Green seine Motive zu der Erkenntnis: An der physischen Berührung entscheidet sich alles. Es sind nun mal die Fingerspitzen, mit denen Menschen einander anfassen, wenn sie sich nicht gerade verprügeln, und deren Beschädigung kommt der Stilllegung des Tastsinns gleich, von dem Martin Grunwalds Forschung heute weiß, dass er in der Berührung der Haut für die kindliche Entwicklung entscheidend ist.

Zugleich aber – John Green ist Theologe – bedeutet die offene Wunde, in die der Finger prüfend gelegt wird, die Signatur des Unglaubens, wie sie im Evangelium die Geschichte des ungläubigen Thomas dokumentiert. Der will seine Finger in die Wunden des gekreuzigten und auferstandenen Jesus legen, um den Beweis für das Wunder zu spüren, welches der Sieg des Lebens über den Tod bedeutet. Wunde, Wunder: Aza ist in ihrem heillosen Leid dieser Thomas und Christus zugleich, in einer Person, in einer grandiosen Figur narzisstischen Selbstbezugs, deren Ich sich selbst kreuzigen muss und seine Wunden selbst überprüfen.

Dass aber außerdem und zugleich diese Wunde, sehr weltlich, im Zeichen der oft analysierten amerikanischen Bakterienangst steht,[43] zeigt das Motiv des dauernd desinfizierten Fingers. Der offene, verletzbare Körper ist hier einer als permanent imaginierten Invasion von Eindringlingen ausgesetzt, gegen die er sich zwanghaft verschließen muss. Der Puritanismus, der Amerikas Körperfeindlichkeit prägt, bringt in Azas Geschichte durch fortgesetzte Desinfektion die Lebendigkeit allerdings um ihr biologisch Ureigenstes: lebendig zu sein, das heißt voller Keime. Lebendigkeit muss bekämpft werden, kontrolliert, unterworfen. Und Azas zwanghaftes Kreisen um die eigene Person zieht alles Lebendige in die sich verengende Spirale hinein, in der sie existiert und aus der kein Entkommen ist. Als der Roman eskaliert, zeigt sich, was in ihm eine versehrte Fingerkuppe im Tiefsten bedeutet: Aza hat kein Fingerspitzengefühl oder Taktgefühl mehr. Sie kann mit dem anderen Menschen nicht achtsam umgehen.[44]

Wäre dies alles, so bliebe der Roman bei aller Vielschichtigkeit doch letztlich pädagogisch, indem er eine Zwangsgestörte zum Arzt überweist. John Green aber hat den Schrecknissen unmöglicher Berührung mehrere starke Figuren und Bilder entgegengesetzt, die das Berühren in eine anders distanzierte Sphäre übersetzen: Es gibt die beste Freundschaft unter Mädchen, die einander fortgesetzt begegnen, es gibt die unbeirrbare und auch körperlich spürbare Zuwendung einer Mutter, es gibt die solidarische Nähe unter Brüdern, und sogar eine ganz große Liebe, zu Harold, dem Oldtimer, in dem Aza durchs Leben kutschiert. Nur Sex geht eben nicht: jene tastende Öffnung zweier Körper füreinander, die sich ineinander verlieren. Sie ist für diese Verletzungsoffene zu gefährlich.

Das echte, analoge, physische Leben aus Fleisch und Blut wird von der Angst vor Versehrtheit regiert. Nicht aber das digitale. Green entfaltet erzählerisch dafür umso sorgsamer, wie die jungen Liebenden einander im Netz nah kommen können, so nah, dass es für Aza eine Weile lang wie eine Rettung ist: «Es war wie Zeit mit ihm zu verbringen, nur nicht so furchterregend… Intimer, als es in Wirklichkeit sein könnte… Eine Nähe, die das echte Leben mit seinen echten Körpern niemals erreichen könnte.»[45]

Es ist aufschlussreich, dass Aza und Davis keineswegs über Sexuelles oder gar pornografisch Erregendes sprechen. Die Nähe entsteht vielmehr nur durch das spürbare Schreiben als Ausdruck buchstäblicher Zuwendung. Immerfort flirren auf den Bildschirmen der beiden jene drei Punkte, die signalisieren: der andere schreibt. Oft drückt einer von beiden nicht auf Senden. Sie sind einander lesend und schreibend unüberbrückbar nah, doch sie können ihre individuelle Konstitution nicht überwinden. Davis schreibt eines Tages zurück: «Ich brauche das Gefühl, auch aus nächster Nähe gemocht zu werden.»[46] Und Aza wird eines Tages nicht anders können, als Desinfektionsmittel zu trinken, weil in ihrem Inneren alles verseucht ist.

Nun wende niemand ein, diese Allegorie des berührungslosen Lebens sei nur eine Darstellung angstgestörter Teenager aus einem puritanischen Amerika, das sich vor Bakterien fürchtet. Das ist sie zweifellos auch. Aber sie ist weit darüber hinaus symptomatisch. Den Finger in die eigene offene Wunde zu legen, die sich nicht schließt, bedeutet viel mehr. Greens angstloser Roman erzählt von dem verletzbaren Menschen, der berührt sein möchte, zum Greifen nah, und sich vor nichts mehr fürchtet als davor, durch Berührung verletzt zu werden.

Es ist die menschliche Grundsituation des Sexuellen, die in der Moderne auf neue Weise auf dem Spiel steht und die an Azas Angst endet. Natürlich ist die körperliche Liebe ein höchst intimer Sonderfall der Berührung, und unter Heterosexuellen vielleicht sogar insofern ihr «Ernstfall», als sie unverändert die Voraussetzung für die Verschmelzung zweier Lebewesen zur Erzeugung eines dritten ist. Damit ist sie Ausdruck einer wiederum genuin modernen Gewissheit: dass eine neue Lebendigkeit aus zwei erregbaren Körpern entstehen kann, die sich füreinander öffnen.[47] John Greens neuer Roman legt nun nahe, dass dies bald vorbei sein könnte, wenn die Angst stärker wird.

1.4 Lebendig: Wie die Sexualwissenschaft heute Offenheit, Verletzbarkeit und Angst versteht

Vorbei? Wahrscheinlich meint jeder Mensch ziemlich genau zu wissen, was dieses Wort an Lust, Sehnsucht, Mangel und Schrecken bedeutet: sexuell. Als stehe jeder damit nicht in einer transitorischen Erfahrung des Sozialen, als wäre alles Sexuelle nicht historisch, überaus veränderlich. Was aber ist gegenwärtig, und was ist vorbei? Manches von diesem unvergleichlich vitalen Kontinent des Körpergeschehens lässt sich dank einer Sexualforschung erkennen, die berichtet, wie kurz die jüngste moderne Geschichte war, in der wir noch stecken.[48]

Die Revolution des Berührens, in der wir aktuell unterwegs sind, bildet das Zentrum des Werks von Volkmar Sigusch, jenes Sexualwissenschaftlers aus Frankfurt am Main, in dessen Denken die Empirie ungezählter Patientengeschichten und die Kritische Theorie aneinander gebildet worden sind. «Unsere Erotik und unsere Liebe», schreibt er nun in seinem jüngsten Buch, «gründen auf Einsamkeit und Gewalt ebenso wie auf grandioser Wunscherfüllung».[49] Ebenso das eine wie das andere: In Siguschs Werk liegt die körperliche Offenheit des Menschen für die Gewalt wie für die Liebe, mithin für die Angst vor Verletzung wie die Sehnsucht nach angstloser Berührung so realistisch nah beieinander wie sonst kaum. Es berichtet vom Stand der Dinge.

Volkmar Sigusch stellt in den 99 Fragmenten der *Sexualitäten*, seiner Kritischen Theorie, die Frage nach dem Ende des sexuellen Zeitalters und führt massenwirksame Verschiebungen des Begehrens, der Bedürftigkeit und der Körpererfahrung an. Er bilanziert: «Der hypermoderne westliche Mensch richtet seine Begierde vorrangig auf Waren, sucht Erregung in anderen als sexuellen Bereichen und soll im Arbeitsleben emotional so reagieren wie früher einzig im Privatleben.»[50]

Die «neosexuelle» Revolution, wie er sie nennt, besteht für Sigusch darin, dass sich heute – am lebendigen Leibe eines jeden – die Utopie der körperlichen und seelischen Innigkeit zweier Menschen in eine neuartige Realität umwandelt, in der E-Sex zur Normalität und fast alle Sexualität am Markt gehandelt, also kommerziell wird.[51] Die Marktgesellschaft bringt permanente Erregung hervor, «rund um die Uhr», die der Einzelne irgendwie an Waren und an sich selbst abführt.[52] Als Resultat der Revolution ist für Volkmar Sigusch eine neue Dominanz des Selbstbezugs in Sicht, als «selbstdisziplinierter und selbstoptimierter Self-Sex».[53] Es kann nicht klar genug betont werden, dass es in diesem historischen Prozess auch Sieger und Verlierer gibt: Die Gewinner dieses Ablassens vom Nächsten und der Hinwendung zur Freiwilligkeit und zum sexuellen Selbst sind für Sigusch die Frauen.

Aber es ist weit mehr als nur die heterosexuelle Praxis, es ist die gesamte gesellschaftliche Tektonik des Körperlichen, die sich verschiebt: zu erkennen ist das etwa darin, dass nun auch Großeltern nicht mehr als asexuell gelten, weil man inzwischen weiß, dass sich körperlich am Begehren im Alter nichts ändert, 70 plus ist sexuell aktiv.[54] Die Revolution wird auch darin sichtbar, dass der Europäische Gerichtshof für Menschenrechte im Sommer 2017 den Frauen über fünfzig ein Recht auf sexuelle

Lust zugesprochen hat:[55] Dies sind historisch junge Ausdrucksformen für die neue Wahrnehmung und Anerkennung des Körpers. Doch damit längst nicht genug. Volkmar Sigusch diagnostiziert die Umleitung des Erotischen auf Gefühle des Ekels, der Abscheu, des Hasses – und auf die Liebe zum Haustier. Diese neue Epoche, die Sigusch umreißt, ist eine von «Asex und Agender, von Liquid Sex und Liquid Gender»,[56] mithin einer Auflösung der überbrachten heterosexuellen Identifizierungen und Praktiken, und einer Ausweitung der Selbstpraktiken. Auch die sexindustriellen Märkte sind im Wachstum begriffen: das Artefakt darf einen berühren. Es ist, gegen ein wenig Geld, üblich geworden. Werbeblöcke für Toys for men laufen abends im Fernsehen, eingeblendet in Harry-Potter-Filme.

In der neosexuellen Epoche kann zudem die Asexualität – wie sie zuletzt im Februar 2018 der wegweisende Berlinale-Siegerfilm *Touch me not* gezeigt hat – endlich die Rolle des Authentischen einnehmen und muss nicht länger als pathologisch erscheinen.[57] Die berührungslos Distanzierten können sich in diesem Szenario wiedererkennen und anerkannt sehen. Es ist kein Verfallsszenario, das Volkmar Sigusch so skizziert.

In den großen Veränderungen liegt zugleich ein Fortschritt, der die Freiwilligkeit stärkt, Fremdbestimmungen schwächt und der weiblichen Lust neue Spielräume öffnet: Die historische Siegerin der Verschiebungen erkennt Sigusch eben in der Frau, die endlich über ihren Körper entscheidet und an sich nichts mehr geschehen lassen muss, was ihr widersteht. Jedoch ist auch damit kein einfacher Weg in Sicht. Sigusch kommt zu einer schlichen Definition dessen, was ein Mensch braucht, egal welchen Geschlechts, und darin gleicht die Diagnose des Sexualwissenschaftlers der des Leipziger Tastsinnexperten. Ein verletzungsoffener Mensch braucht nichts anderes als die angstlose körperliche Nähe zu einem anderen Sterblichen: «Wann kannst Du sicher sein, geliebt zu werden? Ich denke, wenn du in den Armen der anderen sterblichen Person wie ein Kind weinen kannst, ohne ein Gefühl der Scham.»[58] Das knappste Gut: Für Geld ist es im spätmodernen Kapitalismus selbst für die Wohlhabendsten nicht zu haben.

Mit seiner Diagnose rückt Sigusch uns Gegenwärtige in eben jene Geschichte der Moderne ein, die ich mit diesem Buch vor Augen zu führen versuche. Der Frankfurter verleiht ihr einen Ton, der bewusst macht, wie kostbar die fortschrittlichen Aspekte dieser Moderne sind, die über Jahrhunderte um Freiwilligkeit, weibliche Selbstbestimmung, Kinderrechte, Schutz und Unversehrtheit rang:[59] «Auf den Schlachtbänken, die zwischen uns und den antiken Bürgern liegen, wurde ein neuer sittlicher Maßstab errichtet: Liebe als freie Übereinkunft autonomer Subjekte, als ein Menschenrecht beider, des Mannes und der Frau, ebenso erregend wie gewissenhaft» – und er fügt illusionslos hinzu, dass diese Utopie der sozialen Realität kaum jemals standhielt. Diese Utopie wirkte nur wie ein beflügelnder Wind in den Segeln des Liebens. Die soziale Regel waren, wie vor kurzem erst der Historiker Yuval Harari in seinem historiografischen Opus *Homo Deus* und der Schriftsteller Daniel Kehlmann in seinem barocken Narrenroman *Tyll* in Erinnerung gerufen haben: Hunger, Gewalt, Schmerz, Folter, Verletzung, Unfreiwilligkeit der Berührung und frühzeitiger Tod.[60]

Dabei stellt Sigusch heraus, wie sehr sich jene freie Übereinkunft der Liebenden als historische Ausnahme erweist, wenn man aus der eigenen Gegenwart nur einen Schritt heraustritt und den zeitlichen Rahmen weiter aufzieht: «Nicht vergessen sei, dass die personale Liebe eine erst vor wenigen Generationen durch den Sieg der Bourgeoisie und das Ende der Hungersnöte bei uns allgemein möglich gewordene instabile Fähigkeit der Menschen ist, derer sie in menschlichen Verhältnissen nicht werden entraten wollen. In ihr überwintert in der gesellschaftlichen Kälte eine Einzigartigkeit».[61] Jene Fähigkeit des doppelt offenen Menschen wäre demnach: einzigartig, instabil und erst seit kurzer Zeit allgemein möglich.

Die moderne Idee und Erfahrung der personalen Liebe, wie Sigusch sie zeichnet, leuchtet für viele noch wie ein uralter Traum in die Gegenwart der Single-Wohnungen. Die ewig naturhaft scheinende Wiederkehr der Geschichten von gemeinsam alternden und Hand in Hand sterbenden Paaren belegt zwar das Fortleben dieses Traums.[62] Es ist indes ein Traum, der zugleich für viele längst eine Last geworden ist. Von diesem Traum bedeuten inzwischen E-Sex und Self-Sex auch eine Entlastung. Denn die Einzigkeit der personalen Liebe hing über weite Strecken der Moderne wie ein normatives Damoklesschwert der Paarbildung über den Menschen, die eben den richtigen anderen Menschen nur finden mussten,[63] um dann ein Leben glücklich mit ihm oder ihr zu verbringen, wie es das Großformat der modernen Liebe entwarf, für immer geschützt und verstanden.

Sigusch macht klar, dass Paarbildung vor nichts mehr schützt: «Alle ahnen: Paarbildung, in welcher Form auch immer, garantiert keinen sicheren Unterschlupf.»[64] Es ist ein neuartiges Bündel von körperlichen Näheverhältnissen, die nun wohltuend berührend wirken können: ein paar Freunde, ein Laptop, vielleicht Kinder und alte Eltern, etwas erregendes Shoppen, Musik im Kopfhörer und ein begehrter Job, dann und wann selbst Hand anzulegen, die wöchentliche Massage, beim Joggen das Gefühl, gewiss einen Körper zu haben und ein Haustier: alles freiwillig; alles eher angenehm; keine Gewalt.[65] Das bedrängende und beklemmende alte Dilemma, wie man Berührung erfahren kann, ohne verletzt zu werden, wäre endlich gelöst. So also lautet die vorläufige Bilanz dieses epochalen Wandels, er kann sich in allseits angenehmen Berührungs-Mixen verkörpern.

Und doch wüsste man gern, nun wieder im möglichst weit gestellten Sinne des Worts, was die Selbstberührung von der

Berührung eines anderen Menschen unterscheidet, sind sie denn in der Wirkung vergleichbar? Noch einmal, nun schriftlich, nachgefragt beim Leipziger Tastsinnexperten Martin Grunwald in seinem Forschungskeller, und der antwortet prompt: «Kein Vergleich!» Zwar seien die neurobiologischen Funktionen der Selbstberührung nicht zufriedenstellend geklärt. Und doch nimmt er mit einiger Gewissheit an, dass die Wirkung der Selbstberührung sich konstitutiv unterscheidet: «Wäre es anders, könnten Kleinstkinder ganz gut ohne elterliche Berührung auskommen. Aber unser Gehirn verhindert auch eine bestimmte Signalverarbeitung der Berührungsreize, wenn wir uns selbst berühren. ‹Das Gehirn weiß›, dass wir es sind, wenn wir uns selbst berühren, deswegen können wir uns z. B. nicht selbst kitzeln. Ich vermute, dass diese neuronalen Hemmungsprozesse des Gehirns auch die biologische Wirkung der Selbstberührung generell einschränken.» Grunwald bedauert, genauer wisse man es eben noch nicht.

Also möglichst noch etwas platter gefragt: Wofür braucht man denn den anderen Menschen? Vielleicht reicht es dem Säugetier Mensch ja, wenn es sich selbst berühren kann, und sei es durch Seifenschaum in der Dusche, wenn es Freunde hat, eine Katze und ein Smartphone? Martin Grunwald hat keine Angst davor, grundsätzlich zu werden, denn auch er kann sich unterdessen, wie Sigusch, auf ein langes Forscherleben als Ressource von Gewissheit verlassen: «Grundsätzlich gedacht: Der biologisch Andere versichert uns im körperlichen Kontakt mit ihm, dass wir nicht allein auf dieser Welt sind. Es gibt sonst keine andere Beweisführung, die eindeutig unsere eigene Existenz bestätigen könnte. Alles Sehen und Hören kann sehr wohl trügen, denken Sie nur an Träume. Der körperlich wahrnehmbar Andere beantwortet aber eine implizite Grundfrage unseres Lebens: Bin ich allein? Es gibt eine Reihe grauenvoller Isolationsexperimente an Erwachsenen. Wenn diese Versuchspersonen nicht anderweitig krank geworden sind, dann sind sie fast wahnsinnig geworden. Einige sind es auch geworden und nicht wieder gesundet. Das Säugetier Mensch kann nicht ohne die anderen; zur Not geht ein Hund oder eine Katze. Aber lebendig muss es sein.» Lebendig? «Nun. In größter Not helfen auch Fische ....»[66]

Hier endet mein Bericht von der valide erforschten Berührung. Er endet auch deshalb, weil man in der Tastsinnforschung zu Martin Grunwalds ausdrücklichem Bedauern kaum weiß, wie es um die Wechselwirkung von Berührung auf die Profis bestellt ist: auf Pflegende und Masseure etwa.[67] An diesem Punkte meiner Darstellung liegt es deshalb nahe, zu Vergleichszwecken einen lebendigen Menschen aufzusuchen, der andere nicht nur erforscht, sondern wirklich berührt. Männer wie Frauen, jeden. Freiwillig. Für Geld. Auf Bestellung. Ein Mensch, der also nicht die Wissenschaft, sondern die Erfahrung an seiner Seite weiß.

1.5 Berühren als Wechselwirkung: Was eine Masseurin und ihre Hände zu sagen haben

In Hamburg arbeitet die gelernte Heilpraktikerin Birthe Harlstad in angesehenen Unternehmen und in Wellness-Bereichen von Hotels. Sie hat sich auf Massagen spezialisiert. Begeben wir uns in ihre professionellen Hände. Und danach ins Gespräch mit ihr. Zierlicher als diese blonde Frau kann ein Mensch kaum sein, der andere tagein, tagaus mit solcher Kraft durchwalkt. Seit sieben Jahren übt sie den Beruf aus, weil sie ihn liebt, wie sie sagt. Da liege ich also mit meiner verhärteten linken Schulter am helllichten Arbeitstag auf der Liege, bäuchlings, Augen zu. Birthe Harlstad knetet und schiebt und streicht, am Ende erkenne ich meine Schulter nicht wieder, die sich ohne Schmerz in keinen Pulloverärmel mehr schieben wollte. Nun scheint dieselbe Schulter mir sagen zu wollen, sie könne fliegen oder auch Gewichte heben, je nachdem. Fertig geknetet. Aufsetzen, durchatmen, den professionellen Notizblock auspacken, Aufnahmegerät an.

Frau Harlstad, Sie fassen von früh bis spät Menschen an, was ist für Sie Berührung? Und die Masseurin, die eigentlich mit den Händen und nicht mit Worten arbeitet, beginnt zu erzählen, indem sie ruhig, langsam und tastend Sätze baut und aneinander reiht, in denen jedes Wort druckbar ist:

«Berührung ist vor allem lebendig, sie lässt Energie von einem Körper in den anderen fließen. Sie überträgt sich, als ein Ausdruck von Verbundenheit. Wenn keine Beziehung entsteht, etwa, weil ein Körper blockiert, stockt die Energie. Und sonst fließt sie durch die Hände der Masseurin zurück als Wohlgefühl. Alles hängt davon ab, ob man sich aufeinander einlassen kann. Ob es passt oder stimmt. Das ist natürlich schwierig, weil alle im Stress sind. Aber Berührung ist möglich. Sie hat mit Hingabe zu tun. Damit, loslassen zu können, die Kontrolle, die wir alle kulturell gelernt haben, einmal abzugeben. Mit Vertrauen.

Berührung ist eine Wechselbeziehung: man kann spüren, dass der andere es gut meint. Genauer lässt sich diese Erfahrung nicht benennen: Man spürt es einfach. Manche sprechen davon, durch die Berührungen der Massage bekämen sie ‹das Gefühl: ich kann fliegen›. Diese Wirkung hat viel mit der Absicht des massierenden Menschen zu tun, und in der täuscht man sich nicht. Wenn jemand keine guten Absichten hat, so spürt man es, das überträgt sich über die Hände. Bisweilen sieht man es im Gesicht: an geröteten Wangen, sowohl bei der Massierten wie auch bei mir. Auch ich bin von vielen massiert worden, und man merkt, ob jemand für den Beruf brennt oder ob er es nur des Geldes wegen macht. Es ist eine andere Energie, die dann spürbar wird.

Ein Mensch kann sich vor meinen Händen auch verstecken oder vor der Berührung verschließen, ja, das gibt es. Das spüre ich. Wer sich nicht öffnen kann oder will, blockiert den Energiefluss. Es kommt vor, dass ein Mensch auf der Liege die Augen nicht schließt, sondern dass er mich beobachtet, kontrolliert. Manche können den Kontrollzwang nicht lassen. Für beide spürbar entsteht dann kein Vertrauen. Ich passe natürlich auf, dass man sich unter meinen Händen sicher fühlen kann: Das heißt sicher vor ungewollter Nacktheit, vor Schmerz, sicher vor ungewollter Berührung. Diese Professionalität überträgt sich, die Menschen spüren, dass ich die Berührungen gelernt habe, das schafft Vertrauen. Aber Professionalität oder gar der Akt des Bezahlens meiner Arbeit ist keine Voraussetzung dafür, dass Berührung wohltut. Wer sich gern berühren lässt, kann solche Berührung auch von seinem Partner erfahren. Nur muss es eben freiwillig geschehen, sonst wirkt es nicht.

Beide Seiten dürfen keine Berührungsängste haben. Sonst fließt die Energie nicht. Ich spüre es, wenn ein Mensch durch die Tür tritt, ob die Wechselseitigkeit gegeben ist, ob es passt oder nicht. An der Mimik, am Händedruck. Was mich übrigens überrascht hat: Ich lag mit meinen Vorannahmen, als ich meinen Beruf aufnahm, doppelt falsch. Denn ich stellte fest: Frauen können sich nicht besser auf Massage einlassen als Männer. Und kein Mann, den ich massiert habe, war je anzüglich oder gar übergriffig zu mir. Kein einziges Mal. Die Unterschiede zwischen Frauen und Männern sind überhaupt in meiner Erfahrung gering. Und wer Angst vor Berührung hat, kommt gar nicht zu mir. Viele trauen sich nicht: Sie kennen es nicht. Sie haben sich daran gewöhnt, berührungslos in Gesellschaft zu leben.

Wer gute Berührung nicht kennt, hat Angst davor. Wenn jemand schlechte Erfahrungen gemacht hat, merkt sich das der Körper. Gewalt erfahren zu haben, hat lebenslange Folgen, der Körper vergisst es nicht. Ich glaube, dass Berührung an sich heilsam ist und wohltut. Sie stärkt das Immunsystem. Es muss nicht schmerzhaft sein, um zu wirken, auch wenn es manchmal nicht ohne Schmerzreize geht. Der Schmerz und der Druck gehören ja bei vielen Massagen dazu. Viele suchen einfach die Linderung ihrer Schmerzen bei muskulärer Verspannung. Die positive Wirkung von Massagen, die man ja in der Serotonin-Ausschüttung sogar messen kann, entsteht in meiner Erfahrung aus der Absicht, die jemand ausstrahlt, als eine Form der Zuwendung. Wie in der Pflege, wenn sie den Namen verdient. Auf die spürbar gute Absicht kommt es an.»[68]

Aufnahmegerät aus. Ein Dank. Ich bezahle die Massage und breche auf. Die Wechselwirkungen, von denen die Masseurin spricht, sind unter Fachleuten unbestritten, aber im Sinne von validen Langzeitstudien sind sie doch weitgehend unerforscht. Für die Reichweite dieses Buches muss einmal die Erfahrung genügen: Meine linke Schulter, und die ist ja auch eine Art Tatsache, gibt Birthe Harlstads Auffassung schlicht recht. Ihre Kunst schafft Vertrauen. Gehen wir ihren Worten über die Zuwendung durch Berührung deshalb noch einen Schritt weiter nach und fragen nach der Lebenssituation derer, die alle Optimierungswettbewerbe der Markttauglichkeit biografisch hinter sich haben: die Alten. Kein Arbeitgeber, dem am Wohlbefinden seiner Angestellten liegt, stellt eine Masseurin für sie bereit. Doch auch sie brauchen Berührung. Was kann gemeint sein mit einer «Pflege, wenn sie den Namen verdient»?

1.6 Wo Berührung oft fehlt: Hand in Hand oder der aktuelle Pflegebericht

«Pflege, die berührt», heißt unter dem Emblem zweier einander berührender Hände, natürlich ohne Handschuhe, die Werbekampagne des Konzerns *Numis Med senior care.* Die Worte der Kampagne sind wohlgewählt: Sie zeigt in Bildern Menschen, junge und alte, die einander im Arm halten, thematisiert in ihren Texten die Notwendigkeit von Berührung für das Wohlbefinden. Und sie verkauft dafür Döschen und Tuben: Hautpflegemittel. Deren Einmassierung durch pflegende Hände ist im Preis natürlich nicht inbegriffen. Man kann mit der teuren Tube also auch verzweifelt einsam sein, wenn man sich mit deren Inhalt selbst schmieren muss.

Berührung, Hände, Fingerspitzengefühl, Wohlbefinden: Es ist fast gleichgültig, ob man die Expertise der Dermatologin Sylvie Consoli in ihrem Buch *Tendresse* heranzieht, ob die der Tastsinnforschung, die der Masseurin oder die Werbung des Hamburger Universitätsklinikums für Fingerspitzengefühl in der Pflege, es läuft im Ergebnis immer auf dasselbe hinaus: Menschen bedürfen der Zuwendung durch Berührung durch andere, um zu spüren, dass sie nicht allein und verloren sind; Berührung mindert Stress und Angst. Alte Menschen, zumal Demente erfahren so eine existentielle Vergewisserung, die anders für sie nicht zu spüren ist.[69]

Noch ein epochaler Umbruch, dessen Schauplatz der verletzbare Körper ist, wäre also gegenwärtig zu verzeichnen, und er steht an Reichweite der Berührungslosigkeit und der neosexuellen Revolution in nichts nach. Vielleicht ist er in den alternden westlichen Gesellschaften der Schauplatz schlechthin, an dem sich zeigt, ob Menschen auch dann, wenn der Markt sie nicht mehr braucht, Schutz und Zuwendung erfahren. In den «helfensbedürftigen»[70] Gesellschaften der nahen Zukunft muss sich zugleich auch erweisen, ob es gelingt, die Verletzlichkeit der Gebrechlichsten nicht zu missbrauchen, sondern zu respektieren – freiwillig, ohne Zwang und Gewalt.[71]

Mit der millionenfachen Pflege kommt eine neue Körperrealität in unseren Gesellschaften an, und zwar auch in den verbreiteten spätmodernen Milieus aus den mobilen freiwilligen Freundesnetzen, die nun bald alt werden.[72] Der Bedarf an Pflege wächst. Die Zahl der alten pflegebedürftigen Menschen steigt von heute 2,83 Millionen in Deutschland, zu denen etwa 1,6 Millionen Demente zählen,[73] auf rund 4,5 Millionen im Jahr 2050, von denen nach Prognosen etwa 3 Millionen an Demenz leiden werden.[74] Die heutigen distanzierungsgewöhnten Singles, die mehr als 40 Prozent aller Haushalte ausmachen,[75] gehören zu denen, die in die Pflege hineinaltern werden.

Diese Realität der Pflegebedürftigkeit konfrontiert auf bisher unerhörte Weise mit der Doppelnatur des Menschen, der ebenso verletzungsoffen ist, wie er Zuwendung durch Berührung braucht. Und dessen Selbstbestimmung an Grenzen stößt, etwa wenn er sich füttern lassen muss und bei allen Ausscheidungsvorgängen helfende Hände braucht. Die Frage, wer wem nahe kommen darf oder gar muss, welche Berührungen für privat aufgebrachtes Geld zu bekommen sind und welche ein Sozialstaat bereitstellt, was die Aufgaben von Verwandten sind und was die unter Freunden, stellt sich heute in weithin unbekannter Weise.

Die Freundschaft, jene bevorzugte soziale Bindung in individualisierten Gesellschaften, endet bisher fast immer an der Körpergrenze – allerdings bilden sich interessanterweise inzwischen überall neue freiwillige Solidaritätsformen unter Nichtverwandten.[76] Noch aber gilt zumeist: Freunde berühren einander im Sinne von Sympathiebezeugungen, etwa in jenen üblich gewordenen flüchtigen Umarmungen, die heute das Straßenbild prägen. Doch Freunde machen zumeist an den Körperöffnungen und an unangenehmen Ausscheidungen des anderen Menschen Halt. Hingegen sind es bisher vor allem verbindlich Liebende, die diese Grenzen mehr oder weniger freiwillig überschreiten, und zwar kostenlos – die Ehe ist noch die verlässlichste Pflegeinstitution, jedenfalls für die zu pflegenden Männer.[77] Indes sind 64Prozent der Pflegebedürftigen auf Grund ihrer um etwa fünf Jahre höheren Lebenserwartung Frauen.[78] Der Frauenanteil in Pflegeheimen liegt bei 73Prozent. Nur eine Minderheit der pflegebedürftigen Frauen wird von ihren Männern versorgt. Auch die Frage nach der Solidarität von klassischen Paaren, die daran gewöhnt sind, einander zu berühren und denen der Körper des anderen vertraut ist, stellt sich in einer alternden Gesellschaft neu.

Es fällt auf, wie präsent pflegebedürftige Paare in den vergangenen Jahren in der Kunst und in der Öffentlichkeit waren, und immer stand dabei die Berührung, die sie einander gaben, im Fokus der Aufmerksamkeit. Ein bewegendes Beispiel dieser Präsenz war im Jahr 2007 die gemeinsame Selbsttötung des Ehepaars André und Dorine Gorz nach sechzig Jahren Ehe, das nach ihrem Tod Hand in Hand im Bett liegend von der Polizei gefunden wurde. Der Sozialphilosoph und seine schwerstkranke Frau hatten mit ihrer Entscheidung dafür gesorgt, nicht unfreiwillig in andere Hände zu gelangen.[79] Und das ästhetisch herausragende Beispiel dieser Präsenz führt Michael Hanekes preisgekrönter Film *Liebe* von 2014 vor, in dem eine Jahrzehnte währende Ehe, die erkennbar von Zärtlichkeit geprägt war – man sieht das Paar umschlungen Tango tanzen –, darin mündet, dass ein alter Mann seine an Demenz erkrankte Frau mit einem Kissen in ihrem Bett erstickt, in einer Art allerletzter Umarmung. Dieser letzte Liebesdienst soll dafür sorgen, beiden eine lange, entwürdigende und einander entfremdende Pflegezeit zu ersparen. Die radikalste denkbare «Berührung» ist in Hanekes *Liebe* mithin diejenige, die den geliebten Menschen tötet.[80]

Das populärste Gegenbeispiel einer geradezu traumhaften Verlebendigung durch Pflege hingegen bildet, in Gestalt der Komödie *Ziemlich beste Freunde*, das neuartige Paar eines alternden aristokratischen Schwerstbehinderten und seines Pflegers, einem jungen Kleinkriminellen aus dem nordafrikanischen Migrantenmilieu. Der Film, der auf der realen Geschichte des Unternehmers Philippe Pozzo di Borgo und seines Pflegers Abdel Sellouh beruht, die Freunde wurden, lässt keine der Berührungen aus, derer der Schwerstbehinderte bedarf. Er macht vor keiner Ekelschwelle Halt und erweckt nie den Eindruck, hier gehe es nur um Hautschmeichelei. Die Berührungen, für die sich der Bedürftige öffnet, öffnen muss, könnten intimer nicht sein und – etwa in der Befreiung des Kots aus dem gelähmten Darmausgang, der ihn nicht mehr selbst ausscheiden kann – auch nicht eingreifender. Vielleicht hat dieser Film auch deswegen alle Kinokassenrekorde der französischen Nachkriegszeit eingestellt, weil er eine hochaktuelle Dystopie in erlösendes, erleichtertes Gelächter verwandelt: dass man selbst dann als verletzungsoffener Mensch körperliche Zuwendung erfahren kann, wenn die Berührungen für beide, auch den Pflegenden, nicht angenehm, nicht schmeichelhaft sind.[81]

Denn die Berührungen in der realen Pflege, von der keine Digitalität und kein Bildschirm entlasten, sind oft nicht schmeichelhaft. Und sie sind miserabel bezahlt. In der Pflege als Beruf herrscht nach einer Schätzung des DIW ein Personalbedarf, der sich bis 2050 auf etwa 1,5 Millionen Vollzeitkräfte mehr als verdoppeln wird.[82] Wer wird wen pflegen? Unlängst hat die Journalistin Caterina Lobenstein in einer Reportage für DIE ZEIT den Alltag einer Pflegerin begleitet, der sich als ein Arbeitstag aus Zuwendungen erweist, die vor allem aus körperlichen Berührungen bestehen: vom Füttern über das Windeln und Wenden bis zum Anziehen, Kämmen, Waschen. Die Berührungen umfassen das Wechseln der Verbände, das Versorgen von Wunden, das Entfernen von Erbrochenem und vieles mehr.[83]

Es ist ein kraftaufwendiger Balanceakt auf einem schmalen Grat der Verletzlichkeit, von dem Lobenstein erzählt: Die überaus zuwendungsbegabte Pflegerin Noe, von der sie in der Reportage berichtet, hat in der Hosentasche ein Desinfektionsmittel bei sich, das während der Arbeit fortwährend eingesetzt wird, und immer wieder trägt sie Handschuhe über ihren Händen: anziehen, ausziehen, je nachdem, ob es um Schutz oder um Berührung oder um geschützte Berührung geht.

Vor über sechzig Jahren hat der jüdische Religionsphilosoph Martin Buber geschrieben, dass er, wenn es ans Sterben gehe, die Hand eines Menschen in der seinen halten wolle. «Ich habe nichts von Büchern gewusst, als ich dem Schoß meiner Mutter entsprang, und ich will ohne Bücher sterben, eine Menschenhand in der meinen. Jetzt schließe ich zuweilen die Tür meiner Stube und ergebe mich einem Buch, aber nur, weil ich die Tür wieder öffnen kann, und ein Mensch blickt zu mir auf.»[84] Doch wer könnte heute sicher sein, welche Hand es sein wird, die einen hält, wenn es am Ende so weit ist? Ob sie einen Handschuh trägt? Verletzlich, antastbar, zuwendungsbedürftig: Die Offenheit des Menschen bleibt bestimmend, bis zuletzt.

2. Kapitel
Recht: Was die Moderne sich vom Leibe hält

2.1 Vom Fortschritt

Paris, am 2. März 1757 wurde entschieden: In der rechten Hand sollte der Verurteilte Robert-François Damiens das Messer halten, mit dem er den König angeblich hatte töten wollen. Diese Hand sollte in aller Öffentlichkeit im Schwefelfeuer verbrennen, und der Mensch selbst, buchstäblich in die Zange genommen, sollte auf der Place de Grève unter anderem mit siedendem Öl und flüssigem Blei übergossen, sodann gevierteilt werden. Die Quellen, die von diesem Foltertod berichten, mit dem Michel Foucault sein Werk *Überwachen und Strafen* beginnt, geben präzise an, dass diese rechte Hand nicht gut brannte. Damiens schrie entsetzlich, so wird berichtet, er rief Gott um Mitleid und Jesus um Rettung an: «Mon Dieu, ayez pitié de moi. Jésus, secourez-moi.»[1] Mag man zu Beginn des 21. Jahrhunderts wissen, dass der Mensch wohltuende Berührung braucht, am Anfang der Epoche standen Folterszenen wie diese, und die zahlreichen Zuschauer des öffentlichen Spektakels konnten auf der Place de Grève im März 1757 erleben, was Strafe ist.

Zwei Jahre bereits, bevor Damiens diesen Foltertod starb, war in Genf ein Text von Jean-Jacques Rousseau erschienen. Der Philosoph gehörte zu den Ersten, die das historisch neu entflammende Mitgefühl befeuerten, aus dem die Menschenrechte in ihrer modernen Form entstanden. Es war Rousseaus *Diskurs über die Ungleichheit* von 1755, in dem steht, warum solche Grausamkeit aufhören muss. Es liegt an dem «angeborenen Widerwillen», «seinen Mitmenschen leiden zu sehen».[2] Dort heißt es zur näheren Begründung: «Wenn ich verpflichtet bin, meinem Mitmenschen kein Leid zuzufügen, so scheint dies in der Tat weniger deshalb so zu sein, weil er ein rein vernünftiges als deshalb, weil er ein empfindendes Wesen ist: Eine Eigenschaft, die, da sie dem Tier und dem Menschen gemeinsam ist, dem einen zumindest das Recht verschaffen muss, vom anderen nicht unnütz misshandelt zu werden.»[3] Dies also ist *in nuce* das ideelle Programm der modernen Epoche, die um 1750 mit dem klaffenden Abgrund zwischen Rousseaus Idee und der Wirklichkeit des Folterns beginnt: aus angeborenem Mitleid abzuwenden, dass Menschen misshandelt werden und leiden, weil sie verletzbar und empfindsam sind, außerdem Recht zu schaffen, an das jeder sich halten muss und das jeder genießt.

Welches Recht hat ein Körper, welches Leid kann er sich rechtmäßig vom Leibe halten? Der Weg von den Anfängen der Moderne bis zum kodifizierten universellen Menschenrecht ist so steinig, er verläuft mit so auffälligen Ungleichzeitigkeiten, Widersprüchen und Rückschlägen – der Königsberger Philosoph Kant spricht 1784 in seinem Aufsatz *Ideen zu einer allgemeinen Geschichte in weltbürgerlicher Absicht* über den Gang der Vernunft von «vielen Verwüstungen, Umkippungen und selbst durchgängiger Erschöpfung»[4] –, dass ich den Weg in diesem Kapitel etwas näher ansehen will. Der Rechtscharakter und die Universalität, der Anspruch einer Gültigkeit für jeden Menschen, sind die Merkmale, die in dieser Zeit genuin neu sind.[5] Was wird sichtbar, wenn man die Frage nach dem verletzbaren Körper im

Lichte des modernen Rechts eines jeden und von Rechtsnormen stellt? Gar der Menschenrechte und ihrer Zielkonflikte?

Vor allem zeigt sich, dass die Idee menschlicher Rechte über lange Zeit politisch hilflos erscheinen kann, während sie zugleich in den Gefühlen machtvoll widerhallt und schließlich doch politisch wirksam wird. Es zeigt sich, dass ein schöner Ideenhimmel, in dem alle Menschen von Schmerzen befreit sein sollen, über den Köpfen schwebt und die Menschen in Bewegung setzt, während die irdische Realität meist voller Schmerzen bleibt, und die Straßen von Verkrüppelten und Versehrten wimmeln.[6] Es zeigt sich eine fortgesetzt für politische Unruhe sorgende Dissonanz: Der verletzbare Körper soll in der westlichen Moderne seit der Mitte des 18. Jahrhunderts ideell Schutz erfahren und ist doch immer wieder exzessiver Gewalt ausgesetzt, zumal in den europäischen Kriegen und in den Kolonien.[7] Er soll ideell endlich Respekt erfahren und ist doch dem gewalttätigen Zugriff all derer ausgesetzt, auf deren Seite das Recht ist oder die sich im Recht fühlen. Endlich erfährt er in seinem Leid Mitgefühl; und doch, wenn er legalerweise gezüchtigt wird, kann er sich auf Mitgefühl nicht verlassen. Nach dem verletzbaren Körper im Lichte des modernen Rechts zu fragen, führt in die Gleichzeitigkeit von Ungleichzeitigem: zu der Erkenntnis, dass zu jedem Zeitpunkt immer verschiedene historische Zeitschichten mit ihren Praktiken, Ideen und Normen zugleich gegenwärtig sind.[8]

Die menschenrechtlichen Aporien segeln buchstäblich um die Welt, wie der Sozialphilosoph Hans Joas gezeigt hat. Französische Schiffe namens *Jean-Jacques, Voltaire* oder *Liberté* führen in den Aufklärungsjahrzehnten die Sklaventransporte von Afrika nach Europa oder Amerika durch.[9] Westliche Ideen sprechen sich herum, sie begegnen anderen Rechtskulturen, kollidieren immer wieder mit ihnen und erzeugen Widersprüche, weltweit. Rechte, derer Europäer sich rühmen, treten sie selbst in anderen Ländern mit Füßen. Zahllose Europäer, die keine Rechte genießen, wandern auf andere Kontinente aus. Ungezählte Menschen verschlägt es, mehr oder weniger freiwillig, nach Europa, wo sie diese Rechte auch für sich einfordern. Alles hängt in dieser Geschichte davon ab, wer ein Bürger ist, in welchem Staat und ob die körperliche Unversehrtheit dort, wo er lebt, geschützt ist. Viel hängt davon ab, welchen Geschlechts, welcher Religion und welchen Alters ein Mensch ist. Viel hängt davon ab, wie stark die Gewöhnung daran ist, dass einem Gewalt widerfährt, wie machtvoll deren Unausweichlichkeit.

Doch es gibt bei aller Widersprüchlichkeit dieser Moderne und ihrer Gesichter auch Fortschritte, die europäische Bürger als solche erleben und erfahren, selbst wenn sie nicht linear oder gar teleologisch vom Dunklen ins Helle verlaufen: Das Zufügen körperlicher Schmerzen wird seit der Aufklärung in Europa zusehends als moralisches Unrecht erkannt, benannt und zurückgedrängt (auch wenn Europäern in ihren Kolonien und in den Regionen ihrer wirtschaftlichen Expansion das Zufügen von Schmerzen nicht schwerfällt).[10] Der Kreis der Lebewesen, für die sich ein Mitgefühl ausprägt und denen also Schmerzen nicht länger zugefügt werden sollen, weitet sich in diesem Prozess ständig aus: auf Sklaven, Frauen, Kinder, Tiere.

Zu diesem Weg gehört der Zivilisationsbruch, den die Ermordung der europäischen Juden bedeutet. Aber es gibt auch die klare Zäsur des Jahres 1945: Als der Zweite Weltkrieg mit seinen etwa achtzig Millionen Toten zu Ende ist, wird ein neuer Rechtshorizont formuliert. Er bringt in Deutschland das Grundrecht auf körperliche Unversehrtheit mit sich, in Europa eine staatenübergreifende Menschenrechtskonvention und auf internationaler Ebene, mit universellem Geltungsanspruch und unter Einwirkung verschiedenster philosophischer Traditionen und Akteure, das keineswegs nur westlich geprägte Versprechen eines Menschenrechts auf Leben.[11]

Gewiss: Noch in der Nachkriegszeit, als es die Allgemeine Erklärung der Menschenrechte von 1948 bereits gab, erstreckte sich ihre «Allgemeinheit» nicht auf die Kolonien: In Algier etwa verhörten die Franzosen 1957 rund 24 000 Menschen auf eine Weise, die den Tod von mehr als 3000 der Inhaftierten nach sich zog, Guantánamo ist jüngste Gegenwart.[12] Gleichwohl: Die Grund- und Menschenrechte entfalten in einer überaus ambivalenten Epoche eine realhistorische Wirkung.

2.2 Unversehrt, unantastbar, unverletzlich: Das Grundgesetz von 1949 und die Erklärung der Menschenrechte von 1948

Endlich. Körperlich unversehrt: Was für einen utopischen Klang dieses Wort in den Ohren all der Kriegsversehrten nach dem Ende des Zweiten Weltkriegs in Deutschland gehabt haben mag. Die deutsche «Zusammenbruchsgesellschaft»[13] nach 1945 war in erbärmlicher Verfassung. Sie bestand nach einer langen Geschichte der exzessiven Gewalt an Abermillionen von Menschen aus Nazis und überlebenden Lagerinsassen, aus Verwundeten und Ausgebombten, aus Fliehenden, Wandernden und Displaced Persons. Die unfreiwillige Dichte, in der man nun auf Jahre hinaus auch unter Fremden zusammenlebte, war bedrängend.

Eine westdeutsche Statistik von 1948, drei Jahre nach Kriegsende, gibt an, dass in jedem Raum, viele davon waren fensterlose Keller, im Schnitt noch knapp zwei Menschen hausen, unter den Geflohenen und Vertriebenen sind es pro Raum fast drei, und wo ein Haus intakt ist, herrscht dichtes Gedränge. Eine Quelle erzählt von einer Pfarrfrau auf der schwäbischen Alb, die 62 Menschen bei sich aufnahm und verköstigte. Hunger wie Erfrierungen waren die Regel.[14] Kurz: den Tag bestimmten Versehrtheit und Enge.

Dann aber, eines späten Frühlingstags, am 23. Mai 1949, bekam der menschliche Körper in Deutschland erstmals sein verfasstes Recht.[15] In Artikel 2, Absatz 2, S. 1 GG wurde es im Grundgesetz verankert, das an jenem Maitag verabschiedet wurde. Radikal neu war es deshalb, weil das Recht auf Leben und körperliche Unversehrtheit in der deutschen Verfassungsgeschichte keine Vorgänger hatte, ein typisch deutscher Fall von Verspätung, und so stand es nun da, für eine andere Zukunft: «Jeder hat das Recht auf Leben und körperliche Unversehrtheit».[16] Weder in der niemals in Kraft getretenen Paulskirchenverfassung von 1849 noch in der Weimarer Verfassung von 1919 hatte Vergleichbares gestanden; und weder die Verfassung des Deutschen Bundes noch die Reichsverfassung von 1871 hatten überhaupt einen Katalog von Grundrechten festgehalten, die Bürger gegenüber ihrem Staat genießen.

Ein verfasstes Grundrecht, das bedeutete im deutschen Fall aber viel mehr als nur das demokratiegeschichtlich verspätete Datum: Jeder bundesdeutsche Bürger (jede und jeder: weit vorn in der Verfassung stand ja auch der Grundsatz der Gleichbehandlung von Frauen und Männern) sollte fortan den Zugriff des Staats auf den eigenen Körper abwehren können. Der Staat war gründlich diskreditiert: Er hatte sich in den Jahren des Nationalsozialismus durch millionenfachen Mord, durch Experimente am Menschen, durch Zwangssterilisationen und Folter, aber auch durch seelischen Terror an der Menschlichkeit vergangen. Ein grundsätzlich anders verfasster Staat musste her. Die Unversehrtheit, die er schützen würde, sollte fortan auch die «Abwesenheit psychischer Krankheitszustände»[17] umfassen. Die Antwort auf den Zivilisationsbruch sollte ein Menschenbild sein, in dem der Schutz menschlicher Würde höchste Priorität genoss. Die bundesdeutsche Verfassung von 1949, so betont es Volker Eppings Grundrechtslehrbuch schon für die ersten Semester, begreift den Menschen deshalb als «Einheit von Leib, Seele und Geist».[18]

Mit diesem Grundrecht war zunächst und vor allem ein Recht auf Abwehr des Staates festgelegt, der sich an seinen Bürgern nicht vergreifen darf. Aber es beinhaltet, wie sich bald schon zeigte, nicht minder den Anspruch, dass der Staat durch Gesetze, durch Verwaltung, staatliche Gerichte und Verordnungen für die Umsetzung des Verfassungsgedankens zu sorgen hat. Dass also der Verfassungsanspruch auch mittelbar zwischen den Bürgern Geltung hat. In Artikel 1, Absatz 3 heißt es: «Die nachfolgenden Grundrechte binden Gesetzgebung, vollziehende Gewalt und Rechtsprechung als unmittelbar geltendes Recht.»[19] Das Grundgesetz sollte mithin für Gesetzgebung und Rechtsprechung bindend sein und konnte von der Zivilgesellschaft daran gemessen werden, wie weit sich die Kluft zwischen Verfassungsanspruch und Wirklichkeit öffnete. Dies war viel mehr als ein Ideenhimmel: Mit diesem Grundrecht kam, wenige Monate nach der Allgemeinen Erklärung der Menschenrechte von 1948, eine Werteordnung in die deutsche Wirklichkeit, die fortan objektiv gelten und wirken sollte, als eine Art moralischer Horizont, der für jeden Bürger des Landes erkennbar war, wie miserabel der Alltag in den Nachkriegsjahren auch immer aussehen mochte.

Mit der Verabschiedung der jungen Verfassung konnten die Bürger Westdeutschlands erwarten, dass die körperliche Unversehrtheit kein leeres Versprechen bleiben würde. Unversehrt: Dieses Wort klingt zusammen mit dem Attribut «unantastbar», das der Würde in Artikel 1 des Grundgesetzes zukommt: Beide beschwören die Idee eines Körpers, auf den nicht ohne seinen Willen zugegriffen, dem kein Schmerz zugefügt werden darf. In eben dieser Metaphorik erklärt Artikel 1, Absatz 1, dass die Würde des «Schutzes» bedarf, so wie das Grundgesetz, gleich darauf, sich in Artikel 1, Absatz 2 zu den «unverletzlichen»

Menschenrechten bekennt. Das Motiv wiederholt sich: Analog heißt es «Die Freiheit der Person ist unverletzlich».[20]

Die Wortwahl fällt auf. In der Erklärung der Menschenrechte, die am 10. Dezember 1948 von der Generalversammlung der Vereinten Nationen in Paris mit 48 Ja-Stimmen, 8 Enthaltungen und keiner einzigen Gegenstimme verabschiedet und seither von 190 Staaten unterzeichnet wurde, fehlen dieser Ton, diese Körper-Metaphorik der Verletzlichkeit und des Tastens. Die Sache allerdings fehlt nicht: Die körperliche Unversehrtheit hat auch in diesem Dokument in den ersten Artikeln Priorität und ist von zentralem Rang: Artikel 3 schützt Leben, Freiheit und Sicherheit, Artikel 4 verbietet die Leibeigenschaft, Artikel 5 die Folter, «grausame, unmenschliche, erniedrigende Behandlung oder Strafe» und Artikel 9 – in der alten Tradition der *Habeas-Corpus*-Akte von 1679 – die willkürliche Verhaftung.[21]

Sprachlich hat die bundesdeutsche Verfassung eine eigene Färbung, die sich aus den historisch vergleichslosen Erfahrungen im Nationalsozialismus erklärt. Moralisch, rechtlich und politisch aber zog die junge Bundesrepublik mit den Unterzeichnerstaaten der Weltgemeinschaft gleich, indem sie den Horizont weit öffnete, weit hinaus über die Belange der eigenen Bürger. Mit dem grundgesetzlichen Bekenntnis zu den unverletzlichen Menschenrechten war zuallererst die entschiedene Abkehr von den Verbrechen an all jenen gemeint, die NS-Deutschland entrechtet, ermordet, vernichtet hatte. Darüber hinaus aber bekannte sich das Grundgesetz von 1949 nun explizit zu universellen Werten, die in Deutschland gelten sollten. Mit seinem Unversehrtheitsversprechen bezog es sich auf das deutsche Staatsvolk, aber Artikel 2 gilt dem Anspruch nach für jeden Bürger der Welt, der durch den deutschen Staat beeinträchtigt wird. Und die Menschenrechte von 1948 sollte, so wollte es die Idee, fortan jeder Bürger der Welt genießen.

Liest man diese Deklarationen heute, im Jahr 2018, so fragt

man unwillkürlich, ob deren Autoren klar war, in welchem Umfang sie revolutionär sein und fortwirken würden: dass fortan kein Stein auf dem anderen bleiben werde und mit diesen Verheißungen, nach und nach, eine Weltgesellschaft – politisch, ideell oder auch physisch – aufbrechen könnte, um im Namen der Menschenrechte in sichereren Regionen die zugesagte Unversehrtheit zu erlangen. Sklaven, Dienstboten, Frauen, Kinder, in London oder Ahmedabad, in Paris oder in den Dörfern der Anden, jeder Mensch eben. Der Philosoph Jean-Jacques Rousseau hatte noch geschrieben, jedenfalls von Frauen sei zu erwarten, dass sie «Unrecht erleiden und Fehler des Ehemannes ertragen, ohne sich zu beklagen».[22] Dass eines Tages Milliarden Frauen diese Auffassung nicht mehr teilen könnten und sich rechtsbewusst dem leidigen Unrecht entziehen würden, lag außerhalb von Rousseaus fortschrittsgewisser Vorstellungskraft.

Man kann das menschenrechtliche Versprechen des Rechts auf Leben und des Verbots von Grausamkeit hier aber nicht erwähnen, ohne sogleich auch festzuhalten: Die internationale Deklaration von 1948 war eben kein Grundgesetz, das für ein Staatsvolk galt. Sie war ein Ideenhimmel. Bis heute war und blieb sie davon abhängig, ob die Staaten der Welt sie politisch durchsetzen. Sie wurde von zahllosen nicht staatlichen Akteuren leidenschaftlich angeeignet, blieb aber kaum einklagbar. Die Menschenrechte wirkten auf ihre eigene Weise kulturell: Sie inspirierten die politischen Gefühle und Kämpfe, sie wirkten als Normen, als Ideen und als Argumente. Die Deklaration war weithin eher zivilreligiös als politisch wirksam.

Der Menschenrechtshistoriker Jan Eckel fasst diese Entwicklung für die ersten Jahrzehnte nach 1948 nüchtern zusammen: «Eine Politik des Leids und des Mitleids entwickelte sich allenfalls in Ansätzen».[23] Der 1959 eingerichtete Europäische Gerichtshof für Menschenrechte in Straßburg blieb in seinen Befugnissen schwach, und erst die grundlegende Reform von 1998 ließ ihn, trotz seiner chronischen Überlastung, wirksamer in Erscheinung treten.[24] Immerhin war aber die Durchsetzung der Grundrechte auch staatenübergreifend, über die europäischen Ländergrenzen hinweg, ein großer Schritt. In einer summarischen Bilanz ließe sich sagen: Der Schmerz, der einem Menschen zugefügt wurde, war ideell schrecklich, politisch aber relativ gleichgültig. Denn die Institutionen waren zu schwach: Die Individualisierung des Leidens war – wie es zuletzt Stefan Ludwig Hoffmann und Didier Fassin betonen – seit den 1990er Jahren eine Folge fehlender handlungsfähiger Institutionen.[25]

Der Siegeszug einer Idee trieb die widersprüchlichsten Blüten: Denn andere Institutionen erstarkten unterdessen, namentlich die religiösen Autoritäten der islamischen Welt, und so kam es zu einer weiteren Erklärung der Menschenrechte, in Kairo am 5. August 1990 unterzeichnet von 45 Außenministern der Staaten der Islamischen Konferenz, und auch in dieser Erklärung spielt explizit das Recht auf körperliche Unversehrtheit eine zentrale Rolle: Nur sollte es mit der alles bestimmenden Einschränkung des religiösen Gesetzes der Scharia gelten, mithin für Frauen keine Gleichheit garantieren und Verletzungen, Körperstrafen sowie Tötungen ausdrücklich zulassen, wenn es die Scharia gebietet.[26]

Wenn man dem Recht des Körpers auf Unversehrtheit nachgeht, ist diese Entwicklung von Belang: Denn wo Staaten sich als unzulänglich, als unzuständig oder aus religiösen Gründen als widerständig zeigen, wird im Lichte der 1948 deklarierten UN-Menschenrechte der individuell gefährdete Körper mehr und mehr selbst zum wirksamen Argument.[27] Bis in die Gegenwart hinein: Der französische Arzt und Soziologe Didier Fassin hat in seinen jüngsten Studien gezeigt, wie in den 90er Jahren der versehrte, verwundete und traumatisierte Körper zum Nachweis der Verfolgung wurde, den Asylsuchende buchstäblich an den Grenzen vorweisen mussten, um in Frankreich Chancen auf die Bewilligung eines Aufenthaltsstatus zu bekommen: aus humanitären Gründen. Die schwerer zu erweisenden Tatsachen politischer Verfolgung wurden gegenüber dem nachweislich versehrten Körper faktisch sekundär: «Im Rückgang der Bewilligungsraten für Asylsuchende spiegelt sich die abnehmende Legitimität der politischen Bedrohung und ihres biografischen Nachweises: Polizeibeamte und Richter erwarten mittlerweile sogar schon medizinische Atteste, durch die erlittene Verfolgung anhand von Narben am Körper oder psychischer Traumata nachgewiesen wird.»[28] Als unerträglich wird das Leid des versehrten Körpers empfunden und weniger das politische Unrecht. Überzeugender als Worte ist der physische Schmerz.

Doch warum trat überhaupt aus allen denkbaren Menschenrechten dasjenige des verletzbaren Körpers als so besonders elementar hervor? Und warum entfaltete es in der westlichen Moderne eine Macht, die nicht nur die vergangenen 250 Jahre, sondern darüber hinaus die Gegenwart so stark prägt? Die Folterqualen des Robert Damiens und die Philosophie Jean-Jacques Rousseaus, mit denen dieses Kapitel begann, zeigen es an: Erst vor dem Hintergrund einer Geschichte der staatlichen und kirchlichen Gewalt gegen die Bürger, die ab der Mitte des 18. Jahrhunderts zunehmend als illegitim erlebt wird und einer Geschichte von körperlich zugefügten Schmerzen, die unter empfindsamen Wesen als unzumutbar erfahren werden, lässt sich die moderne Geschichte der Verletzbarkeit besser verstehen.

2.3 Mitgefühl, Schmerz, Verletzbarkeit: Die moderne Vorgeschichte von 1776 und 1789

Recht auf Leben, Verbot von Folter und Grausamkeit mit universeller Geltung, Grundrecht auf Unversehrtheit: Wie radikal unbekannt der Klang und die Wirkung dieser Verfassungsartikel im bürgerrechtlich verspäteten Deutschland zu Beginn der Nachkriegszeit waren und welche Verheißung von ihnen ausging, ist vielleicht erst dann wirklich vorstellbar, wenn man sich daran erinnert, dass ihr Versprechen schon seit fast 170 Jahren, seit 1776, in der Welt war.

Thomas Jefferson hatte in der amerikanischen Unabhängigkeitserklärung formuliert, jeder Mensch habe ein Recht auf Leben, das der Staat mit seinen Gesetzen schützen müsse. Ähnlich hielt bald darauf, im Sommer 1789, die erste Verfassung im revolutionären Frankreich fest, dass ein unveräußerliches Recht eines jeden Bürgers auf Leben gelte. Die *Bill of Rights* verbürgte in Amerika 1791 die Einklagbarkeit der Rechte gegenüber dem Staat. Gerade in Frankreich war zu merken, wie rasch sich der gleiche Anspruch eines jeden politisch in andere Sphären der Gleichheit fortpflanzte: 1791 wurden gleiche Rechte für Juden formuliert, 1792 für Bürger ohne Eigentum, und 1794 wurde die Sklaverei förmlich abgeschafft.

Für die Zeitgenossen war also zu spüren: Die universellen Rechte waren als Versprechen unwiderruflich in der Welt, sie wurden in den Köpfen wirksam und in vermittelter Weise ebenso politisch.[29] Sie wirkten aber am lebhaftesten in den Ideen, Gefühlen und Seelen: Sie sprachen die aufgeklärten Gesellschaften mit ihrer historisch jungen Wertschätzung des Mitgefühls und des unabhängigen Selbst eines jeden Bürgers unmittelbar an. Und diese Empfindungen und Bedeutungen gewannen eine historisch neue Tiefe. In den eingangs zitierten Formulierungen Jean-Jacques Rousseaus im *Diskurs über die Ungleichheit* von 1755 ist der Klang jener unauflöslichen Trias von Empfindung, Gleichheit und Recht besonders klar zu hören.

Die amerikanische Historikerin Lynn Hunt hat in ihrer Geschichte der Menschenrechte gezeigt, dass die frühen Verfassungen ohne den parallelen Umbruch in den Gefühlen und Ideen der aufgeklärten Zeitgenossen kaum denkbar waren: Sie öffneten sich für das Mitgefühl, weil sie den anderen Menschen als ihresgleichen wahrnahmen.[30] Sowohl als auch: als anders und zugleich als gleich; und ausdrücklich jeden, auch jenseits des eigenen Staatsvolkes. Die Vorstellung natürlicher Rechte und einer empfindsamen Menschennatur mit starken individuellen Unterscheidungs- und Freiheitswünschen passten perfekt zueinander. So sehr, dass etwa der französische Enzyklopädist Denis Diderot schrieb, das innere Gefühl eines Philosophen wie eines jeden anderen Menschen verstehe das Menschenrecht von allein als natürlich. Man brauche da gar nicht viel zu erklären. «Self-evident», so nannte es Jefferson.

Menschenrecht und Gefühl gaben miteinander ein ideales modernes Paar: Die Idee, dass das Leben eines jeden vor Grausamkeit geschützt werden müsse, und die Empörung darüber, dass anderen Menschen durch Gewalt Schmerzen zugefügt werden, bestärkten einander.[31] Der menschliche Körper erlangte eine eigene Würde, je mehr das Individuum als je eigene, auch räumlich von anderen getrennte Einheit erfahren wurde.[32]

Lynn Hunt entfaltet an Rousseaus Roman *Julie oder die neue Héloise* von 1761, der in kürzester Zeit 110 Auflagen erlebte, wie rasant sich die Kultivierung des Mitgefühls mit einem jeden anderen Menschen als historische Neuerung der Gefühlswelt unter den Lesern verbreitete.[33] Seit der Mitte des 18. Jahrhunderts entstand in den Romanen und Zeitungen ein Menschenbild, für das die Gabe des Mitgefühls prägend war. Die Empathie unter Gleichen wurde, neben der Selbstbestimmung eines jeden, zu einer Eigenschaft der Moderne.[34] Noch Ende der 1990er Jahre wird der Philosoph Michael Ignatieff als Kern des modernen Menschenrechtsdenkens festhalten, dass «das, was Schmerz und Demütigung für andere ist, auch Schmerz und Demütigung für einen selbst ist».[35] Gemeint war und ist der körperliche Schmerz, aber das sollte einiges heißen.

Denn im Zeitalter von Empfindsamkeit und Sensualismus

war der Körper mehr als der Organismus. Körper, Geist und Seele luden einander nun energetisch auf. Es wäre müßig, sich in dieser Epoche darum zu bemühen, die Empfindungen des Körpers und die der Seele voneinander trennen zu wollen, und also auch den physischen Schmerz von dem seelischen. Unter dem Stichwort «Douleur» («Schmerz») wird im fünften Band von Diderots *Encyclopédie* 1751 erläutert, das Wort bezeichne seelische wie körperliche Phänomene gleichermaßen, und als Synonym werden Traurigkeit und Kummer angegeben.[36]

Dem Körper ein Recht zuzusprechen, hieß, auch die Beteiligung der Seele zu meinen. Wer, wenn nicht der bemitleidenswerte Philosoph der Empfindsamkeit Johann Gottfried Herder hätte besser vor aller Augen die gesamtmenschliche Reizbarkeit verkörpern können, die sich bei ihm auf Grund einer allzu engen Nasenscheidewand durch beständig tränende Augen zeigte?[37] Gefühlsbegabte Männer übten das Weinen.[38] Die aufgeklärten Zeitgenossen waren sich einig: Körper und Seele brachten auseinander ihre Reizbarkeit und Empfindungsfähigkeit hervor. Das Mitgefühl nahm potentiell Anstoß und Anteil an jedem menschlichen Schmerz. Insbesondere aber empörte sich das Empfinden an jenem Leid, das Staat oder Obrigkeit ihren Untertanen zufügten, namentlich der Folter, mit der die Behörden oder die Kirche meinten, Geständnisse erpressen zu dürfen, und der körperlichen Züchtigung. Die historisch neue Forderung hieß: Die Unversehrtheit jedes Einzelnen (faktisch gemeint waren die Männer) sollte der Staat durch seine Gesetze garantieren und dabei auch den Bürger vor dem Staat schützen.[39]

Im Grunde ist in diesen Anfängen der Moderne seit 1750 schon jenes anthropologische Wissen angelegt und politisch wirksam, das erst viel später der Freiburger Soziologe Heinrich Popitz in seinem Werk *Phänomene der Macht* (1986) mit seltener Klarheit entfalten sollte. Heinrich Popitz legt erstens dar, was spezifisch modern ist: Mit den bürgerlichen Revolutionen der Neuzeit wird erkennbar, dass alle Machtordnungen «Menschenwerk» sind, von handelnden Menschen herbeigeführt, so dass man sie also auch anders und besser gestalten kann – wie es die frühen Menschenrechtserklärungen beanspruchen. Ein umfassendes Bewusstsein, das Politische von Menschenhand gestalten und die Verhältnisse verbessern zu können, schreibt Heinrich Popitz, führt auf jenem langen steinigen Weg der Moderne zur Gestaltung demokratischer Verfassungen mit ihrem Versprechen, für jeden zu gelten. «Die Verfassung freier Bürger ist entwerfbar und der Entwurf ist realisierbar: Wir können es tun»,[40] so lautet ein Grundkonsens der Moderne, auch wenn die «Spielräume des Machbaren» und die «Dringlichkeit neuer Institutionen» immer strittig sind.[41]

Vor allem aber fragt Popitz, zweitens, grundlegend nach: «Worauf beruht die Macht von Menschen über Menschen?» Und seine Antwort heißt: «Der Mensch ist in vielfältiger und subtiler Weise verletzungsoffen ... Menschen können über andere Macht ausüben, weil sie andere verletzen können.»[42] Menschen sind, wie Jäger für Tiere, körperlich füreinander gefährlich. Unter allen Lebewesen ist besonders der Mensch durch den aufrechten Gang, ohne Fell, mit exponierten Organen physisch offen für Verletzungen, er hat zugleich die Macht, seine Artgenossen zu verletzen, und zwar auf kaum vorhersehbare Weise, mal aus Willkür, mal mit Lust, mal aus Notwehr.[43]

Jedes Geschehen des Verletzens und Verletztwerdens aber umfasst immer den ganzen Menschen: «Schmerzen, die uns ein anderer zufügt, sind niemals etwas ‹bloß Körperliches›.»[44] Wer in der Moderne den Körper angreift, greift ein Ich an, das sich als leib-seelische Einheit erlebt. Den Körper zu verletzen, heißt, ein empfindungsbegabtes Selbst zu verletzen, mithin seine Achtung und seine Fähigkeit zu handeln zu beschädigen: die Gabe, selbstbestimmt wirksam zu sein.[45] Macht auszuüben ist immer Freiheitsbegrenzung, für moderne Menschen ist sie damit ein fortwährendes Skandalon. Denn sie mischt sich in alles ein.[46]

Aus dieser Konstellation erklärt sich die gesteigerte Sensibilität der Moderne für Verletzbarkeit, die uns bis in unsere Gegenwart hinein ausmacht: dass sie im Zentrum aller Fragwürdigkeit von Macht und damit des Politischen steht; dass sie nie nur körperlich spürbar ist, sondern immer auch seelisch; und dass sie genuin gesellschaftlich wird, weil sie den anderen Menschen zum Mitgefühl rührt, als spüre er selbst auch am eigenen Leibe den Schmerz des anderen. In dieser Entdeckung des verletzbaren Menschen liegt zweifellos ein besonderer Grund dafür, dass das Menschenrecht des Körpers in der Moderne seine elementare Bedeutung bekam.

Mehr noch: Was seit 1800 als sozialer oder moralischer Fortschritt gilt, was als moderne Menschlichkeit gilt, hängt an eben dieser Verletzbarkeit. «Moderne Menschen», so drückt es heute der Berliner Philosoph Bernd Ladwig aus, «verstehen sich als human, indem sie erhebliche Schmerzen anderer belangvoll finden», und es ist aus diesem Grund, dass sie das Verbot von Körperstrafen als einen moralischen Fortschritt begreifen, der die so überaus zwiespältige Epoche ihrer Lebenszeit, die Moderne, charakterisiert: Verletzung ist vermeidbar.[47]

2.4 Liebe muss nicht weh tun: Von Denis Diderot zu Martha Nussbaum

Im Frühjahr 1771 fügt sich einmal in reinster Kunstform, was sich seither mehr schlecht als recht reimt: Schmerz auf Herz. Der junge Goethe hat seine Liebesbegegnung mit Friederike Brion zu dem Gedicht *Willkommen und Abschied* geformt, in dessen erster Fassung es die Geliebte ist, die aufbrechen muss: «Der Abschied, wie bedrängt, wie trübe! / Aus deinen Blicken sprach dein Herz. / In deinen Küssen welche Liebe, / O welche Wonne, welcher Schmerz! / Du gingst, ich stund und sah zur Erden / Und sah dir nach mit nassem Blick. / Und doch, welch Glück, geliebt zu werden, / Und lieben, Götter, welch ein Glück!»[48] Aktiv und Passiv, Seele und Körper, Glück und Schmerz: ein spektakuläres Wechselgeschehen der Offenheit, wenn Liebende unlöslich ineinander verschlungen sind. Wenn, ach wenn. Ein Recht aber auf *seelische* Unversehrtheit einzufordern, wäre unter diesen Umständen: undenkbar.

Was es für diese Modernen bedeutet, leibseelisch verletzbar zu sein, zeigt sich vielleicht doch am aufschlussreichsten, wenn es ihnen darum geht, sich für einen anderen Menschen im Begehren zu öffnen – auch wenn keine der beiden Menschenrechtserklärungen des 18. Jahrhunderts auf die Idee käme, ein Recht auf körperliches Wohlbefinden oder gar sexuelle Erfüllung zu formulieren (selbst wenn Thomas Jeffersons «pursuit of happiness» heute danach klingen mag). Und dabei ist es geblieben: Ein Recht auf Wohlbefinden kennt auch das Grundgesetz nicht, nur eines auf freie Entfaltung der Person und auf ein Minimum der Existenzsicherung. Unlust, Unbehagen und Liebeskummer gehören nicht in seinen Beritt.[49]

Das herzklopfende Drängen der Goethe'schen vierhebigen Jamben mag es bezeugen: Liebe geht anders als Politik. Im Zentrum des politischen Ringens um Unversehrtheit steht nicht das Glück der Seele, sondern der verletzbare Körper. Den Eigenarten der modernen Epoche kommt man vielleicht am nächsten, wenn man bedenkt, dass westliche Gesellschaften es zwar seit etwa 1750 im Prinzip geahndet wissen wollen, wenn Menschen absichtlich körperliche Schmerzen zugefügt werden; hingegen erregen die seelischen Schmerzen, die das Lieben oder Trauern seit «Willkommen und Abschied» unweigerlich mit sich bringt,[50] unter den Zeitgenossen zwar tränenreiches Mitgefühl. Doch selbst der empathiebegabteste Moderne würde Liebesschmerzen nicht im juristischen Sinne für strafwürdig halten.

Warum? Weil körperliche Schmerzen vermeidbar sind, und weil menschliche Verletzbarkeit physisch erfahren wird. Der Körper macht den Unterschied aus. Am Körper entscheidet sich offenbar, worauf es beim Gedanken der Unversehrtheit und der Macht, sie zu schädigen, ankommt. Dem Körper darf kein Schmerz zugefügt werden, weil die Person, weil das Selbst sonst versehrt wird, weil es zu Schaden kommt.[51]

Einen anderen Menschen zu lieben bedeutet indes für die aufgeklärte Empfindung, dass Selbsterfahrung, -achtung und Einzigkeitsgewissheit erst im vollen Sinne entstehen, wenn sie sich in der wechselseitigen Zuwendung zum anderen Menschen entfalten. Es ist ein und derselbe verletzbare Körper, der sich eben auch für einen anderen, begehrten Körper leibseelisch offen zeigen kann, mit jenem genuin modernen Empfindungsvermögen, das nicht nur Schmerz, sondern auch Lust auf neue Weise zu spüren vermag: als Innigkeit.[52] Das Selbst entsteht und gedeiht erst an dieser Erfahrung. Auch diese Überzeugung zieht sich von den Anfängen der Moderne bis in die Gegenwart des 21. Jahrhunderts.

Nicht nur Goethe und Herder markieren diesen Anfang. Auch Denis Diderot hat in seiner *Encyclopédie* dieser neuartigen Unteilbarkeit von Körper und Seele bleibenden Ausdruck gegeben, wenngleich prosaisch, in seinem Artikel «jouissance» («Lust»): Kann unter allen Geschenken, die die Natur empfindungsfähigen Menschen macht, denn etwas beglückender sein, so fragt er 1765 im achten Band seines Jahrhundertlexikons, als einem anderen menschlichen Wesen zu begegnen, das einen in die Arme schließt und aus dessen Zärtlichkeit ein neues Leben entstehen kann? Diderot stellt diese Öffnung füreinander als selbstbestimmte, freiwillige Wahl unter sinnenbegabten Individuen dar, und das Begehren zeigt sich als Spiegel der Selbstachtung und des Selbstvergessens. Es geht nicht ohne Angst vor Verletzung: Eine Unruhe, auch ein vager Schmerz sind beim Begehren im Spiel. Doch selbstbestimmt begehrende Körper verletzen einander nach Diderots Auffassung nicht. Lust besteht zuletzt darin, die Angst hinter sich zu lassen: «sans méfiance, ni remords», indem Körper und Seele das Misstrauen überwinden.[53]

Fehlt noch Mozart, die Revolution: Denn bald darauf, 1786, entfaltet Wolfgang Amadeus Mozart mit Da Ponte in der revolutionären Oper *Figaros Hochzeit* die Liebe als Machtfrage, indem er dem Grafen Almaviva sein angestammtes *Ius primae noctis* entzieht und mit ihm die männliche Verfügungsgewalt des Ancien Régime über den weiblichen Dienstbotenkörper. Sie wird abgelöst durch ein egalitäres Gefühl der Liebe, vorgetragen von den Frauen, auch von den adligen weiblichen Protagonisten der Oper, ein Gefühl, das im anderen Menschen einen Gleichen erkennt und deshalb seine Freiheit achtet wie die eigene.[54] Der erzwungene Beischlaf ist in dieser Überzeugung ein Relikt der Feudalgesellschaft, das von der modernen Revolution der Gefühle überwunden wird. An seine Stelle tritt eine Idee der Liebe unter Gleichen, ohne Gewalt.

Was aber haben das Goethe'sche poetische Wechselgeschehen von Herz und Schmerz, die Innigkeitsutopie des französischen Aufklärers Denis Diderot und die machtstürzende Gefühlsrevolution in Mozarts Opernwerk mit dem Recht auf körperliche Unversehrtheit zu tun? Sie sind als Gründungsdokumente moderner Körperverhältnisse elementar, weil sie die Liebe als offene Wechselwirkung unter Freiwilligen verstehen.[55] Sie eröffnen eine neue Sphäre moderner Körperlichkeit, in der Unversehrtheit im umfassenden Sinne mehr und etwas konstitutiv anderes bedeutet als nur die Abwehr von staatlicher Gewalt. Sie sind als utopische Entwürfe moderner Körperverhältnisse bis in die Gegenwart des 21. Jahrhunderts wirksam, in der auch die vitalsten menschlichen Beziehungen, nämlich die zwischen den

Geschlechtern und die zwischen Eltern und Kindern, als Beziehungen von Verletzbaren verstanden werden,[56] während Milliarden Menschen wissen, dass die Idee vom Recht auf Unversehrtheit in der Welt ist.

So mündet dieses Kapitel in der aktuellen politischen Philosophie Martha Nussbaums. Für sie umschließt die Unversehrtheit auch die Entfaltung des Selbst, indem es lieben kann, und es umfasst die Selbstachtung in der sexuellen Erfahrung, im Zeichen der Freiwilligkeit.[57] Fast 250 Jahre nach Erscheinen der *Encyclopédie* taucht der Gedanke der körperlichen Unversehrtheit, in diesem Sinne umfassend neu konzipiert und verweiblicht, im Werk Nussbaums auf. Die Philosophin aus Chicago stellt die alte Frage noch einmal: Was eigentlich das Menschliche sei, das universell geschützt werden soll. Genauer: Was die Würde des Menschen, wo auch immer auf der Welt, in den Alltagsvollzügen erfordere, damit sich Humanität nicht bloß in Ideen, sondern vielmehr in politischen Prozessen und Ordnungen niederschlagen kann.

Das Menschliche, nun politisch gedacht: Martha Nussbaum führt eine Reihe von menschlichen Fähigkeiten auf, sie nennt sie *Central Capabilities,* in deren Zentrum wiederum der unversehrte Körper in all seinen Ausdrucks- und Erfahrungsformen steht. Politische, also auch rechtliche Ordnungen, schreibt Nussbaum, müssen all ihre Bürger dahingehend schützen, dass ihre körperliche Unversehrtheit gedeiht und erhalten bleibt. Ein menschliches Leben solle nicht durch Gewalt oder Hunger frühzeitig zu Ende gehen, es solle gesund in dem Sinne sein, dass es sich fortpflanzen könne, wenn es das wolle.

Es ist, wie Nussbaum an der Lebensrealität indischer Familien entwickelt, primär der weibliche Körper, aus dessen Erfahrungen sie ihre Forderungen gewinnt.[58] Aber gemeint ist der Körper jeden Geschlechts. Denn *bodily integrity* bedeutet für sie: «Being able to move freely from place to place; to be secure against violent assault, including sexual assault and domestic violence; having opportunities for sexual satisfaction and for choice in matters of reproduction.»[59] *Bodily integrity* heißt, weder sexuelle noch andere häusliche Gewalt zu erleiden, sondern vielmehr körperliche Befriedigung erleben und entscheiden zu können, ob man Kinder bekommt. Zum Menschlichen gehört für sie konstitutiv das Bedürfnis, in seinen Beziehungen zu anderen Menschen nicht durch Angst vor Verletzung bestimmt zu sein, sondern sich in Liebe und Trauer, in Sehnsucht und Dankbarkeit aufeinander beziehen zu können.[60]

Angstlos auf den anderen Menschen bezogen und offen für Lust, in selbstbestimmter Fortpflanzung: So also könnte der verletzbare Mensch, der seit der Mitte des 18. Jahrhunderts das Mitgefühl und das Recht eines jeden in ihrer modernen Form entdeckte, bis in die Gegenwarten des 21. Jahrhunderts gelangen. Vielleicht gibt es heute keine andere Idee, die weltweit – stellte man sie zur Abstimmung – so mehrheitsfähig wäre wie diese. Wenn da nicht fortwährend auch die Wirklichkeit wäre, von der nun im nächsten Abschnitt die Rede sein soll.

2.5 Körperstrafen: Gewalt besteht auch in modernen Rechtsordnungen fort

Wie ergeht es dem Körper, während die Moderne ihre schönen Ideen entfaltet, denn wirklich? Kaum ein Abgrund könnte tiefer klaffen, als der zwischen dem hehren Anspruch des Rechts auf Unversehrtheit – gar im umfassenden Sinne von Martha Nussbaums politischer Philosophie – und der alltäglichen sozialen Körperwirklichkeit. Die Moderne ist, ungeachtet und jenseits der moralischen Ansprüche, die sie erhebt, eine Epoche, in der die geltenden Rechtsordnungen es lange Zeit zulassen, dass Menschen sich an der körperlichen Unversehrtheit eines anderen gewohnheitsmäßig vergehen: weil Körperstrafen erlaubt sind, weil Züchtigung üblich ist und als moralisch notwendig gilt, weil die Ehe mit ihrem Rechtsschutz lange Zeit nur wenigen offensteht, weil homosexuelle Liebe strafbewehrt ist, weil ehelicher Sex eine klaglos zu ertragende Pflicht ist, weil Kinder nichts zählen, egal, ob es sie schmerzt, wenn man ihnen Gewalt antut. Um diese Dissonanzen zwischen Idee und Wirklichkeit soll es im Folgenden gehen.

Es dauert historisch lange, bis erfahrenes Leid für jeden Betroffenen als Unrecht spürbar oder gar sagbar wird. Und wie kann es als Unrecht angeklagt werden, wenn die Opfer nicht einmal auf die Idee kommen, dass es Unrecht ist, was ihnen geschieht? Wie hoch die Schwelle zur Sagbarkeit zumindest des sexuellen Leids bisher lag, mag auch daran erkennbar sein, dass erst gegenwärtig eine ganze Reihe von literarischen Werken die jüngst vergangenen Qualen von Kindern zum Gegenstand haben.[61] Ob es die überaus populären Romane von Jane Gardam sind, die vom Leid des Missbrauchs im britischen Empire erzählen, oder Michael Hanekes Filmwerk, das den Sadismus des Wilhelminismus zeigt, ob es der österreichische Schriftsteller Robert Seethaler ist, der die alltägliche Züchtigung in Alpendörfern darstellt oder die historiografische Prosa des Zürcher Wissenschaftshistorikers Michael Hagner, der sich den Bestrafungspraxen in besseren Kreisen um die Jahrhundertwende widmet. Sie alle fokussieren auf Körperqualen von Kindern, die bis vor kurzem kaum der Rede wert schienen. Nun, wo die Gewalt – nicht zuletzt auf Grund der gewachsenen Macht der Frauen – gesellschaftlich zurückgedrängt ist, sind sie es.[62]

Der Seilbahnarbeiter Andreas Egger, dessen Lebensgeschichte Robert Seethaler 2014 in seinem Roman *Ein ganzes Leben* erzählt, konnte sich als Junge nicht vorstellen, dass ihm Unrecht geschah, wenn der Stiefvater Kranzstocker, zu dem es das elternlose Kind um 1902 verschlagen hatte, ihn quälte. Einmal, als er längst erwachsen ist, sieht Egger sich in der Erinnerung «als etwa Achtjährigen nackt und dünn über der Ochsenstange hängen. Seine Beine und sein Kopf pendelten knapp über dem nach Pferdeseiche stinkenden Boden, während sein kleiner weißer Hintern in die Winterluft ragte und Kranzstockers Hiebe mit der Haselnussgerte empfing. Wie immer hatte der Bauer die Gerte im Wasser gebadet, um sie geschmeidig zu machen. Jetzt zischte sie kurz und hell durch die Luft, bevor sie mit einem seufzenden Geräusch auf Eggers Hinterteil landete.»[63]

«Gründe» für solche regelmäßigen Züchtigungen, die heute gänzlich willkürlich erscheinen, gebe es genug, so heißt es in Seethalers Erzählung, mal ist die Milch verschüttet, mal das Brot verschimmelt, mal das Abendgebet verstottert. Nichts Besonderes also, es ist in diesem österreichischen Alpendorf um 1900 nur die hergebrachte männliche Ordnung der Welt, die körperliche Gewalt herrschen lässt: «Der Mann wurde geformt und gehärtet von Gottes Hand, um sich die Erde und alles, was sich darauf tummelt, untertan zu machen».[64] Dass Strafanzeige wegen Körperverletzung gestellt werden könnte, wäre keinem der Beteiligten in den Sinn gekommen.

Wenn gegenwärtig die Bürgerlichkeit idealisiert wird, mag es erhellend sein, daran zu erinnern: Solche züchtigende Gewalt gegen Kinder herrschte keineswegs nur im harten Leben von Alpenbauern. Michael Hanekes preisgekrönter Film *Das weiße Band* von 2009 hat dargestellt, wie am Vorabend des Ersten Weltkriegs in einem fiktiven schleswig-holsteinischen Dorf die sexuelle Gewalt, die Züchtigung durch Schläge und die wechselseitige Quälerei unter Kindern ständeübergreifend den Adel, das Pfarrhaus und den Arzt in einer Normalität des Grauens miteinander verbinden – die bürgerlichen Berufe von Pfarrer und Arzt bilden einen schrecklichen Superlativ. Wie auf dem Lande, so in der Großstadt, das hat Michael Hagner am Beispiel eines Kriminalfalls rekonstruiert: Das gehobene Berliner Bürgertum, auch das reformbewegte, bestrafte seine pubertierenden Söhne um 1900 mit drastischer Züchtigung für das angeblich leistungshemmende Laster der Onanie. In seiner Studie *Der Hauslehrer* hat Hagner meisterlich gezeigt, wie der Sadismus eines von den Eltern beauftragten Erziehers, der seinen Schülern das Masturbieren austreiben will, einen Jungen zu Tode quält.[65]

Es wäre nun bloß eine historische Reminiszenz, mit diesen drei Beispielen aus der jüngsten Forschung und Kunst an die nun hundert Jahre zurückliegenden Üblichkeiten um 1900 zu erinnern, wenn es mir nicht um etwas anderes zu tun wäre: nämlich um den Wandel, der sich seit hundert Jahren mit der Gleichzeitigkeit von Ungleichzeitigkeiten stetig vollzieht. Die Versehrtheitserfahrungen der jüngsten Vergangenheit reichen, selbst wenn man nur das übergenerationelle Familiengedächtnis bemüht, noch fast bis an die Gegenwart heran, in der diese Form der Gewalt zurückgedrängt ist. Sie sind jung. Sie prägen noch heute jene Dynamik von Erwartung, Erfahrung, Verunsicherung und Enttäuschung, die moderne Subjekte fragen lässt, was sie sich vom Leibe halten können, was sie begehren dürfen und was sie ertragen müssen. Auch der Wunsch nach räumlichem Abstand geht aus ihnen hervor. Und aus dieser Ungleichzeitigkeit ist der Stoff, aus dem soziale Kämpfe gemacht sind: künftig selbst zu erlangen, was doch jetzt schon das Recht des Nachbarn ist.

Mit dem Beginn der westlichen Moderne, die den Menschen zutraut, Machtordnungen zu ändern und für eine bessere Zukunft zu sorgen,[66] kommt für jeden Bürger eine neuartige Fragwürdigkeit in die Welt. Was soll denn für wen rechtens sein? Wann? Veränderbar ist nicht nur das politische, sondern auch das private Leben. Jeder weiß: Was eben noch üblich war, etwa die Praxis, Geständnisse durch Folter zu erpressen, Frauen sexuell zu überwältigen oder Kinder zu prügeln, kann bald zu

Unrecht werden, wenn Menschen es erst als solches empfinden und politisch zu kämpfen beginnen. Nur: Wie lange sind Gewohnheiten am Werk, bis sie als Unrecht wahrgenommen werden? Im Laufe dieser Moderne und ihrer sozialen Kämpfe zeigt sich auch: Die Zeit, die unter dem Eindruck einer Idee verstreicht, ist ein machtvoller Faktor, der etwas Selbstverständliches in ein anerkanntes Unrecht verwandelt, das ebenso sagbar wie strafbar ist.

Und sogar das, was schließlich als Unrecht kodifiziert ist, kann in der alltäglichen Praxis noch lange fortbestehen, bis sich Gewohnheiten von Grund auf geändert haben.[67] Daher hat auch das Recht auf körperliche Unversehrtheit eine offene Zukunft. «Declaring is going on, declaring never ends», so nennt die Historikerin Lynn Hunt den Prozess, der um die Mitte des 18. Jahrhunderts begann. Seine Zukunft blieb in Deutschland auch nach 1949 offen, obwohl das Grundgesetz schon verabschiedet war. Es sollte noch fast ein halbes Jahrhundert dauern, bis Gesetze festhielten, was sich aus heutiger Sicht kaum noch vorstellen lässt: dass Gewalt an Kindern und Frauen verboten sind. Oder sagen wir es so: Die Kritik von Macht, die sich am verletzbaren Menschen vergeht, ist erst jetzt in den persönlichsten und intimen Beziehungen angelangt und wirksam geworden.

Wie machtvoll in der modernen Geschichte des Körpers die Gewohnheit war, wie weit der Weg zur Ächtung von Gewalt und wie jung manche Rechte sind, können hier ein paar spröde Daten berichten. Sie hier buchhalterisch aufzuführen, hat einen einfachen Grund: Sie zeigen mit der historischen Neuigkeit zugleich die Fragilität. Sie sagen einiges darüber, wie zerbrechlich diese Rechte noch im Bewusstsein derer sein mögen, die sie lange entbehrt haben und für die sie nun gelten. Einige von ihnen datieren, historisch gesehen, ja erst von gestern. Im Verhältnis zu Kindern wären das zum Beispiel folgende Fakten: Erst am 2. November 2000 verabschiedet der Deutsche Bundestag gegen die Stimmen der CDU/CSU-Fraktion ein Gesetz, das Gewalt in der Erziehung verbietet. In § 1631 des BGB heißt es seither in Absatz 2: «Kinder haben ein Recht auf gewaltfreie Erziehung. Körperliche Bestrafungen, seelische Verletzungen und andere entwürdigende Maßnahmen sind unzulässig.» Die UN-Kinderrechtskonvention von 1989, die in ähnlichen Worten die Gewalt in der Erziehung für unzulässig erklärt, war historisch zwar schneller zur Stelle. Aber auch sie kommt spät, bedenkt man, dass für erwachsene Bürger die Menschenrechte bereits vierzig Jahre zuvor Geltung erlangten.

Deutschland ahndete auch erst spät die Gewalt in Ausbildungsverhältnissen. Erst am 27. Dezember 1951 wurde in der Gewerbeordnung das sogenannte Recht der «väterlichen Zucht» abgeschafft, das es dem Lehrherrn erlaubte, seinen Lehrling körperlich zu bestrafen. Noch 1979 – dreißig Jahre nach der Verabschiedung des Grundgesetzes – sprach das bayerische Oberste Landesgericht den Lehrern in Volksschulen ein gewohnheitsrechtliches Züchtigungsrecht zu.

Und auch im Verhältnis zwischen Männern und Frauen ragt die Vergangenheit legitimer Gewalt bis in die Gegenwart. Erst am 1. Juli 1997 wurde die Vergewaltigung in der Ehe gesetzlich verboten (zehn Jahre zuvor, am 29. Juni 1987, hatte auf dem Titel des Spiegel bereits die Headline gestanden: «Bonn plant Gesetz gegen Vergewaltigung in der Ehe»[68]). Erst seit der großen Strafrechtsreform vom November 1973 tritt ein Recht auf sexuelle Selbstbestimmung an die Stelle der tradierten Straftatbestände gegen die Sittlichkeit. Erst 1928 wird offiziell das Züchtigungsrecht des Mannes aufgehoben, mithin das Recht, seine Ehefrau körperlich zu bestrafen, das 1758 im bayrischen Codex Maximilianeus Bavaricus Civilis festgeschrieben worden war. Und vor dem Hintergrund der jüngsten flüchtlingspolitischen Debatte fällt auf: Erst 2005 hat die Bundesrepublik Deutschland sexuelle Gewalt als Asylgrund anerkannt. Eben erst – wenn man bedenkt, wie lange die Ächtung von Körperstrafen und unfreiwilliger Berührung zu diesem Zeitpunkt schon in der Welt ist.[69]

Eben erst, das bedeutet konkret zum Beispiel eine vom geltenden Recht gedeckte Realität, wie sie ein Urteilsspruch deutscher Richter im Jahr 1966 dokumentiert, in dem es über Sex in der Ehe heißt: «Die Frau genügt ihren ehelichen Pflichten nicht schon damit, dass sie die Beiwohnung teilnahmslos geschehen lässt. Wenn es ihr infolge ihrer Veranlagung oder aus Gründen, zu denen die Unwissenheit der Eheleute gehören kann, versagt bleibt, im ehelichen Verkehr Befriedigung zu finden, so fordert die Ehe von ihr doch eine Gewährung in ehelicher Zuneigung und Opferbereitschaft und verbietet es, Gleichgültigkeit oder Widerwillen zur Schau zu tragen».[70] So urteilen die Richter des 4. Zivilsenats des Bundesgerichtshof noch 1966 über die weiblichen Pflichten, nicht im strittigen Einzelfall, sondern mit genereller Geltung, für alle Ehen. Ende der 60er Jahre, so belegt es Volkmar Sigusch, haben noch 90 Prozent aller Mädchen nicht aus eigener Lust, sondern nur «dem Jungen zuliebe» mit ihm den ersten Sex.[71] Das Gefühl, der Staat und der Mann hätten legitimerweise die Verfügungsgewalt über weibliche und kindliche Körper, war stark – und Homosexualität strafbar. Aus den Lautsprechern waren unterdessen, während die Pille schon auf dem Markt war, die Rolling Stones zu hören: «I can't get no satisfaction».

Diese verdichtete Geschichte erzähle ich hier, weil sie zeigt, dass Gesellschaften lernen können und dass sie faktisch lernen. Dies mag schließlich ein Vergleich mit der jüngst vergangenen Gegenwart zeigen. Eine Untersuchung der EU-Kommission vom November 2016 wollte herausfinden, wie die Befragten auf folgende Frage antworten: «Ist es falsch und sollte es gesetzwidrig sein, den Partner zu sexuellen Handlungen zu zwingen?» Ein einziges Prozent der Befragten meinte, es sei weder falsch noch gesetzwidrig, den Partner zu sexuellen Handlungen zu zwingen. 87 Prozent der deutschen Befragten hingegen gaben zur Antwort, das sei falsch und solle gesetzwidrig sein (und 8 Prozent meinten immerhin, es sei falsch, solle aber nicht gesetzwidrig sein).[72] Ein ebenso junges Beispiel belegt das Tempo des Lernprozesses: Noch 1998 waren unter den türkischstämmigen Jugendlichen Hannovers 41 Prozent der Auffassung, dass man dem Mann als Oberhaupt der Familie zu gehorchen habe. Gegenwärtig, also nur zwanzig Jahre des kulturellen Wandels später, stimmt nur noch jeder zehnte Jugendliche dieser Meinung zu.[73]

So schnell kann es bei aller beklagenswerten Langsamkeit gehen: In dieser Verschiebung des Üblichen zeigt sich ein epochaler Umbruch, dessen Schauplatz der Körper innerhalb einer biografischen Lebensspanne war und ist. Zwar haben bis heute die Freiwilligkeit und die Selbstbestimmung machtvoll an Raum gewonnen. Doch Unfreiwilligkeit prägt sich ein, sie wirkt weiter, sie vergeht nicht so bald.[74] Nicht nur die Tatsache, dass die Gesetze zum Schutz der Unversehrtheit so jung sind, wirkt sich als Fragilität des Körperempfindens aus, sondern auch der heute unbestreitbare Sachverhalt, dass manche Körperverletzung unter dem Deckmantel von Ehe, Familie und Erziehung bis in die jüngste Zeit noch kein Straftatbestand war. Und schließlich liefert die heutige Alltagswirklichkeit noch immer hinreichend Grund, trotz aller Fortschritte keine Entwarnung zu geben: Die jüngste Kriminalstatistik weist aus, dass 14 905 Straftaten gegen die sexuelle Selbstbestimmung zur Anzeige kamen, 93 Prozent der Opfer sind Frauen. Im weiteren Sinne werden 133 080 Menschen zu Opfern von Partnerschaftsgewalt, unter ihnen sind knapp 109 000 weiblich.[75] Die Zahl gezüchtigter und missbrauchter Kinder ist noch immer hoch. Die polizeiliche Kriminalstatistik gibt in den jüngsten Zahlen für 2016 mehr als 12 000 Ermittlungs- und Strafverfahren wegen Kindesmissbrauchs nach den Paragrafen 176, 176 a oder 176 b des Strafgesetzbuchs an, weit überwiegend im engsten sozialen Umfeld des Kindes, weit überwiegend sind Männer die Täter.[76] Und auch ein vierter Umstand kommt hinzu, der den epochalen Wandel mit seinen Verunsicherungen charakterisiert: Unabweisbar harrt im politischen Prozess die Frage auf Antwort, für wen das Recht auf Unversehrtheit denn heute wie fortan gelten soll, und welche Unversehrtheit genau gemeint ist. Man mag einwenden, dies sei doch grundgesetzlich entschieden und für Unsicherheit bestehe kein Grund mehr, doch allein der Umstand, dass erst seit 2005 in Deutschland die sexuelle Gewalt als Asylgrund gilt, belegt leicht das Gegenteil. Der Verrechtlichungsprozess ist nicht abgeschlossen. Die Debatte geht weiter.[77]

Und wenn es nur das wäre. Je sagbarer das eben noch verschwiegene übliche Leiden wird, desto klarer liegt heute auf der Hand: Am Recht des weiblichen und des kindlichen Körpers auf Unversehrtheit, am Recht auf sexuelle Selbstbestimmung und an den unverletzlichen Freiheiten der weiblichen Weltbevölkerung entscheidet sich immer auch, was denn von den Versprechen der Moderne zu halten ist. Die männlichkeitsbetonten Autokratien, die seit der Jahrtausendwende weltweit an Macht gewinnen, fordern auch die Errungenschaften dieser Körperrechte heraus – und keineswegs nur die der Frauen. All dies trägt zur Verunsicherung in der Spätmoderne bei. Man könnte sagen: Erst jetzt zeigt sich, dass die Moderne stetig weiblicher geworden ist. Was die einen erlangen möchten, wollen andere keinesfalls verlieren.

2.6 Unumkehrbar weiblich

Gehen wir dieser Beunruhigung etwas nach. Konkret, nach Paris, an einem regnerischen Februartag 2017. Begegnung mit dem in Tunesien gebürtigen Psychoanalytiker und Sozialwissenschaftler Fethi Benslama, Professor an der Pariser Universität Diderot, im 13. Arrondissement, Rue Thomas Mann, Arbeitszimmer hoch oben. Ich möchte von Fethi Benslama erfahren: Ist die Errungenschaft, vor unfreiwilliger Berührung rechtlich geschützt zu sein, historisch umkehrbar? Und, um eine verbreitete aktuelle Sorge beim Namen zu nennen, ist sie gar durch die Zuwanderung von Muslimen und ihrer Männlichkeit in Gefahr, wie es besorgte Konservative beschwören? «Es gibt auch soziale Tatsachen, die unumkehrbar sind», sagt der 66-jährige Benslama mit feinem Lächeln, und inmitten der politischen Krisendiagnosen klingt er unerschütterlich. Unumkehrbar, das bedeute, so sagt es dieser Islamexperte und entschuldigt sich für den frivolen Vergleich: Die Zahnpasta bekomme man nun mal nicht in die Tube zurück. Die Zahnpasta, das sei die weibliche Freiheit, endlich über den eigenen Körper zu bestimmen.[78] Von daher entscheide sich alles.

Ein Leitmotiv der Bücher Fethi Benslamas, die sich dem Islam in der Gegenwart widmen, ist der sozial sichtbare, also unverschleierte weibliche Körper. Er symbolisiert in seinen Augen die verkörperte Moderne: Sexuell frei sein, ohne Gewalt fürchten zu müssen. Benslama führt in seinem jüngsten Buch aus, diese Weiblichkeit sei für Islamisten der Horror schlechthin, weil für sie Frauen nur als entsexualisierte Mütter, Schwestern und Töchter denkbar sind. Und er erzählt von einer Fatwa zweier Imame im Mai 2007, die auf die Idee verfielen, künftig sollten Frauen ihren männlichen Arbeitskollegen im Büro die Brust geben und sie stillen, fünfmal am Tag. So würde die Arbeitsbeziehung verlässlich entsexualisiert.[79]

Es lohnt sich, meint Fethi Benslama, einen Moment bei solchen Merkwürdigkeiten zu verweilen. Denn erstens zeigt sich an ihnen eine historische Tatsache der muslimischen Welt: Mit dem Ende des Osmanischen Reichs 1924 hat der Islam die politische Macht verloren, die er im Staatenkonzert bis dahin hatte. Und 1923 legte die ägyptische Feministin und Politikertochter Huda Sha'arawi den Schleier ab – ein Befreiungsschlag, der sich nicht nur ins weibliche kollektive Gedächtnis eingeprägt hat. Es ist in Benslamas Augen kein Zufall, dass sich dann 1928 die erste islamistische Organisation, die Muslimbruderschaft, gegründet hat. Seit diesen Zäsuren, so stellt der psychoanalytisch geschulte Sozialwissenschaftler es dar, fragt sich die muslimische Welt, was es heißt, ein Muslim zu sein, aber zugleich auch, was es heißt, ein Mann, eine Frau zu sein. Diese Fragen seien in der islamischen Welt historisch offen. Die weibliche Freiheit aber, über den eigenen Körper bestimmen zu können, sagt Fethi Benslama, sei unwiderruflich und unaufhaltsam in die Welt gekommen. Der Schleier ändere daran nichts.

Merkwürdig ist an dieser jüngsten Geschichte auch, dass sie der westlichen Moderne bis vor kurzem verblüffend gleicht. In ihr spiegelt sich gewissermaßen, was gerade noch unsere eigene Geschichte war, und in der aktuellen Beunruhigung rückt eben diese historische Nähe dem kollektiven Gedächtnis zu Leibe: Hier in Paris, einmal mehr, wurde einer der Anfänge gemacht. Im 19. Jahrhundert, noch aus dem Korsett bürgerlicher Normen und Gesetze heraus, erzählen zwei Texte, die in den europäischen Metropolen Paris und London entstanden, von dem, was sich in Ehen zutrug, bevor das Recht auf körperliche Unversehrtheit auch dort galt.

Der eine Text ist ein französischer Roman von 1842, verfasst hat ihn Honoré de Balzac, er heißt: *Die Frau von dreißig Jahren*. Den anderen Text hat der britische Liberale John Stuart Mill gemeinsam mit seiner Frau, der Frauenrechtlerin Harriet Taylor Mill, verfasst, und er erschien 1869 unter dem Titel *The Subjection auf Women*.[80] Sie sind der Erinnerung wert, weil sie der Rechtswirklichkeit um mehr als ein Jahrhundert voraus sind: Sie beschreiben in unerhörter Offenheit und Zuspitzung, was zahllosen Frauen geschehen konnte und vielen geschehen ist.

Honoré de Balzac verschiebt die Grenzen der Scham und des literarisch Sagbaren um Meilen. Schmerz, Folter, Verletzung: So heißen in diesem Roman explizit die Vergehen, die in einer modernen Ehe des 19. Jahrhunderts rechtens sind. Im Jahr 1813 lässt sich in Paris ein leidenschaftlich liebendes junges Mädchen namens Julie von ihrem Vater nicht warnen. Sie will unbedingt den Oberst d'Aiglemont ehelichen, und genau das tut sie auch. Was zunächst wie ein Impuls selbstbestimmter Liebeswahl wirkt, gegen die überholte Ordnung der Väter, ganz im Sinne der neuen Zeit, findet sich alsbald in eheliche Pflichten gepfercht, von deren Unausweichlichkeit die junge Frau nichts geahnt hat. Und weil Julie rechtlich nichts ist oder sein kann außer die Frau ihres Mannes, ist auch ihr Körper unweigerlich – eigentumsgleich – in dessen Händen. Julies Gesicht zeigt die Not an: Ein an ihrer Kutsche vorbeireitender junger Engländer, androgyn, sein Körper mädchenhaft, sieht im Fenster der Kutsche das Gesicht einer Leidenden. Für ihn wird Julie alsbald entbrennen. Denn dieser feinsinnige Mann ist eine Figur, die ihr garantiert nicht zu Leibe rückt.[81] Ein «Hirngespinst» nennt ihn, untrüglicher Realist, der Erzähler.

Die tiefe Melancholie, die sich auf die junge Frau gelegt hat, erklärt sich so: Ihr Mann vergreift sich ständig an ihr, wie es sein Recht ist. «Er sucht mich allzu oft auf»,[82] gesteht sie eines Abends einer alten Tante. Was ihn glücklich mache, werde sie töten. Ihr Körper ist bald verwundet. «Sie litt an einer Entzündung, die häufig zum Tode führt, die Frauen einander nur im Flüsterton anvertrauen und für die unsere Sprache noch keinen Namen hat.»[83] Und so schreibt die Gequälte einer Freundin: «Du wirst heiraten, Louisa. Es hat mich geschaudert bei diesem Gedanken. Armes Kind, heirate nur; nach einigen Monaten wird bitterste Reue Dein Herz zerreißen… ein Ehemann wird

Dich in wenigen Tagen zu dem machen, was ich schon bin: zu einer häßlichen, leidenden alten Frau».[84]

Zum körperlichen Leid kommt die seelische Demütigung, zumal in Gesellschaft, denn Monsieur d'Aiglemont wendet sich alsbald weiteren Frauen zu, auch dies im Rahmen des Üblichen, weil seine Frau ja nicht wie gewünscht zur Verfügung steht, wie er selbst es ausdrückt: «Insofern sind meine Seitensprünge in gewisser Weise rechtmäßig.» Die Empathie, das Mitgefühl, das doch seit 1750 zur seelischen Ausstattung der aufgeklärten französischen Gesellschaft gehört, zeigt sich hier, im Rahmen der üblichen Gewohnheiten, nur als «grausames Mitleid».[85]

Die Selbstachtung, die nach dem Gedanken Denis Diderots aus der modernen Liebe erwächst, wird pervertiert: «Sie verlor jede Achtung vor sich selbst, verfluchte die Ehe und wünschte, sie wäre tot.» Balzac hat mit seiner Schrift *Die Physiologie der Ehe* von 1829 eine Eloge der Liebeskunst und des sexuellen Genusses verfasst, die eine Ehe keineswegs ausschließt. Seine Romanfigur Julie aber ist die Verkörperung eines Satzes, der eben auch in der *Physiologie* steht: «Die Ehe ist den Preis nicht wert, den sie kostet.»[86]

Was Honoré de Balzac in der *Frau von dreißig Jahren* literarisch entwirft, hat das britische Ehepaar Mill – nach allem, was man weiß und in ihren Texten erspüren kann, sind diese beiden ein ausnehmend glückliches Paar gewesen – für das «reaktionäre 19. Jahrhundert» prinzipiell dargelegt: dass nämlich «die gesetzliche Unterordnung des einen Geschlechts unter das andere an und für sich ein Unrecht und gegenwärtig eines der wesentlichsten Hindernisse für eine höhere Vervollkommnung der Menschheit sei».[87] Es ist die «auf Gewalt gegründete Macht» der «Sklaverei»[88], die selbst in den besten Häusern üblich ist, die für die Mills das Skandalon bedeutet.

Ausgerechnet die Intimität verhindere den politischen Kampf: «Die Unterdrückten leben jede unter den Augen und man könnte sagen in den Händen ihres Herrn, in engerer Gemeinschaft mit ihm als mit irgendeinem ihrer Mitgeschöpfe, ohne jegliches Mittel sich gegen ihn zu verbünden, ohne die Macht, ihn selbst örtlich zu überwältigen.»[89] Die finanzielle wie rechtliche Abhängigkeit lasse den Sklavinnen, die bürgerliche Ehefrauen sind, keinen Ausweg.

Schlimmer noch: Sie alle wissen, dass sie als Ehefrauen eine rechtlich privilegierte Situation genießen, denn nur die Begüterten haben das Recht zu heiraten.[90] Die europäische Realität des 19. Jahrhunderts mit ihren Ehezulassungs-Beschränkungen bedeutete, dass legitimerweise nur heiraten konnte, wer das Bürgerrecht hatte. Um es an einem Beispiel zu zeigen: Um 1800 zählte man in Wien unter 300 000 Stadtbewohnern 37 590 Ehen[91] – und nur die rechtsgültige Ehe galt als Siegel des sittlichen Wohlverhaltens, nur verheiratet galt man als anständiger Mensch. Deshalb, schreiben die Mills, erleiden die Frauen lieber «schwerste Mißhandlungen», als dass sie nach dem Schutz der Gesetze rufen, die es für sie noch nicht gibt. Die Mills fügen dieser Diagnose der Hilflosigkeit von Rechtlosen einen entscheidenden Begriff hinzu, den der Gewohnheit: «Die Unterjochung der Frauen durch die Männer ist eine universelle Gewohnheit ... Es ist notwendig für die Gesellschaft, dass die Frauen heiraten und Kinder gebären; sie werden das aber mit ihrem freien Willen nicht tun».[92]

Die Ehe als eine fortgesetzte sexuelle Belästigung, kein Kinderkriegen freiwillig, Staat und Gesetz auf der Seite des Mannes: So pointieren die beiden Mills in ihrer politischen Agenda als aufgeklärte liberale Frauenrechtler eine rechtlich sanktionierte Gewohnheit.[93] Und so treibt die seit 1750 ausgearbeitete Idee der Unversehrtheit ihre rechtliche Umsetzung aus der Spannung zur Wirklichkeit stetig voran. Langsam, wenn auch «mit Verwüstungen, mit Umkippungen», wie Immanuel Kant den Gang der Vernunft 1784 beschrieben hat.[94] Eine männlich geprägte Geschichtsschreibung mag den Fortschritt in der Moderne inzwischen preisgeben, aber für Frauen ist der Unterschied zwischen gestern, heute und morgen nicht im Geringsten gering.

Vielleicht hat der Pariser Psychoanalytiker Fethi Benslama es im regnerischen Februar 2017 mit dem trivialen Bild der Zahnpastatube wirklich besonders treffend gesagt: Ist einmal die Idee des Rechts auf Unversehrtheit eines jeden Menschen in der Welt und werden erst einmal die Körperstrafe, der Übergriff, das zugefügte Leid für unmoralisch und Unrecht gehalten, so wird sich alsbald kaum noch eine Frau unfreiwillig berühren lassen. Dann kann der historische Prozess unumkehrbar wirken. Aber er dauert. Sigmund Freuds tiefer Kummer über das Leid in den bürgerlichen Ehebetten und Kinderbetten, von dem er um 1900 durch seine Arbeit erfuhr, ist gut belegt.[95] Die heutige Realität wird von den Kriminalstatistiken, von Amnesty oder Terre des femmes ebenso gut nachgewiesen. Doch inzwischen ist eben auch – mit universellem Anspruch – Martha Nussbaums umfassender Begriff der «bodily integrity» in der Welt.

Die Ungleichzeitigkeit von historischen Entwicklungen, die einander vorantreiben, ist in der Geschichte der Weiblichkeit unabweisbar, und das soll hier ein allerletztes Beispiel anschaulich machen: Als Balzacs Protagonistin Julie auf den letzten Seiten des Romans *Die Frau von dreißig Jahren* tot zusammenbricht, ist sie fünfzig Jahre alt, wie der Autor ausdrücklich vermerkt. Es mag kurios wirken, aber wenn man auf derlei gleichzeitige Ungleichzeitigkeiten zu achten begonnen hat, fällt die Koinzidenz zweier Daten der jüngsten Rechtsgeschichte ins Auge: Da entscheidet im Sommer 2017 der Europäische Gerichtshof für Menschenrechte in Straßburg, dass Frauen, die älter sind als fünfzig Jahre, noch ein Recht auf ein sexuelles Leben haben.[96] Fast zeitgleich verabschiedet das tunesische Parlament ein Gesetz, nach dem sexuelle Gewalt an Frauen verboten ist. So ergibt sich ein überaus spannungsreiches Bild von Nähe und Abstand, je nach Ort, je nach Staat, je nach Augenblick, und es ist in Bewegung.

3. Kapitel
Abstand: Beinfreiheit für den Körper

3.1 Leise Aversion: Komm mir nicht zu nah

Berlin im Jahr 1903. Was für ein Gedränge, unvorstellbar bisher in der Geschichte dieser verspäteten Stadt im märkischen Sand. Die Einwohnerzahl der Metropole verdoppelt sich um die Jahrhundertwende innerhalb weniger Jahre auf fast zwei Millionen Menschen, der Anteil der Kleinstwohnungen mit nur einem beheizbaren Zimmer, in dem durchschnittlich vier Menschen leben, beträgt in der Großstadt fast 50 Prozent.[1] Schon 1871 hatten 20 Prozent aller Berliner in als «überfüllt» bezeichneten Wohnungen gehaust, das hieß: zu fünft in einem Zimmer. In Berlin waren außerdem im Jahr 1895 7,27 Prozent aller Männer «Schlafgänger», sie nächtigten also nur irgendwo für Kostgeld in einer dieser überfüllten Wohnungen.[2] Um 1910 sind es in Berlin 709 000 Menschen, die in solchem Gedränge leben.[3] Diese Not hat nichts von Freiwilligkeit.

Anders im Westend, Lindenallee 13. Hier ist Platz. Die Diskrepanz zwischen der realen Beengtheit der Arbeiterwohnungen und den Beobachtungen des Kulturphilosophen und Soziologen Georg Simmel, die er in seinem Essay *Die Großstädte und das*

Geistesleben festhält, könnte auf den ersten Blick kaum größer sein. Der durch ein Erbe wohlhabende Simmel, der seit 1901 als außerordentlicher Professor an der Berliner Universität lehrt und mit seiner Frau Gertrud ein Haus im bürgerlichen Stadtteil Charlottenburg bewohnt, macht sich in einem Essay aus dem Jahr 1903 bleibende Gedanken über Berührungen in der Menschenmasse. Über die Angst, dass einer einem zu nahe kommen könnte und über individuelle Distanz, die so fruchtbar ist. Die tiefsten Probleme des modernen Lebens, schreibt Georg Simmel, «quellen aus dem Anspruch des Individuums, die Selbständigkeit und Eigenart seines Daseins gegen die Übermächte der Gesellschaft ... zu bewahren.» Dieser Gegenwartsdiagnostiker wohnt zwar nicht beengt, aber er hat ein untrügliches Gespür für die in seiner Zeit liegende latente Zudringlichkeit, die bedrohlich wirkt.

In allen Kämpfen der Moderne seit der Mitte des 18. Jahrhunderts erkennt Simmel ein Grundmotiv: Es ist «der Widerstand des Subjekts, in einem gesellschaftlich-technischen Mechanismus nivelliert und verbraucht zu werden».[4] Simmel spricht in einer heute noch verblüffend aktuellen Wendung davon, dass eine «geistige Individualisierung seelischer Eigenschaften» für die sich urbanisierende Moderne charakteristisch ist: Nur die Stadt mit ihrem Menschengewühl, ihrer Freisetzung aus herkömmlichen Bindungen und ihrer räumlichen Weite erlaubt es in den Augen Simmels, soziale Quantität in Qualität umschlagen zu lassen, indem jeder Einzelne – als freier Fremder unter freien Fremden – unverwechselbar werden kann.

Dies wird nicht zuletzt durch die Abwehr einer diffus erfahrenen Bedrängtheit und Enge ermöglicht. Es ist die städtische Reizdichte der flüchtigen Berührungen im Vorübergehen, die Distanz unweigerlich hervorruft. Das Individuum muss sich verschließen, muss sich abgrenzen, um sich als existent, als widerständig zu spüren. Für die moderne Großstadt sei daher eine seelische Verfassung der Reserviertheit typisch, «infolge deren wir jahrelange Hausnachbarn oft nicht einmal von Ansehen kennen».[5] Die nervöse Großstadtseele der Jahrhundertwende bringt indes nicht nur Distanziertheit zum Ausdruck, sondern darin auch eine Haltung gereizten Misstrauens: «eine leise Aversion, eine gegenseitige Fremdheit und Abstoßung, die in dem gleichen Augenblick einer irgendwie veranlassten nahen Berührung sogleich in Haß und Kampf ausschlagen würde».[6] Dieses Individuum muss berührungslos sein und Abstand wahren, um nicht durch plötzliche, unkontrollierbare Nähe verletzt oder selbst übergriffig zu werden.[7]

Die Tür schließen: Man kann in der aversiven Haltung des «Komm mir nicht zu nah» das soziale Privileg des Berliner Bildungsbürgers leicht erkennen. Was sich in solcher Distanz und Abwendung zeigt, ist die individuelle Freiheit des Einzelnen, jederzeit gehen oder die Tür schließen zu können. Denn das moderne Individuum, das der dörflichen und kleinstädtischen Enge entkommt, gewinnt mit Georg Simmels Ausdruck eine historisch neue «Bewegungsfreiheit». Sie ist in bemerkenswerter Weise zugleich seelisch und körperlich verfasst, weil «ein Mensch nicht zu Ende ist mit den Grenzen seines Körpers oder des Bezirks, den er mit seiner Tätigkeit unmittelbar erfüllt, sondern erst mit der Summe seiner Wirkungen, die sich von ihm aus zeitlich und räumlich erstrecken».[8] Gäbe es so etwas wie das geistige Ausstrecken der Beine oder das seelische Dehnen der Arme, so wäre solche Reichweite in Simmels Bemerkung über die Körpergrenzen gemeint.[9]

Zweifellos, der Großstädter, von dem Georg Simmel spricht, ist nicht nach dem Bild der überfüllten Kleinstwohnung im Berliner Wedding mit ihrer unausweichlichen Nähe geformt – sondern nach dem Bild des bürgerlichen Mannes und seines Milieus. Es ist das Bild eines Menschen mit Beinfreiheit, um es einmal in der aktuellen Sprache der Mobilität auszudrücken, der sich erst über die Freiräume und Wechselwirkungen einer latent aversiven Nähe in der Masse seelisch wie geistig und tätig entfaltet. Abstand, wie er um 1900 in Berlin Charlottenburg üblich ist, ist ein soziales Privileg, aus dem heraus individuelle Einzigartigkeit als Widerstand zur Erfahrung wird.[10]

Das war gestern. Doch spricht uns dieser Essay von Simmel heute noch unmittelbar an, weil die Diskrepanz zwischen der Idee einer modernen Individualität, die aus dem weiträumigen Charlottenburg kommt, und der beengten Wohnrealität in den Mietskasernen des Wedding seither die Individualisierung in aller Welt befeuert: endlich Platz zu haben, endlich aus den engsten dörflichen oder familiären Bindungen gelöst zu sein, um sich frei und fremd fühlen, um sich als wirksam handelnd erfahren zu können! Und auch um die Kehrseite der Freiheit spüren zu können: «Wenn man sich unter Umständen nirgends so einsam und verlassen fühlt, als eben in dem großstädtischen Gewühl.»[11] Aus dieser Dialektik wird die individuelle Erfahrung von Einzigartigkeit und Widerständigkeit angetrieben.

Es gehört bis heute zum Reiz der Haltung «leiser Aversion», dass sie mit der räumlichen Realität des Wohnens in kurioser, aber für die Individualisierung entscheidender Spannung steht.[12] Diese Aversion erzeugt Stress, als eine Form der Angst vor Nähe und Enge. Und sie verdoppelt sich durch die von Simmel beschriebene ständig latente Gefahr eines übermächtigen Gefühls der Verlassenheit. «Es wird eng», so diagnostizierte im November 2017 die *Süddeutsche Zeitung* das verbreitete Bedrängtheitsgefühl in einem Beitrag über aktuelle Wohnraumverdichtung und großstädtische Stresslevel.[13] Was dieser Text indes nicht erwähnt, ist die Tatsache, dass die individuelle Wohnfläche in Deutschland seit Jahrzehnten kontinuierlich zunimmt und bis heute einen Höchststand erreicht hat. Wer unter diesen Umständen besorgt feststellt, es werde eng, hat statistisch gesehen viel Platz für sich allein. Diesem machtvollen Paradox, dass moderne Individuen durch die Wohnverhältnisse faktisch immer mehr physischen Abstand zum Nächsten erlangen und dabei, unter dem Druck, einzigartig sein zu müssen, doch immer mehr Stress durch das Gefühl der Bedrängtheit und drohenden Einsamkeit erleiden, möchte ich im Folgenden nachgehen.

Der Wunsch, unausweichlicher Nähe zu entkommen, ist heute fast an jedem Ort der Welt einer der stärksten Faktoren des Wandels und der Landflucht, er breitet sich weltweit aus. Im Juli 2017 erschien eine Studie, die zeigt, wie machtvoll die von Simmel dargestellte Individualisierung durch Distanz sich um die ganze Welt ausgedehnt hat. Der World Values Survey, der Daten aus 51 Jahren und 78 Ländern auswertet, stellte – auf der Grundlage von Zahlen zur Haushaltsgröße, von Alleinlebenden und Scheidungen – fest, dass sich in fast allen Staaten der Individualismus als eine Werthaltung verstärkt hat, der die Einzigartigkeit betont und dazu führt, dass sich Individuen von Kollektiven buchstäblich distanzieren, fortgehen, sich häufiger scheiden lassen, Großfamilien hinter sich lassen. Oder, wie Simmel es ausdrücken würde: Das Individuum löst sich nach Kräften aus den Bindungen an Kollektive, um «die Selbständigkeit und Eigenart seines Daseins gegen die Übermächte der Gesellschaft ... zu bewahren». Dieser Prozess vollzieht sich jedenfalls fast immer dann und dort, wo es ein Minimum an Wohlstand erlaubt, der unausweichlichen Nähe ein wenig zu entkommen – zumeist für Geld.

3.2 Dichte: Von Wohnflächen, vom Zusammenleben und Flüchtlingsunterkünften

Georgien, in der Großstadt Tiflis, 2017: Was unausweichliche Nähe heißt, mag in vielen westlichen Häusern längst vergessen sein, in dieser bürgerlichen georgischen Großfamilie aber führt sie täglich Regie. Das Elternpaar, das sich in der eigenen Wohnung in Tiflis den Augen der alten Großeltern kaum entziehen kann, das Zimmer, in dem die erwachsene Tochter mit ihrem Freund auf dem Bett liegt, während die Mutter in den Schränken räumt: kein Entkommen. Acht Menschen, drei Zimmer. Der andere Mensch ist dauernd zum Greifen nah, so nah, dass jeder nach Abstand oder Rückzug sucht und freiwillige Berührung, zumal unbeobachtet, kaum entstehen kann.[14]

Die Bilder des Films *Meine glückliche Familie,* einer georgisch-französischen Co-Produktion des Duos Nana & Simon, die auf der Berlinale 2017 aufmerken ließ, bringen in die Vorstellungskraft des Betrachters zurück, was auch im Westen bis in die jüngste Vergangenheit üblich war und heute selten ist: räumliche Dichte. Unabweisbare Nähe. Und es gelingt diesem Film, als rufe er die Ängste einer kaum vergangenen Vergangenheit wach, von einer Szene der Alltagsnormalität zur nächsten, im Betrachter die Angst vor Unangenehmem, vor Übergriffen wachsen zu lassen, die näher zu kommen scheinen.[15]

So eng, so dicht ist das familiäre Leben in dieser Etagenwohnung, dass die Kamera für ihre Einstellungen kaum Abstand einnehmen kann, auch ihr Modus ist die unfreiwillige Nähe. Was sie aufnimmt, ist kaum konturiert, was sie wiedergibt, ist unvermeidlicher Lärm. Die Nähe hat auch etwa Wohliges, Warmes: Im Gedränge wird gefeiert. Weingläser, Kuchen, Zigaretten, ein paar Männer singen zur Gitarre, ein Stimmengewirr brabbelt und kakelt dazu, die Großmutter zetert unaufhörlich, und auf dem Balkon steht bald, wie erstarrt und stumm, die Frau, deren Geburtstag das sein soll: Manana. An diesem Tag sagt sie, die 52-jährige Lehrerin, Mutter, Frau, Tochter, dass sie jetzt gehen wird. Ausziehen. Fortan werden alle sie fragen: Warum? Sie nennt keinen Grund. Sie packt. Und zieht alleine um in eine elende kleine Wohnung, die wie ein Sehnsuchtsort wirkt: Sie ist ruhig. Die Tür bleibt zu. Niemand spricht.

Die jahrhundertelange Geschichte der Individualisierung, die in den Wohlstandsgesellschaften der Moderne für immer mehr Wohnraum gesorgt hat, für das Recht auf geschützte Körpergrenzen und gleichzeitig für millionenfache Vereinzelung, trägt sich in dieser georgischen Familie vor den Augen des europäischen Kinopublikums im Zeitraffer zu. Wenn Manana in ihrer neuen Wohnung endlich allein am Fenster sitzt, ein aufgeschlagenes Buch in den Händen, die Haare gelöst, leise Klaviermusik im Hintergrund, dann spielen diese Bilder routiniert die klassischen Sehnsuchtsmotive der europäischen Romantik durch, von Caspar David Friedrichs *Frau am Fenster* hin zu Virginia Woolfs revolutionärer Idee des eigenen Zimmers, «a room of one's own». Und fast jeder, der im Jahr 2017, ob in Paris, London oder Berlin, diesen Film sah, kennt diese Entwicklung noch aus den Generationenerzählungen der eigenen Familiengeschichte des 20. Jahrhunderts, die in kleinen Wohnungen vielen nah, allzu nah auf die Pelle gerückt ist.

Zum Beispiel Didier Éribon, Jahrgang 1953. Unlängst hat der französische Starsoziologe in seiner breit diskutierten autobiografischen Gesellschaftsanalyse *Rückkehr nach Reims* die Gedrängtheit seiner Kindheit im Elend des nordfranzösischen Arbeitermilieus vor Augen geführt: Die vierköpfige Familie lebt ab 1950 über Jahre hinweg gemeinsam in nur einem Zimmer, der Junge Didier teilt mit seinem Bruder ein vom Großvater eigens gezimmertes Bett, ein Bad gibt es nicht. Nach dem Umzug aus diesem Zimmer in eine immerhin separate kleine Wohnung bleibt es dabei: Alle vier, Eltern und Kinder, schlafen in einem einzigen Zimmer. Es ist kaum beheizbar, Hunger und Gewalt sind üblich, das Kind friert andauernd.[16] Knapp zehn Jahre lebt die Familie so, bis es – «endlich» –, Anfang der sechziger Jahre, eine Wohnung mit zwei Schlafzimmern gibt, nun sind es vier Kinder.[17] Unfreiwillige räumliche Nähe gehört zu den konstitutiven Eigenschaften europäischer Biografien, und sie prägt das

Denken. Die Großeltern, zum Teil auch noch die Eltern der heute Dreißigjährigen sind in dieser Dichte aufgewachsen, das eigene Zimmer: oft nur ein Traum.

Der polnische Gewerkschaftsführer und spätere polnische Staatspräsident Lech Walesa erzählt in seinen autobiografischen Berichten davon, wie seine fünf Kinder in den 1970er Jahren in einer kleinen Wohnung im Danziger Stadtteil Stogi an der Ostsee groß wurden, die Familie war also siebenköpfig. Tagsüber waren alle möglichst draußen, Auslauf, Bewegung, Arbeit. «Schwierig», sagt Walesa, «wurde es abends, wenn wir alle fünf Kinder waschen, füttern und zu Bett bringen mussten. Wir mussten die Betten aufklappen, die Matratzen nahmen dann den ganzen Boden der Wohnung ein, die aus zwei kleinen Zimmern bestand, von denen das eine anderthalb Meter breit war, während das andere als eine Art Wohnzimmer mit Elternbett, Kinderbett und Tisch diente.»[18] In der Ecke stand eine Nähmaschine, auf deren Tischchen die Flugblätter der Solidarność aufgesetzt wurden, an ihnen arbeitete Lech Walesa gemeinsam mit den Kollegen abends, wenn die Kinder schliefen.

Es ist diese räumliche Dichte, in der große Mehrheiten bis in die jüngste Gegenwart unfreiwillig gelebt haben, vor deren Horizont sich erst ermessen lässt, welchen Umbruch (die französischen Historiker Philippe Ariès und Georges Duby nennen ihn eine «Revolution») die rasante Ausweitung des Wohnraums bis heute bedeutet: Sie macht endlich freiwilligen Abstand zum Nächsten möglich. Sie erlaubt eine Abschließung des Selbst, das sich, indem es Türen schließt, als geschützt und unterschieden wahrnehmen kann und sich den eigenen Körper zur Aufgabe der Gestaltung macht.[19] Diese Abschließung demokratisiert im weiteren Georg Simmels Haltung der «leisen Aversion», die unfreiwillige Nähe zum Nächsten latent aggressiv abwehrt. Nachts zum Beispiel: Norbert Elias hat in seiner Zivilisationsgeschichte auf die besondere Bedeutung des Betts, das man nicht länger teilen muss, hingewiesen. Was er für die Pariser Oberschichten der frühen Moderne als eine befreiende Erfahrung von körperlicher Getrenntheit geltend macht, die auch das Gefühl, Rechte zu haben, befördert, erhellt auch die Distanzierungsgeschichte in den bedrängten, beengten Milieus unserer Zeit.[20]

Mit der gewonnenen «Bewegungsfreiheit» vollzieht sich aber nach und nach auch eine Öffnung, sie ist für die offenen Gesellschaften der Gegenwart charakteristisch. Denn sie ermöglicht, dass man einander freiwillig nah kommen kann, das Zusammenleben räumlich nach verabredeten Präferenzen organisiert und Rückzug gestattet. Mit Vereinzelung oder Vereinsamung ist solcher Abstand, wie Verfallspessimisten befürchten mögen, keineswegs zwangsläufig gleichzusetzen, weil auch die Qualität des verbindlich Sozialen von diesem Faktor abhängt: der Freiwilligkeit. In jenem georgischen Film *Meine glückliche Familie* öffnen sich Mann und Frau erst in dem Moment wieder füreinander, als die Türen der kleinen Wohnung hinter ihnen geschlossen sind und sie einander ungestört ansehen können. Und zuhören: «Wer bist Du?» fragt Manana nun den Mann, mit dem sie zuvor Jahrzehnte ihres Lebens geteilt hat.

Tür zu. Tür auf: Mit den schließbaren Türen ging und geht eine Öffnung einher, die buchstäblich objektivierbar ist. Die freiwillige Nähe hat ausgerechnet in dem anschaulichen Alltagsfeld der Türen nach nebenan messbar zugenommen. Auch wenn es der Intuition widersprechen mag: Wie unlängst eine Studie für Deutschland erhoben hat, klingelten im Jahr 1953 nur 22 Prozent der Nachbarn nebenan, um sich gegenseitig etwas auszuleihen, und nur 13 Prozent luden einander ein. Dieses Abstandhalten hat sich in den folgenden fünfzig Jahren substantiell in eine neue Offenheit gewandelt: Im Jahr 2007 liehen 51 Prozent der Bürger bei den Nachbarn aus, was sie brauchten, und die Einladungen hatten sich auf gut 43 Prozent mehr als verdreifacht. Die Online-Plattformen wie FragNebenan, nebenan.de oder WirNachbarn, auf denen man sich heute nach Nachbarschaftlichkeit umsehen kann, nehmen zu.[21]

Immer vollzieht sich diese Öffnung für den Nächsten im Zeichen der Freiwilligkeit. Auch das Couch-Surfen als historisch neue Form des massenhaft freiwilligen Teilens der eigenen Wohnung mit Fremden passt ins Bild der freiwilligen Nähe. Allerdings ist dies eine eng befristete Nähe auf Zeit und insofern ebenso Ausdruck des Wunsches und der Kunst, kontrolliert Abstand zu halten. Was für Fremde gilt, gilt anders auch für Vertraute. Von familiären Bindungen zwischen den Generationen weiß man, dass sie heute freiwillig fortbestehen, wenn man nicht mehr in einem Hause zusammenleben muss.

Der räumliche Abstand zum Nächsten, zum Nachbarn, erst recht zum Fremden ist zweifellos gewünscht und willkommen, er ist der vielleicht greifbarste Ausdruck für den Aufbruch aus der Enge der Armut. Wer ihn sich leisten kann, wer also Geld genug hat, den überaus teuren Wohnraum zu bezahlen, sorgt oft für Distanz. Abstand ist in den wohlhabenden europäischen Demokratien zum sozialstaatlich garantierten Anspruch, zur Gewohnheit und als solche zur seelischen Grundausstattung geworden.[22] Als die Kölner Oberbürgermeisterin Henriette Reker nach jener chaotisch übergriffigen Silvesternacht auf der Domplatte zum Jahreswechsel 2015/2016 postulierte, jeder fremde Körper solle tunlichst auf Armlänge entfernt bleiben, hatte sie mit dieser Empfehlung die Forschung auf ihrer Seite: Menschen in westlichen Gesellschaften bekommen es heute mit der Angst, wenn sie weniger als 45 cm Abstand zum nächsten Körper haben.[23] Die Schweizer Rechtspopulisten konnten nicht umsonst mit dem Slogan des «Dichtestress» erfolgreich gegen Zuwanderung kämpfen.

Zwar sagen Quadratmeterzahlen von Wohnraum nicht viel über soziale Verhältnisse aus, und der Bauhaus-Architekt Walter Gropius hat in den wohnungsbeengten 20er Jahren aus guten Gründen geltend gemacht, dass aus der puren Fläche kaum auf die Qualität des Wohnens geschlossen werden kann. Lichtquellen und Fenstergröße seien viel entscheidender, meinte Gropius, mithin die Beziehung und Öffnung zur Welt. Dennoch möchte ich den statistischen Zahlen noch etwas großzügiger Raum geben, weil sie die Radikalität des Umbruchs gerade für all diejenigen, die dieses Buch allein auf dem Sofa in einem hellen Wohnzimmer lesen, mit einiger Klarheit belegen.

Von der Gedrängtheit in der «Zusammenbruchsgesellschaft» der deutschen Nachkriegsjahre, in denen das Grundgesetz mit seinem neuen Recht auf körperliche Unversehrtheit entstand, habe ich schon berichtet – im Schnitt zwei bis drei Menschen pro Raum, einschließlich fensterloser Keller, waren die Regel.[24] Aus dieser beengten Gesellschaft sind die heutigen Lebensverhältnisse Quadratmeter um Quadratmeter hervorgegangen. Die Geschichte der Individualisierung und des Wohlstands hat jedenfalls, wenn man sie auf Deutschland nach 1945 bezieht, zum Ergebnis, dass heute lauter mobile, «bewegungsfreie» und punktuell teamfähige Monaden viel Abstand zueinander halten können: Das belegt nicht nur die Zahl von Singlehaushalten, die heute bei 41 Prozent aller Haushalte liegt und damit sowohl im Osten wie im Westen des Landes die häufigste Haushaltsgröße im Bundesgebiet ausmacht.[25]

Auch die pure Wohnfläche zeigt es: Sie beläuft sich in Deutschland heute im Schnitt auf gut 45 m^2 pro Kopf, das ist ein historischer Höchststand, mithin ein Höchstmaß an Abstand zum Nächsten. Im bundesdeutschen Jahr 1950 lag sie im Schnitt bei nur 14 m^2: Verdreifacht hat sich also bis heute die Fläche, die ein Mensch für sich hat. In Ostdeutschland ist die Entwicklung weniger spektakulär, aber vergleichbar verlaufen.[26]

Hier wie dort: Die unfreiwillige Dichte des Zusammenlebens schien überwunden. Bis die Wohnungsfrage buchstäblich neu vor der Tür stand und für manchen die beengte Vergangenheit der Elterngeneration zurückzukehren schien, wenngleich nun in anderer Gestalt: Die Flüchtlinge, die im Spätsommer 2015 nach Deutschland gelangten, kamen auch dem Körpergedächtnis der Bürger nah. Nicht nur die historische Fluchterfahrung vieler deutscher Familien, sondern auch eine vor Jahrzehnten noch gewohnte Dichte kehrte mit den Ankömmlingen an die Oberfläche des Gedächtnisses zurück. Eine Dichte, die auch familiär wirkte, das Wort von der Großfamilie war plötzlich zurück: Unter die städtischen Kinderlosen wandert in einem neuem Umfang, den das alternde Europa historisch hinter sich glaubte, auch die Familie neu ein. Faktisch und potentiell: Männer, die auf den Fluchtwegen bis an die deutschen Grenzen bzw. Behörden gelangten, hatten zu Hause mehrere familiär zu Versorgende zurückgelassen.

Es wirkt fast ein wenig erstaunlich, und daher ist es erwähnenswert: Selbst in diesem Moment regierte die Freiwilligkeit, und sie regierte breitenwirksam. Nirgends war in den Monaten massenhafter Zuwanderung von Zwangszuweisungen von Wohnraum die Rede, wie sie nach 1945 üblich gewesen ist. Niemand musste gezwungenermaßen seine privaten Türen öffnen (wenngleich die Belegung etwa von Turnhallen öffentlicher Schulen hinnehmen), dafür öffneten viele freiwillig ihre Wohnungen. An der Wohnungsgrenze endete das staatliche Handeln.[27] Der Staat sorgte zunächst für provisorische Massenunterkünfte. Doch viele Kommunen öffneten auch stadtplanerisch neue Räume für diejenigen, die sich in Sporthallen und Containersiedlungen drängen mussten. Als im Herbst 2015 die Zahl der nach Deutschland Zuwandernden zügig auf 860 000 Menschen anstieg, waren auf einmal auch Berichte über ausgeklügelte Wohnraumplanungen zu lesen, die nur von ferne an die jüngst überwundene Vergangenheit des unfreiwillig gedrängten Wohnens erinnerten. Beispielsweise entstand in Ludwigsburg ein Wohnungsbauprojekt namens NEST (New Estate Short

Time), das berechnete, wie Flüchtlinge wohnen sollten: in Mehrfamilienhäusern in Massivbauweise, schnell gebaut, künftig umnutzbar, und dort sollten die Neuen in Gruppen von 15 Menschen zusammen wohnen.[28]

Dabei versuchten diese Planungen auch dem Bedürfnis nach Abstand inmitten der Dichte Rechnung zu tragen, wie in Bremen: Dort wurden ebenfalls eilig sogenannte Smarthome-Komplexe entworfen, 70 m² für 11 Menschen, die in 3–4 Zimmern wohnen, zweigeschossig, mit Privatsphäre, wie betont wird.[29] Die Wände sollten für künftige Umnutzungen möglichst mobil sein. Diese Beispiele gehören zu den besten Lösungen, die Kommunen unter Druck umsetzen konnten. So überzeugend sie als Alternative zu Massenunterkünften wirkten, so klar bezeugten sie doch auch einen sozialgeschichtlich relativ jungen Unterschied. Für deutsche Bürger wären solche Wohnungen von einer heute unzumutbaren Enge. Selbst der Sozialstaat, in Gestalt der Hartz-IV-Regelungen, sorgt für mehr Distanz zum Nächsten, wenn er für einen Vierpersonenhaushalt eine Wohnung von 85 m² als Richtwert angibt. Die Beengtheit war für jeden, der die Nachrichten über die Geflüchteten las, als Frage an den eigenen Wohlstand und als politische Herausforderung zu spüren, ohne dass man sie selbst ertragen musste.

Aber es ist interessant: Während die Flüchtlingszuwanderung den Blick der ortsansässigen deutschen Bevölkerung für die unfreiwillige Beengtheit des Zusammenlebens öffnete, hielt auch eine neue Art von experimentellem Denken Einzug in die öffentliche Diskussion. Tatsächlich fällt auf, dass sich die Reportagen über freiwillige Formen dichten Wohnens in jüngster Zeit ebenso häuften[30] wie Berichte über unfreiwillige Erfahrungen von Einsamkeit.[31] Eine Umwertung, die durchaus mit realer Notwendigkeit und Knappheit einhergeht, deutet sich an: Allein auf einer großen Wohnfläche zu leben, scheint nun kein ungetrübtes oder konkurrenzloses Ideal eines guten Lebens mehr zu sein. Der

Schutz der eigenen Verletzbarkeit und die Offenheit für andere scheinen keinen unüberbrückbaren Gegensatz mehr zu bilden. Türen, die sich endlich wirksam schließen lassen, lassen sich auch wirksam wieder aufmachen, jenseits aller Notwendigkeiten.

Von dieser Entwicklung will ich nun berichten, indem ich aus der Vielzahl der Varianten zwei Beispiele herausgreife. Zuerst will ich von dem Berliner Architekten Van Bo Le-Mentzel erzählen, dessen Umgang mit Wohnflächen absichtsvoll ein anderer ist, als den Raum möglichst weit ausdehnen zu wollen: Denn er schafft mit seinen *Tiny Houses* eine häusliche Dichte und Reichweitenverkleinerung, aus der man nicht fliehen muss – obwohl die Häuser beispiellos winzig sind. «Falls Sie ein Buch schreiben», sagt Van Bo Le-Mentzel bei einem seiner öffentlichen Auftritte dem Publikum, «dann sagen Sie bitte weiter, was ich erzähle, dann teilen Sie es bitte». Gut, das also will ich nun tun.

3.3 Freiwillig nah: Tiny-Häuser und ein Wiener Wohnprojekt

Eine Dichte, der man nicht entfliehen muss: Was könnte das sein? Vom Fliehen versteht der 40-jährige Künstler Van Bo Le-Mentzel, der die inzwischen berühmt winzigen Tiny-Häuser entwirft und baut, aus Erfahrung viel. Die Wurzel seiner Arbeit und seines Denkens, sagt der zierliche Mann, sei seine Fluchtgeschichte. Van Bo Le-Mentzel ist 1979 als Zweijähriger, der mit seinen Eltern aus Laos geflohen war, aus dem Meer gefischt und nach Deutschland gebracht worden. Im Wedding ging er zur Schule, wurde Rapper, Graffiti-Künstler, dann Architekt. Für die Holzmöbel, die er entwarf und die er für wenig Geld mit Hartz-IV-Empfängern baute, wurde er weithin bekannt.[32]

Als im regnerischen Herbst 2015 vor dem Berliner Lageso-Behördengebäude die neu eingetroffenen Flüchtlinge tage- und nächtelang in ewig langen Warteschlangen ausharren mussten, zog der Architekt Van Bo kurzerhand los – mit der Idee, gemeinsam mit den übermüdeten Ankommenden winzige Unterkünfte aus Holz zu bauen. Gegen die Verzweiflung, um endlich geschützt schlafen zu können und um zu spüren, dass man handeln kann: «Bauen baut auf», sagte er, «Warten zermürbt». Und: «Wir können nicht zehn Jahre warten, bis die ersten Flüchtlingsheime stehen».[33]

Van Bo wollte mit dieser Baukunst seine Stadt öffnen, wollte die Grenzen zwischen drinnen und draußen durchlässig machen. Was er mit den Geflüchteten in jenen Wochen zusammennagelte, waren kleine hölzerne Schlafkabinen auf Rädern, gerade groß genug, um sie an den Stationen in den Aufzug bugsieren und sie dann mit der U-Bahn transportieren zu können. Mit blauem Klebeband klebte Van Bo auf die Dachschräge der winzigen Häuser zuletzt die Buchstaben der Aufschrift: «Hotel Lageso». Die Frage, wer Einlass finde in eine Gesellschaft und wer raus müsse, sagt Van Bo, wem ein gutes Leben möglich sei und wem nicht, lasse ihn nie los. Sie gebe nie Ruhe. Also will der Berliner Architekt mit den Instanthäusern neue – nicht nur symbolische – Öffnungen für neue Räume des Zusammenlebens schaffen. Das war beim Lageso immerhin die Idee, sie begegnete im weiteren Verlauf dem Ordnungsamt und den Regeln zum Bebauen öffentlichen Raums. Bis auf Weiteres werden vor allem Tiny-Häuser auf Rädern daraus.

Großaufnahme, aus nächster Nähe, Van Bo blickt unvermittelt in die Kamera des Hamburger Filmemachers Reinhard Kahl, der einen Film über ihn dreht. Die Kamera geht sehr dicht an sein Gesicht, die weichen Bartstoppeln, die braunen Augen, die immer noch ein wenig kindlich wirkenden Züge. Kahl hat schon vor gut zwanzig Jahren über den damals 17-jährigen Rapper Van Bo einen Film gedreht, nun hat er ihn für seinen jüngsten Dokumentarfilm «Spider-Man, Hartz IV Möbel und die Flüchtlinge» mit der Kamera dabei begleitet, wie Van Bo denkt, lebt und – baut. Reinhard Kahls Protagonisten sind dafür bekannt, dass sie aus verfestigten Routinen, etwa in Schulen, eine unerwartete Lebendigkeit freisetzen und in starren Situationen offene Zwischenräume des Handelns auftun.

Deshalb hat Kahl mit der Kamera dabei zugeschaut, wie der Architekt Van Bo auf einer Innenhofwiese beim Bauhaus-Archiv in Berlin Tiergarten seine kleinen Häuser als *Tiny House* Campus errichtete, für ein Jahr, zu Forschungszwecken und um ein öffentliches Gespräch zu entfachen, seine Frage hieß: «Was ist die Mindestwohnung?» Und Van Bos hausgewordene Antwort lautet, sie sei 6,4 m^2 groß, mit Dusche, Waschbecken, Kompostklo, zweistöckig, große Fenster, helles Holz, viel Licht. Gut für einen einzelnen Menschen, und wer davon zwei bis drei nebeneinanderstellt, kann leicht ein Paar, eine Familie unterbringen. Mehrere Varianten nebeneinander. Prospektiv, 2019, soll diese Idee sich in einem geplanten Berliner Wohnkomplex konkretisieren.[34] Für wenig Geld wäre eine Van Bo'sche Wohneinheit zu mieten, es gäbe für jeden individuellen Rückzug, und in der Mitte der Wohnungen gemeinsamen Raum, zum Kochen, Spielen, Arbeiten. Das Ganze dreigeschossig, für etwa 72 Menschen, je für 100 Euro warm, inklusive Internet. «Flexibel, demokratisiert, partizipativ», um dem überhitzten Immobilien-Kapitalismus etwas Druck abzulassen, wie Van Bo Le-Mentzel es ausdrückt. Das soll morgen sein.

Heute aber findet schon die Besichtigung dieser Zukunft statt, im Bauhaus-Archiv, Tiergarten. Reinhard Kahls Kamera scheint in dem winzigen Gehäuse endlosen Platz und Abstand zu finden, sie stößt nirgends an. Sie filmt treppauf, oben das Bett, streift über die Regale, geht durch die Dusche, ein Blick zum Klo, sieht hinaus aus dem Fenster. Wenn der Schriftsteller Georges Perec mit seinem Diktum recht haben sollte, Leben heiße, von einem Raum zum anderen zu gehen und so weit wie möglich zu versuchen, sich nicht zu stoßen, so scheint es sich ausgerechnet in diesem *Tiny House* gut leben zu lassen. Wie auch immer abgenutzt die Metapher inzwischen sein mag, hier erfasst sie einmal präzise die Wirklichkeit. Dieses Haus atmet, seine Membrane bieten ebenso Schutz, wie sie durchlässig für Reize von außen sind.

Eine Charlottenburger Dame aus einer jener riesenhaften 240 m²-Berliner-Altbauwohnungen, wie sie alsbald erzählt, bleibt im Vorübergehen an dem futuristisch anmutenden Holzhäuschen stehen und freut sich: «Das sieht nach Entdinglichung aus.» Guter Punkt, damit findet die Frau auch Reinhard Kahls Zustimmung: Für die üblichen Zehntausende an Dingen, die in deutschen Wohnungen die Biografien fixieren und das Lebendige verdinglichen sollen, ist in den Holzhäusern tatsächlich kein Platz. Die Dinge müssen anderswo hin, ein Sinn des Lebens entsteht hier anders, durch Öffnung. Das *Tiny House* ist auch insofern entdinglicht, als man hier freiwillig lebt, um in der Abgeschlossenheit des engen Raums offen für andere Menschen zu sein. Ein Haus wie ein Basislager für die Welt draußen, die sich als Nachbarschaft aus Möglichkeiten zeigt. «Dies ist ein kleiner Raum für den Bewohner», sagt Van Bo und kann sich auf einmal vor Lachen kaum halten, «und ein großer Raum für die Menschheit.»

Ein Haus als Gesellschaftsentwurf der Öffnung, als Gegenentwurf: wider die Unbehaustheit der Geflohenen, wider die unbezahlbaren städtischen Mieten, die ökologisch unverantwortliche Versiegelung der Böden, den Flächenverbrauch. Aber das allein macht den Reiz nicht aus, denn vor allem sind die Tiny-Häuser ein Entwurf für ein Leben, das schön ist: weil es nicht von der Angst der Schutzlosigkeit gejagt ist, sondern offen für Zuwendung. Nah, nicht zu nah, nicht zu fern: Auch Van Bo Le-Mentzel selbst lebt mit seiner Frau und zwei kleinen Kindern auf 56 m², freiwillig, nicht aus Not. Gemeinschaft und Rückzug,

Offenheit und Abgeschlossenheit, Nähe und Abstand, als Provisorium und gar auf Dauer: In diesen Hauskonstellationen bilden sie das demokratisierte Gegenteil zu einer erzwungenen Enge, der man entfliehen möchte. Und wer sie wählt, ist nicht allein, sondern in Gesellschaft.

Die freie Entscheidung für eine Nähe des Wohnens, die doch den Abstand der Beteiligten sichert, prägt auch das Experiment, das die Journalistin Barbara Nothegger in Wien mit hundert anderen auf die Beine gestellt hat.[35] Von diesem Wohnprojekt will ich hier erzählen, weil es in anderer Weise als Van Bos *Tiny Houses* dafür sorgt, dass distanzierungsbedürftigen Individualisten nichts unerwünscht zu dicht auf die Pelle rückt. Auch in diesem Wohnprojekt zeigt sich die interessante Abweichung von der üblichen Tendenz, Wohnraum zu steigern, und auch in der öffentlichen Darstellung wird das Projekt als eine Alternative zur quantitativen Vermehrung präsentiert. Die Immobilienwirtschaftsexpertin Barbara Nothegger ordnet das eigene Experiment in das Bild einer Wohlstandsgesellschaft ein, die gut beraten wäre, wenn sie sich über den Wohnraum neu verständigen, wenn sie ihn neu verstehen und gestalten würde. Freiwillige Nähe unter Vertrauten und Fremden als normative Idee – aber staatlich ermöglicht, gestärkt, gelenkt; in wohlverstandenem Eigeninteresse des Staates wie seiner Bürger.

Was in Wien in den vergangenen Jahren entstand und unterdessen mehrfach preisgekrönt wurde, ist ein neu gebauter Wohnort des freiwilligen Teilens, ein als Verein organisiertes Ökohaus für hundert Mieter in 39 Wohneinheiten, der Verbrauch an Wohnfläche pro Kopf soll möglichst gering sein, circa 65 Erwachsene, circa 35 Kinder, unter ihnen Notheggers eigene vierköpfige Familie. Die Bewohnerschaft gemischt nach Alter, Herkunft, Geschlecht, Bildung, Beruf, Einkommen, mit 700 m^2 Gemeinschaftsräumen, 350 m^2 Gewerbeflächen, Gärten, Food-Coop und Car-Sharing, rechtlich in einer privaten Baugemeinschaft, alles Gemeinschaftseigentum, gefördert von der Wohnbauförderung des Landes Wien, offen zum Auch-wieder-Fortgehen und Neu-dazu-Kommen, ein durchlässiger Ort, kein Privatrefugium also für die ängstliche Mittelschicht.

Angesichts der Vielzahl solcher und ähnlicher Wohnexperimente ist dieses Projekt das beinahe schon übliche Aktuelle, wenngleich noch immer als eine Ausnahme zur Regel. Barbara Nothegger belegt hundertfach eine historisch junge Entwicklung zu den unterschiedlichen freiwilligen Formen von Nachbarschaftsnähe: von Online-Plattformen über Hilfsdienste bis eben hin zu jenen geschätzten 3000 Wohnprojekten und Kollektivhäusern, die in Deutschland gegenwärtig entstehen.[36] In Wien, einer Pionierstadt des gemeinwohlorientierten Wohnens, werden rund 45 Prozent der Mietobjekte öffentlich gefördert, die Stadt besitzt 220 000 Wohnungen:[37] ein geeigneter Ort für das Experiment verdichteten gemeinsamen Wohnens.

Besonders einprägsam an Barbara Notheggers Darstellung ist das Hintergrundbild, das sie zeichnet: das Bild einer Gesellschaft, in der die neuen Formen eines Mixes aus Nähe, Rückzug und Gemeinschaft entstehen oder doch vernünftigerweise entstehen sollten. Dieses Hintergrundbild ist von den Paradoxien der individualisierten Moderne gekennzeichnet, die aufgespannt ist zwischen gewünschtem Abstand und ersehnter Nähe. Die Spannung ist so stark, dass es für Georg Simmels Diagnosekunst ein intellektuelles Vergnügen wäre: Fragt man in Österreich Entscheidungsträger, mithin Wohlhabende (wie es die österreichische Gesellschaft für Umwelt und Technik im Jahr 2011 getan hat), so möchten zwar fast alle auf eine biologisch-regionale Ernährung umsteigen, fast alle zu den Erneuerbaren Energien wechseln, eine Mehrheit auch vom eigenen Einkommen abgeben. Doch wenn es um die Einschränkung der Wohnfläche geht, lehnt eine Mehrheit von 53 Prozent dankend ab. Sie sind veränderungswillig, doch beim Wohnen ist die Offenheit am geringsten.[38] Für 70 Prozent aller Deutschen ist die erträumte Immobilie immer noch das eigene Einfamilienhaus mit Garten.

Doch drehen wir das Bild nur ein wenig: Aus diesen Daten lässt sich dann ebenso gut eine erstaunliche Veränderungsbereitschaft lesen. Denn große Minderheiten rücken erkennbar von der hergebrachten Nachkriegsgleichung zwischen Wohnfläche und individuellem Handlungsspielraum ab. In der Schweiz, aus der lautes Klagen über «Dichtestress» zu hören ist, hält inzwischen jeder zehnte Haushalt die eigene Wohnfläche für zu groß.[39] Vor allem viele Ältere würden gern in kleinere Räume umziehen, gäbe es dabei nur Unterstützung.

Jedenfalls ist das Thema in der Öffentlichkeit angekommen. Die Bindung an einmal erreichte Wohnverhältnisse hat in einer alternden und sich gleichzeitig individualisierenden Gesellschaft beachtliche Auswirkungen auf alle Verhältnisse von Nähe und Abstand, von Berührung und Berührungsangst – wie auf die Gefühle von Angst und Einsamkeit generell.[40] Diese Wohnverhältnisse können zu einer oft unbeabsichtigten Verstetigung des Alleinseins und einer Erstarrung des Wohnungsmarktes führen, der sich so kaum verjüngen kann.[41]

Will man sich den Wandel vor Augen führen, der sich gegenwärtig vollzieht, so kann eine weitere Erinnerung helfen: Als Georg Simmel 1903 die «tiefen Probleme» des modernen Lebens daraus «quellen» sah, dass Individuen sich gegen die Übermacht der Gesellschaft behaupten wollen, lag die durchschnittliche Lebenserwartung unter Männern bei gut 47 Jahren, Frauen wurden gut 50 Jahre alt. Heute hat sich diese Lebensspanne um über dreißig Jahre erweitert: bei Männern auf 78 Jahre, bei Frauen auf 83 Jahre.[42] Sieht man sich um, wie sich die Einstellung zum Wohnen mit dem Altern ändert, so zeigt sich ein Bild des Alleinseins, in dem sich Freiwilligkeit und Unfreiwilligkeit mischen: Jeder Fünfte über 65 findet die eigene Wohnung zu groß, die Wohnungen der über 65-jährigen umfassen im Schnitt

$91\,m^2$. Und 12 Prozent dieser Altersgruppe können sich vorstellen, in eine andere Wohnform umzuziehen. Doch fast alle von ihnen leben allein in ihrer gewohnten Umgebung weiter, auch wenn die Kinder ausgezogen sind, und auch unter denen, die älter als 90 Jahre sind, bleiben noch mehr als zwei Drittel in ihren eigenen vier Wänden. Nur 7 Prozent aller Deutschen über 65 lebt etwa im Altersheim oder betreutem Wohnen.[43]

Heute stößt die Individualisierungsgeschichte, die für immer mehr Abstand gesorgt hat, an eine Altersgrenze: Die Zahl der Eltern, deren Kinder am selben Ort wohnen, sinkt, weil die Mobilität der jungen Generation steigt. Die Zahl der Eltern, deren Töchter bereit zur Pflege sind, sinkt, weil die Frauenerwerbstätigkeit und die Mobilität steigen. Die Zahl der Alleinlebenden unter den Alten steigt sowieso.

«Alte Menschen sind verletzlicher als Menschen in anderen Lebensphasen»: Diese Wahrheit hält nun – dank der prägenden Handschrift des Gerontologen Andreas Kruse – der Siebte Altenbericht der Bundesregierung fest, und er sieht es als Aufgabe an, den «Aufbau und die Sicherung zukünftiger Gemeinschaften» zu bewerkstelligen. «Zugehörigkeit und Teilhabe» sollen möglich sein, damit den Alten nicht die Erfahrung von Überflüssigkeit, sondern «erfahrbare Wertschätzung» zukommt.[44] Für die alternde individualisierte Gesellschaft heißt dies zunächst: Zuwendung muss sich professionalisieren und Verletzlichkeit muss professionell respektiert werden, selbst wenn dies das Gefühl, der Nähe zu bedürfen, oft gar nicht mindert. Die Einsamkeitsforschung betont, dass nur Wechselbeziehungen das Gefühl der Einsamkeit überwinden, nicht aber professionelle Zuwendung allein.[45] Wer nur das Objekt von Fürsorge ist oder eben ein «Pflegefall», das betont Andreas Kruse in seinem Werk, fällt aus der Welt. Gesucht sind: Millionen freiwilliger Näheverhältnisse zu anderen Menschen.

Betrachtet man die Geschichte des verletzbaren Menschen

aus der Perspektive der alternden Wohlstandsgesellschaften, so zeigt sich eine hochfragile Zwischenbilanz: Die Moderne hat den Menschen zu schützen versprochen. Die Geschichte der Individualisierung sorgte machtvoll dafür, dass die mobilen Menschen der Spätmoderne unendlich viel räumlichen Abstand zwischen sich und andere brachten, der sich ins Alter über Jahrzehnte hinweg verstetigen kann. Wohninitiativen, Stadtplaner und Architekten versuchen zwar, neuartige Varianten eines distanziert-offenen Zusammenlebens auf dichterem Raum zu schaffen, in dem Wechselbeziehungen spürbar werden.[46] Die Minderheit wächst, die sich für solche distanzierte Nähe freiwillig öffnen will. Doch die Zeit drängt. Das Land altert. Und die Angst will an die Macht.

Es liest sich angesichts dieser Lage wie ein verzweifelter Scherz oder wie ein dramatisches Missverhältnis: Die Bundesregierung fördert seit 2012 rund 450 Mehrgenerationenhäuser.[47] Mehr sind es nicht. Ebenso unzureichend wirkt die Entschlossenheit des jüngsten Pflegeberichts, «die Pflegebereitschaft zu fördern und zu erhalten».[48] Zwar ist der Anfang gemacht, aber trotzdem bewegt sich der Tanker nur zentimeterweise voran: Da wird von 500 lokalen Allianzen für eine integrierte Pflege berichtet, das BMBF fördert EIN Projekt für gewaltfreie Pflege und zur Prävention von Gewalt. Man sucht händeringend nach qualifiziertem Personal im Ausland, dessen Berufsabschlüsse man anerkennen könnte, es werden Städtebau-Förderungsprogramme und «Fachkräfteengpass-Analysen» aufgelegt, und vieles mehr. Doch das reicht nicht.

Die Freiwilligkeit, den verletzungsoffenen Menschen zu respektieren und ihn die Berührung erfahren zu lassen, die er braucht, um nicht in Angst abgeschieden zu leben, begegnet ihren Grenzen. Eine Schätzung des DIW nimmt an, dass sich der Personalbedarf in der Pflege bis 2050 auf 1,5 Millionen Vollzeitkräfte mehr als verdoppeln wird. Und auch diese Realität hat in einem Europa, dem ideell so viel an der Gleichheit liegt, zwei Gesichter: Würde man im wohlhabenden Deutschland nun Fachkräfte in dieser Zahl aus dem benachbarten Ausland gewinnen und legal beschäftigen, so blieben dort, in Polen, Bulgarien, der Ukraine, alsbald 1,5 Millionen alte Eltern zurück, deren Kinder, meist Töchter, sich in der Ferne anderen Alten zuwenden. Nicht zu nah, nicht zu fern, eine Gesellschaft mit Taktgefühl? Die unfreiwillige Einsamkeit, die etwas anderes ist als freiwilliger Abstand, wird in Europa zu einem Thema, das in alternden Demokratien die Wahlen entscheiden kann.

3.4 Monaden: Freiwillige und ungewollte Einsamkeit

Usedom im Frühling, Literaturtage am Ostseestrand, der Himmel öffnet sich hell, die Stimmung im Urlaubspublikum: sorglos. Der Philosoph Peter Sloterdijk ist zu Gast, sein neues Buch wird bald erscheinen, und er gerät ein wenig ins Plaudern. Er komme so gern abends in seine leere Wohnung zurück, erzählt er, wo ihn nur die brennende Lampe erwarte. Es klingt für viele Anwesende wie eine vertraute Erfahrung aus ihrer Wohlstandsrepublik: Eine leere Wohnung sei wie eine alte Freundin, die aufgehört hat, einen zu kritisieren, vertraute der Philosoph seinem Publikum an. Wenn er ausgehe, lasse er das Licht an. Sobald er aufsperre, denke er, da sei jemand, der sich auf ihn freut. Andere nähmen Psychopharmaka, er lasse es auf die höhere Stromrechnung ankommen.[49]

Es waren die nervösen Monate des Frühjahrs 2016, in denen sich jene 860 000 Neuankömmlinge des Jahres 2015 noch provisorisch in Turnhallen und Containern aufhielten und die Kölner Silvesternacht das Thema der illegitimen oder illegalen Zudringlichkeit auf die Agenda gesetzt hatte. Peter Sloterdijks

Erzählung begann vor diesem Hintergrund plötzlich in den Reaktionen des Publikums auf neuartige Weise zu schillern: Man konnte in den Worten des Philosophen das Privileg des freiwilligen Alleinseins einer lebensfrohen Monade hören oder die Vergangenheit einer demnächst untergehenden Single-Wohlstandsrepublik oder auch die Zukunft eines bald alten Mannes, der den Johanniter-Notrufknopf drücken muss, damit überhaupt jemand kommt, der ihm in einer Not beisteht. Höhere Stromrechnung oder Psychopharmaka: So lauten aktuell noch die Alternativen zum Leiden an unfreiwilliger Einsamkeit und Dunkelheit. Der wohlhabende Spätmoderne kann versuchen, mit einer Stromrechnung auszugleichen, was lange als unvermeidlich, unausweichlich galt: die Nähe zum leibhaftig anwesenden anderen Menschen, mit dem man den Raum teilt.

Kurz vor dieser Ostseestrandgeselligkeit hatte das Kino unter der Regie von J. C. Chandor in einem ganz anderen Bild der freiwilligen Monade die selbstgewählte Distanzierung zu Ende gedacht und ihr die größte denkbare Reichweite zugemutet: Hollywoods Ikone Robert Redford, zum alten Mann gereift, sticht als 77-Jähriger in seinem Film *All is lost* allein in See, der Ozean ist sein Raum, den er allein bewohnt, in diesem Film ist er der einzige Darsteller. Er kehrt sich explizit von aller sozialen Liebesmüh seines Lebens ab, kein Mensch gelangt mehr in seine Reichweite, und der Einzige, den er berührt, ist er selbst, in einer spektakulären letzten Rasur, ein bleibendes Bild des Selbstbezugs, der Selbstpflege, auch des Selbstrespekts angesichts des nahenden Endes.

Denn das Drehbuch lässt alle Zukunft abbrechen: Das individuelle Schiffchen, das der Solitär zu steuern versucht, reißt sich an einem treibenden Container der Massenfracht die Seite auf. Es sinkt unbemerkt auf hoher See, während alle verzweifelten Kontaktversuche in dieser hochindustrialisierten marinen Wüste scheitern. Ironie? In der Untergangsszene taucht eine Anspielung auf jenes genuin menschliche Fingerspitzengefühl auf, das Michelangelo in seinem Bild *Erschaffung Adams* darstellt.[50] Der untergehende Segler streckt seine Hand gen Himmel und es bleibt offen, ob sich ihm die Hand, die von oben – angedeutet – naht, spürbar nähert. An der Berührung entscheidet sich auch in diesem Film alles.

Tür zu, Licht an: Was heißt in der distanzierten Nähe der Gegenwart das Alleinsein, was Rückzug, was Einsamkeit? An der Universität Chicago erforscht eine Gruppe von Neurologen um John T. Cacioppo experimentell, was Einsamkeit ist.[51] Seit gut 25 Jahren, während die Digitalisierung das Alltagsleben von Grund auf verändert, erkunden sie die Wechselwirkungen zwischen Gesellschaft, Psyche und Gehirn, zwischen Geselligkeit, Risikofaktoren und Gesundheit. Die Kette ihrer Ergebnisse ist unterdessen so lang wie die Liste der Auszeichnungen dieser Forschergruppe. Sie zeigt ein beunruhigend ambivalentes Bild der Gesellschaften der Gegenwart.[52] Es hat alle Eigenschaften des Kippbildes, das von einem Abgebildeten in sein Gegenteil umschlagen kann: Ihre Bürger sind endlich frei, freiwillig allein zu sein und Abstand zu halten, und faktisch werden viele unfreiwillig einsam.

Die Nähe anderer Menschen wird vom Säugetier Mensch primär als Schutz und Beistand empfunden, das betont Cacioppos Forschergruppe in Chicago ebenso, wie es der Tastsinnexperte Martin Grunwald in Leipzig geltend macht,[53] und die Abwesenheit anderer Menschen wird aus diesem Grund als potentielle Bedrohung erlebt. Unter Menschen indes, die sich einsam fühlen, ist die Situation etwas anders, und in mancher Hinsicht genau umgekehrt.

Das Gefühl der Einsamkeit impliziert jene von Georg Simmel diagnostizierte leise Aversion: Wer sich einsam fühlt, ist misstrauischer gegenüber möglichen sozialen Bedrohungen, ist ängstlicher, feindseliger, angespannter. Er ist immer auf der

Hut. Das Bedürfnis nach Nähe wird umso stärker, und doch wird Nähe, wenn sie sich denn einstellt, leichter als bedrohlich erlebt. Einsamkeit ist daher ein sich selbst verstärkendes Gefühl: Dass ein einsamer Mensch sich leicht bedroht fühlt, vermittelt er denen, die ihm begegnen, ungewollt immer mit – und verhindert so Nähe.

Wer sich einsam fühlt, achtet zudem stärker auf alles, was potentiell bedrohlich ist und auf den Schutz der eigenen Person, und auch dies vermittelt sich anderen Menschen als Ausdruck der Distanzierung. Im Ergebnis wirkt sich diese Haltung, man kann es tatsächlich nachweisen, im Wortsinne als Verdinglichung aus: Einsame empfinden die positiven Reize von Gegenständen stärker als die anziehenden Reize anderer Menschen.

Bestimmend aber ist das Gefühl: Nur wenn Menschen sich mehr Menschen in ihrer Nähe wünschen, als sie tatsächlich in ihrer Nähe wissen, entwickelt die Einsamkeit ihre Macht. Die Diskrepanz zwischen Wunsch und Wirklichkeit ist entscheidend. Nicht minder bestimmend aber ist die erfahrene Wechselwirkung. Darin ist sich der Neurologe John T. Cacioppo auf Grund seiner Forschung so sicher wie die Masseurin Birthe Harlstad in Hamburg auf Grund der Erfahrung ihrer Hände: Eine wohltuende Wirkung entfaltet Nähe nur durch wechselseitige Öffnung. Wer sich bloß als Objekt der Zuwendung erlebt – gar professioneller Zuwendung –, empfindet sich dadurch nicht als weniger einsam.

Es ist mithin die Qualität von Beziehungen, die für das Gefühl von Einsamkeit entscheidend ist, nicht die Zahl der faktisch nahen Menschen. Denn Einsamkeit können Menschen sowohl in objektiver Isolation wie auch mitten in ihren Ehen, Familien, Vereinen oder Freundschaften empfinden. Mehr noch: Ein und dieselbe menschliche Beziehung, ob zu einem Geschwister oder einem Partner, kann sowohl bedrohlich als auch wohltuend wirken, das eine ist ohne das andere nicht zu haben. Der nahbare

Mensch ist auch insofern der verletzbare. Für das Gefühl, einsam zu sein, mit allen seinen Folgen und Nebenwirkungen, ist es entscheidend, ob ein Mensch freiwillig allein ist oder ungewollt. Denn die Arbeit der Cacioppo-Gruppe zeigt auch: Rückzug oder Introvertiertheit allein sind gesundheitlich keine auffälligen Risikofaktoren. Das Gefühl, einsam zu sein, hingegen macht verletzlich. Es lässt Krankheitsrisiken und Sterblichkeit steigen. Bei Menschen, die sich abgetrennt fühlen, die mehr Nähe wünschen, als sie bekommen, ist das Immunsystem schwächer, der Blutdruck höher, der Schlaf schlechter. Einsamkeit, alles in allem, ist ein größeres Gesundheitsrisiko als Übergewicht.[54]

Das freiwillige Alleinsein hingegen kann zum Inbegriff jener souveränen Bewegungsfreiheit werden, die Georg Simmel um 1900 hervorhebt und die gut hundert Jahre später Peter Sloterdijks beleuchtete Wohnung, einer wohlmeinenden Freundin gleichend, symbolisiert.[55] Nur kann eben jeder, der in jüngeren Jahren lieber allein und beweglich lebt, dieselbe Lebensform, wenn sie sich verstetigt, im Alter als ungewollte Einsamkeit erleben. Das muss nicht sein, es gibt keinen nachweisbaren Zusammenhang zwischen dem Alleinsein und dem Gefühl der Einsamkeit. Doch in Cacioppos Befunden ist es heute ein Viertel der amerikanischen Gesamtbevölkerung, das sich stetig einsam fühlt. Und nimmt man nur die alten Menschen über 65, so klagt fast die Hälfte über das stetige Gefühl von Einsamkeit.[56] Vielleicht ist, einmal so betrachtet, Robert Redfords Altersfilm *All is lost* gar kein Film über das freiwillige Alleinsein eines Mannes, der seine sportiven Körperkräfte noch einmal messen will und deshalb den Rückzug aus dem zivilen Leben wählt, um in See zu stechen. Vielleicht handelt es sich um einen Altersfilm: über die ungewollte Einsamkeit im Alter, mit ihrer Folge des früheren Todes. Es zeigt sich ein Kippbild, wie so oft, wenn man sich ansieht, wie wir den epochalen Wandel am lebendigen Leibe austragen.

Die Aktualität schafft jedenfalls Koinzidenzen: In dem Moment, wo ich in Jena am Schreibtisch an diesem Kapitelende angelangt bin, am 17. Januar 2018 um 16.15 Uhr, erscheint die Nachricht, die britische Premierministerin Theresa May richte ein Ministerium ein, das sich ausschließlich um Einsamkeit kümmert. Für ein wenig Ironie ist gesorgt: Die künftige Einsamkeitsministerin Crouch war bisher als Staatssekretärin zuständig für Sport und Ziviles. Bald darauf liest man: Die deutsche Bundesregierung greift das Thema sogleich auf. Kein Wunder, die Zahl der alten Wähler steigt ständig.

3.5 Berühren auf Distanz: Von Bildschirmen, Therapien, Eltern und Kindern

Die Mutter, eine fast 60-jährige alleinerziehende Wissenschaftlerin, ist nun wirklich allein. Sie schreibt in Boston einen langen Brief an ihre erwachsene Tochter Rebecca. Es ist der Moment, in dem diese aus dem gemeinsamen Leben auszieht: «Für Rebecca. Mein Brief an Dich, in Liebe». Diese Post handelt vom Alleinsein in digitalen Beziehungen, der Brief ist im Original fast 360 Seiten lang geworden, vor ein paar Jahren als Buch erschienen und seither zum Standardwerk geworden: *Alone Together*, verfasst von der Soziologin Sherry Turkle, die am MIT die Wechselwirkungen zwischen digitaler Technik, sozialer Nähe und menschlicher Psyche erforschte, während ihre Tochter Rebecca in leibhaftiger Nähe heranwuchs.[57] Sherry Turkles Werk beeinflusste die Debatte um die Digitalisierung seit Jahrzehnten, nun wird man in diesem Buch lesend Zeuge, wie der geliebte Mensch aus der physischen Reichweite in die digitale Reichweite umzieht.

Eine Mutter und eine Tochter, körperliche Nähe und räumliche Ferne, Liebe und Smartphones: Geläufig ist in der Öffentlichkeit von der alltagsbestimmenden Macht der Geräte die Rede, doch die Körper aus Fleisch und Blut mit ihren Biografien sind aus der digitalen Ära nicht wegzukürzen. Auch ihre Macht ist unabweisbar. Ein alltagsempirischer Test unter Müttern ergibt schnell: Wenn die blinkenden Nachrichten der eigenen Kinder – ob aus Bolivien, der Berliner Straßenbahn oder Marrakesch – auf dem Smartphone eintreffen, jener Kinder, die sie vor Jahrzehnten geboren, gestillt, in den Schlaf gesungen und mit Nudelauflauf gefüllt haben, fortwährend berührt, alle Brechdurchfälle, Brandblasen, Asthmaanfälle, Fleischwunden, Hautausschläge mit eingeschlossen, so sind sie durch das Fortgehen der Kinder nicht zu Kunststoff mutiert, sondern immer noch deren Mütter: Diese Nachrichten kommen ihnen anders nah als alle anderen. Sie lassen sie daran denken, wie Heinrich Heine in Paris der Venus von Milo begegnet, die ihm zu sagen scheint: «Siehst Du denn nicht, dass ich keine Arme habe und also nicht helfen kann?»[58] Zweifellos sind die Bildschirmoberflächen ein berührbares Substitut für die menschliche Haut, glatt und kühl, ein Kompromiss zwischen lebendig und tot, und zugleich öffnen die Schirme über die räumliche Ferne hinweg eine Nähe, die auf die Nutzer ebenso zweifelsfrei physisch wirkt. Aber wie?

Ein Buch über den Körper aus Fleisch und Blut tut sich geradezu naturgemäß nicht leicht mit dem Menschen in seiner digitalen Version. Trivialerweise: Der tropft und blutet nicht, saugt, kaut und schluckt nicht, hat weder Lippen noch Hände, keinen Herzschlag, keinen Blutdruck, keine Windpocken, er singt, geigt und schwitzt nicht, er lächelt, beißt, hustet und zittert nicht, weder erbleicht noch errötet er. Und er stirbt nicht. Die Differenzen sind unabweisbar. Warum also sollte dieses Buch überhaupt davon handeln? Aus einem so einfachen wie komplizierten Grund: Weil Berührung auf Distanz auch berührt. Weil sie dabei anders wirkt als die unmittelbar körperliche, weil sie Wirkungen ersetzt, verschiebt und verhindert.

In Berlin sitzen an einem eisigwindigen Tag kurz vor Weihnachten 2014 in der privaten Internationalen Psychoanalytischen Universität 14 ausgewiesene Expertinnen, Philosophen, Ärzte und Psychoanalytikerinnen um den Philosophen Matthias Kettner zusammen, der das Treffen organisiert hat, um sich über diese neuen Phänomene Gedanken zu machen. Auch die Sozialpsychologin Vera King ist zugegen. Jeder der Anwesenden macht fortlaufend Erfahrungen in der digitalen Welt, jeder trifft im Netz auf seine Kinder, Verabredungen, Bahn-Fahrpläne, Dates, Bundesliga-Liveticker, aber alle fundierenden Kenntnisse sind noch ziemlich neu, alle im Fluss. Rückblende: Was ist damals, vor fast vier Jahren, der Stand der Dinge?

Die Gruppe, die sich einen Tag lang über ihre Forschungsergebnisse und ärztlichen Erfahrungen austauscht, ist offen für die neue digitale Welt, keine Verfallsrhetorik, eine Philosophin gibt heiter preis, dass sie lieber eines Tages von einem Roboter gepflegt würde als von einem genervten Pfleger. Und doch ist sich die Runde ziemlich einig: Das Eigentümliche einer menschlichen Beziehung, nämlich einander wechselseitig auf unabsehbare Weise zu begegnen, ist digital nicht zu haben – auch wenn eine neuartige Nähe entsteht und die digitale Therapie unterdessen immer üblicher wird.[59] Diese Fachleute treffen sich mehr oder weniger auch in der Auffassung, dass ein guter Arzt einen Menschen unverändert leibhaftig vor sich sehen will, um herauszufinden, was für eine Krankheit er hat; auch darin, dass eine Therapie oder Psychoanalyse die körperliche Anwesenheit des lebendigen Gegenübers braucht, die Stimme, das Antlitz, weil ohne diese physische Erfahrung des anderen kaum eine Beziehung entsteht. Deren Wesensmerkmal: Sie lebt.[60]

In der digitalen Verbundenheit hingegen, das meinten an diesem Vorweihnachtstag die meisten, obsiege das Kontrollbedürfnis über das Unverfügbare, über das Widerständige jeder Beziehung. Skype zeige nur die Oberfläche eines Antlitzes, eine SMS erzeuge den Zwang, antworten zu müssen. So lässt sich in der digitalen Sphäre die Lust auf den anderen Menschen leicht abwehren, aus Angst vor der Gefährdung durch eine sich anbahnende Realität. Die Wirklichkeit aber ist immer so unverfügbar wie unideal: *creepy*, zum Gruseln. Die eigene Hilflosigkeit gegenüber den «creepy facts of life», die ein Bildschirmnutzer abwehrt, spürt er, und sie kränkt ihn. Die digitale Verbindung mag tiefe Ängste vor Einsamkeit und Tod lindern, aber sie verringert zugleich das empathische Interesse, sie gewöhnt an die Abwesenheit von Zwischenleiblichkeit, an die Macht der Ausblendung, an die Präferenz des simulierten Lebens. Und darin stärkt sie das narzisstische Moment, das Umkreisen des Selbst, die Optimierung des Eigenen. Ein Traumpfad, der letztlich immer nur ein Ziel hat: das eigene Ich. Dies war das Bild, plus minus, vor knapp vier Jahren.

Im Sommer 2015 dann berichtete mir die Sozialpsychologin Vera King, die damals noch als Professorin in Hamburg arbeitete, was zu diesem Zeitpunkt ihr eigener Forschungsstand zum Heranwachsen von Kindern in digitalen Welten besagte:[61] Weil Fernes digital in Nahes verwandelt werde, erklärte mir Vera King, verändere sich der Charakter von Erfahrung als Kern des Lebendigen, und es wandele sich der Bezug zum anderen Menschen. Noch wisse man wenig darüber, wie sich die Kommunikation über Skype auswirke, wenn Mutter und Kind länger getrennt sind. Immerhin erfahre das Kind, dass es die ferne Mutter zu sich herholen könne. Doch es erfahre auch, wie beschränkt ihre Anwesenheit sei. Wie frustrierend dies sein könne, lasse sich bei Kleinkindern beobachten, die ihre Eltern am Bildschirm zu umarmen versuchen. Auch Jugendliche empfänden die digitale Nähe als zweischneidig: Da sei der Genuss, immer begleitet zu sein, sich selbst in den digitalen Reaktionen der anderen zu erleben. Beklagt werde aber der Verlust des lebendigen Austauschs.

Die Sozialpsychologin bilanzierte damals: Digitale oder reale Ferne bedeuteten, ob nun bei jungen oder älteren Menschen, eben nicht einfach Verlust oder Gewinn. Der ferne Mensch könne sich leiblich nah und lebendig anfühlen, könne auch digital starke Empfindungen auslösen. Folgenreich sei vor allem, dass sich die Bedeutungen von Nähe und Distanz verschieben, etwa für die Ablösung von den Eltern. Wenn Heranwachsende von zu Hause aus ferne Welten und neue Beziehungen im virtuellen Raum erkundeten, entstünden neue innere Bilder von Getrenntheit und Bezogenheit, von Verlorenem und Bewahrtem. Soweit die Skizze: Genauer ließe es sich einfach noch nicht sagen.

Diese Bilanz liegt nun fast drei Jahre zurück. Weiß man heute mehr, anderes? Zum Jahresbeginn 2018 wende ich mich noch einmal an Vera King, unterdessen lehrt die Professorin an der Goethe-Universität in Frankfurt und leitet das Sigmund-Freud-Institut. Frau King, was hat sich unterdessen in Ihrem Wissen geändert? Die Frage passt gut, sie arbeitet gerade an einem Aufsatz, der ihre jüngsten Erkenntnisse aus qualitativen Interviews mit Jugendlichen zusammenführt. Von ihnen beginnt sie zu erzählen. Vor allem sind es das Tempo der Veränderung und der graduelle Unterschied, die ihr ins Auge fallen. Dies ist, verdichtet, ihr Bericht:

«Während große repräsentative Studien wie etwa die JIM*-Studie von 2015 für die 18-, 19-Jährigen von durchschnittlich über vier Stunden täglicher Online-Aktivitäten berichteten, zeichnete sich in unseren Interviews nun ab, dass der Unterschied zwischen online und offline für viele der Interviewten kaum noch klar zu erkennen ist, weil sie in ihrem subjektiven Erleben fast immer online sind. Online wird zur Innenwelt: Dass Jugendliche ihr Smartphone mitunter wie einen Teil von sich erleben, ist ja längst geläufig. Aber heute fällt auf, dass sich das Verhältnis von außen und innen über die ständige, auch leiblich*

spürbare Verbundenheit mit dem digitalen Werkzeug der Vernetzung mit anderen regelrecht verschiebt, teils verschwimmt. Der Charakter des Probehandelns verändert sich. Und die Jugendlichen pflegen und bilanzieren ihre Selbstdarstellungen vielfach mit der Akribie eines Unternehmers, der täglich neu seine Renditen evaluiert. Es werden immer neue ‹Produkte›, Bilder von sich, getestet und bewertet. Die Jugendlichen empfinden das dauernde Posten als harte Arbeit. In den Interviews betonen viele, wie wichtig das Bearbeiten der Bilder sei, um Aufmerksamkeit zu bekommen. Es geht mit der Angst vor Statusverlust und Beschämung einher. Die stete Manipulation hält die Befürchtung mit aufrecht, dass man so, wie man wirklich aussieht, abgelehnt würde. Eine Jugendliche sagte uns: ‹wenn du dein wahres Gesicht zeigst, würdest du 10 000 follower verlieren›. Generell gilt: Mit der steigenden Online-Aufmerksamkeit sinkt die Aufmerksamkeit für leiblich Anwesende und verändert sich der Umgang mit ihnen. Geteilte Aufmerksamkeit kann in diesem Sinne fragmentierte Aufmerksamkeit sein: Wenn sich das Interesse oder der Glanz im Auge der Mutter fortwährend auf das Smartphone richtet, entsteht eine Dreieckssituation besonderer Art: Das Kind konkurriert dann mit dem Gerät um die Aufmerksamkeit der Mutter oder es konkurriert mit der Mutter um das libidinös besetzte Objekt, also um das, was sich darin verbirgt …».[62]

Aber der leibliche andere Mensch, Frau King, von dem etwa der Tastsinnforscher Martin Grunwald sagt, nur er gebe uns durch seine Berührung, seine physische Anwesenheit die Gewissheit, dass wir existierten, dass wir nicht allein seien? Was ist für Menschen, die weitgehend online leben, aus diesem anderen Menschen geworden? Gerät er in Vergessenheit? Sie zögert mit der Antwort, es liegt ihr vielleicht zu viel Kulturpessimismus in der Frage, Vera King ist für Verfallszenarien nicht zu haben. Dann sagt sie: Natürlich brauche ein Kleinkind die leibliche Präsenz der Eltern, aber je größer das Kind werde, desto weniger bedürfe es der Unmittelbarkeit der leiblichen Nähe. Und die Forschung zeigt, dass alles auf die Qualität einer Beziehung ankommt. Schwierig wird es, wenn ein Kind merkt, dass die Mutter zwar leiblich da ist, aber emotional anderswohin surft, und darin, meint Vera King, ist die neuartige digitale Abwesenheit mit der bekannten und verbreiteten Ungreifbarkeit einer depressiven Mutter vergleichbar. Aber wie viel gefühlte, nicht abgelenkte leibliche Nähe braucht denn ein Mensch? Helles Gelächter in der Telefonleitung. «Das ist die 100-Millionen-Dollar-Frage.» Lässt sich natürlich nicht generell sagen.

Keine Besorgnis, also, die durch ihre Forschung entstehe? Doch, es gibt auch massive Veränderungen, die Vera King tatsächlich Sorgen machen: Das sind vor allem die Intensität, die Vervielfältigung der Social-media-Angebote und deren ausgeklügelte Macht, Bindungen an die digitale Sphäre herzustellen und Gewohnheiten zu schaffen, in denen nicht so sehr die leiblich Anwesenden wichtig sind, sondern stattdessen die Vielzahl der im Netz potentiell besseren anderen: Das Optimale ist nie da, wo man ist, sondern anderswo – und wer leiblich anwesend ist, wirkt vergleichsweise imperfekt, begrenzt. Irgendwie eigenartig, und eben nicht einzigartig. Anders sein, besser sein, immerfort, anderswo: Dies also sind die Triebkraft und der Reiz, die vom Netz ausgehen.

Und nicht nur vom Netz. Denn was das Netz neuerdings kann, beherrscht der Markt erst recht und schon lange, der Selbstverbesserung verkauft und belohnt. Mehr, schneller, schöner, weiter, besser: So präsentiert sich die zwanghaft dynamische «Beschleunigungsmoderne»,[63] von der die Rede nun sein soll, in Reinkultur.

4. Kapitel
Alles oder nichts? Das gejagte Selbst

4.1 Auf dem Körperarbeitsmarkt: Was das Selbst alles zu tun hat

Berührbar ist man nicht einfach, berührenswert muss man erst werden. Wer dieses Prinzip verinnerlicht hat und dann alles optimal richtig macht, der kann sich manche Widrigkeit vom Leibe halten, indem er mit dem eigenen Körper nach Kräften berechenbar, rechtsförmig und auf Bestergebnisse hin orientiert verfährt. Selbstbestimmt. Durchaus für Geld und mithilfe von Dienstleistungen aller Art, um die Tür zumachen zu können, um unerwartete Vorkommnisse auf Distanz zu halten. Den eigenen Abstand zu anderen zu kontrollieren und die Nähe, die man zulässt, zu regulieren, kostet Arbeit. Es kostet auch materielle Ressourcen, und die sind ungleich verteilt. Man muss sich also bemühen, etwas wert zu sein, und das will man auch gern, aus Angst, das optimale Selbst, das man sein könnte, sonst zu verfehlen.[1]

Dieses spätmoderne Selbst[2] möchte ich in nun versuchsweise porträtieren: Wie ergeht es ihm? Mit ein paar ersten groben Pinselstrichen würde ich es gern zunächst schemenhaft zeichnen, wenn es denn zu Porträtzwecken einmal kurz stillsitzen würde.

Es sitzt aber nicht still. Es muss fortgesetzt noch schnell etwas erledigen. Denn so, wie es ist, reicht es in seinen Augen noch nicht, ist es nicht gut genug. Das Selbst muss sich porträtwürdiger machen. Und diese Mühsal nimmt, von der Idee her, seit etwa 250 Jahren ihren Lauf, als die Einzigartigkeit des Individuums im aufgeklärten europäischen Denken Fahrt aufnahm. Jeder Einzelne ist singulär (in der eher romantischen Variante), alle gleichermaßen sind einzigartig (die eher aufgeklärte Variante): Das war von Anbeginn ein gesellschaftliches Projekt unter Hochspannung.[3] Heute aber glühen alle spätmodernen Drähte. Heute bestimmt der Weltmarkt, der jede Regung und jede Region erobert, was in der Weltgesellschaft wertvolles Körperkapital ist. Und welche Menschen überflüssig sind, wertlos.

Wertvoll, das heißt unter den gegenwärtigen Bedingungen vor allem: Das Körperkapital muss unvergleichlich echt wirken. Die eigentlich unüberbrückbare Differenz zwischen der Suche nach dem eigenen wahren Selbst und der Selbstverbesserung soll hinfällig werden. Erst durch eigene Arbeit wird das Selbst zum wahren Selbst. So ruft etwa das Fitness-Studio McFit, «Nummer eins in Europa», 1,4 Million Kunden, auf seinen Werbeflächen: #machdichwahr, «Jedes Ziel hat einen Weg. Geh deinen» und «Nichts kann jemanden stoppen, der auf dem Weg zu sich selbst ist» oder «Einfach gut aussehen». Hier ist das Gesamtpaket für Geld als Ware zu haben, und das wahre Ich gibt's für körperliche Arbeit zum Vorzugspreis, wenn man ein Fitness-Abo bucht.[4] Die Gesichter und Körper auf den Werbeflächen des Studios sind glatt wie Bildschirmflächen, zum Wegwischen glatt. Die optimierten Hände berühren nichts als Handtuch und Fitnessgeräte. Auch dies ist, ein aktueller Stand der Dinge, aus dem europäischen Traum der Moderne geworden, der in seinen Anfängen mal verhieß: geschützt vor Grausamkeit und Willkür ein unverwechselbarer, unversehrter Mensch sein zu dürfen.

Am Zürcher Hauptbahnhof war kürzlich ein Plakat zu sehen, dass die Aufgabe präzise auf den Punkt bringt, finanziert durch eine Zürcher Schönheitsklinik: «Meine Dinger. Mein Ding», stand da zu lesen, eine junge Frau mit Schlapphut im Kapuzenpulli war zu sehen, sie warb für eine Brustoperation aus Schönheitsgründen, Kostenpunkt circa 10 000 Franken.[5] «Meine Dinger»: ihre Brust. «Mein Ding»: das Selbst als Verdinglichungsvorhaben.[6] «Ich mach es für mich», plakatierte unmittelbar daneben dieselbe Klinik noch mal: Für mich! Nicht für andere! Als gelte es, fix den Verdacht zu zerstreuen, da sei noch eine andere Sehnsucht im Spiel, wenn nicht gar die nach einem anderen Menschen, sobald eine Frau sich zum Gegenstand von Umbaumaßnahmen macht.[7]

Es ist kein Wunder, dass der Mensch zum Sachbearbeiter seiner selbst wurde: Der Körper als Gegenstand der Bearbeitung soll dessen Verfügbarkeit am Arbeitsmarkt und die Konkurrenzfähigkeit auf den Foren des Begehrens sichern, um im Wettbewerb (wo immer er auch hinführen mag), vorn zu sein (wo immer dieses «vorn» auch sein mag), sicherheitshalber: Unendlich ist die Variationsbreite der Selbstbearbeitungsformen, und sie alle kosten Geld. Sie greifen mehr oder minder tief ein, durch Stimulanzien wie Amphetamine, durch Dienstleistungen wie Massagen, durch eingehegte Berührung für 15 Euro Eintrittsgeld zur Kuschelparty, durch Laserlipolyse zur Bekämpfung des Doppelkinns, durch eine Brustwarzenhof-Verkleinerung[8] (oder, etwas vermittelter, auch durch die Anschaffung des neuen Rennrads samt passender Uniform). Die Zahlen der Schönheitskliniken, Massagestudios, Wellnesscenter, Fitnessstudios und Kosmetiksalons steigen, die Varianten der Selbstaufwertung vervielfältigen sich, und unterdessen ist an jeder Ecke ein Nagelstudio zu finden: eine pilzartig aus dem Boden schießende Fingerspitzengefühl-Bearbeitungs-Institution, ohne die es sich bis vor kurzem noch leben ließ. Jetzt offenbar nicht mehr

All dies sind blühende Wachstumssektoren.[9] Im Jahr 2016

verzeichneten Fachärzte zehn Prozent mehr schönheitschirurgische Operationen und 20 Prozent mehr an minimalinvasiven Eingriffen im Gesicht als im Vorjahr.[10] Gut 105 Milliarden Euro haben die Deutschen allein 2012 für Wellness sowie Gesundheitsprodukte und -dienstleistungen ausgegeben.[11] Nicht mitgezählt sind hier die körperteilgleichen Smartphones, die zur digitalen Besichtigung, Versendung, Evaluierung des Selbst in seriellen Selfies notwendig sind, und schon gar nicht mitgezählt sind hier die Ressourcen, aus denen diese Smartphones zusammengebaut werden, alles Wachstumssektoren, koste es, was es wolle.[12] Die Investitionen in den Körper sollen ja lohnen: Er ist – analog wie digital – das Vehikel, an ihm ist ablesbar, wie einer den Leistungsimperativen im Wettbewerb der Evaluierungen gewachsen ist. Wie singulär ein Mensch ist, wie unverwechselbar. Sogar der Hunger hat für gutes Geld seinen wohl kalkulierten Ort: Fastenkliniken sorgen fürs immer Weniger. Der Weg zur Einzigartigkeit wird auch beim Essen mühsam gebahnt, durch die Anstrengungen von Ernährungs- bzw. Nicht-Ernährungsarbeit.

Alle diese Bemühungen haben eines gemeinsam: Sie gründen in der Idee, es ließen sich die Invalidität wie die Hässlichkeit, die Funktionsschwäche, die Hilflosigkeit, die eigene Unsichtbarkeit wie die eigene unerwünschte Auffälligkeit dadurch vermeiden oder doch mindern. Der Mensch ist verletzbar? Da lässt sich was machen, das lässt sich abdichten. Und sei es, indem man die Verletzung auf kontrollierte Weise an sich selbst ausführt oder ausführen lässt. Um es mit einem der schönheitschirurgisch aktuellen Beispiele zu sagen: Möglichst geschlossene Schamlippen lassen sich durch einen Eingriff herbeioperieren, nur ein schmaler Schlitz sollen sie schließlich sein, das ist der Trend. Hauptsache, das Ergebnis ist glatt und geschlossen.[13]

Alles, woraus ein Körper besteht, wird am (Welt)-Markt gehandelt.[14] Alles an ihm lässt sich potentiell in die Sprache einer App übersetzen, ist ein digitales Objekt der Selbstevaluierung und Vermessung – zwanghaft freiwillig –, durchführbar mit dem körperteilgleichen Smartphone in der eigenen Hand.[15] Das Parkinson-Risiko ist durch die Handynutzung zu ermitteln, die Spermatest-App mit Zentrifuge und Sensor führt den Quality-Check aus,[16] keine Regung, die nicht zu Geld zu machen wäre. Keine Regung, die nicht daraufhin durchgecheckt würde, ob sie als emotionales Kapital am Arbeitsmarkt taugt – Blicke, Worte, Berührungen, Klang der Stimme –, Gesten, die etwas wert sein können, die einen im ökonomisierten Alltag aufwerten könnten, als Zeichen der «Anteilnahme, Ausstrahlung und Zuwendung», um noch einmal dem Sexualwissenschaftler Volkmar Sigusch das Wort zu geben: «Wird dieser Arbeitsmodus nicht erreicht, geben die Hypermodernen sich selbst die Schuld, nicht dem System.»[17] Nur schwach darf man nach diesem Modell nicht sein, verletzbar oder gar hilflos.

Und wenn man auf gar nichts anderes mehr Lust hat, als diesem Arbeitsmodus zu entkommen, sich selbst zum marktwertvollen Superlativ zu steigern? Wenigstens für einen Moment? Vieles deutet darauf hin, dass die Sehnsucht zu fliehen stark wächst.[18] Doch auch sie ist ja eine Regung, nicht weniger und nicht mehr, und es gibt keine Regung, in der nicht potentiell wachsende Märkte stecken, die also nicht unter Beobachtung stände, auch die Lust zu entkommen: Lust auf Schnee, ja! Aber vielleicht nicht auf kalte Hände und Füße? Qualvoll oder lächerlich, je nachdem, wird es, wo der Warenwert in die Sehnsucht nach dem Nicht-Käuflichen eindringt.[19] Wenn uns in Skigebieten, wo wir uns um der Natur, der Luft, des Lichts, des Schnees, der Bewegung willen aufhalten, plötzlich beheizbare Handschuhe oder beheizbare Schuhsohlen verkauft werden sollen,[20] die zu sagen scheinen: Wir haben Sie im Blick! Buchen Sie ein angenehmes Gefühl! Spüren Sie, wie gut es tut, dass etwas guttut und dass Sie überhaupt etwas spüren![21] Denn spüren muss man ja etwas Unvergleichliches, sonst ist man tot. Und so beginnt das Rattenrennen von vorn, auch im Schnee.

Die Schlingen um das Selbst ziehen sich auf all diesen Wegen enger zu, und es zieht nach Kräften mit an den würgenden Schlingen. Der Körper, der sich auf rechtliche, politische und alltagspraktische Weise in so vielen Hinsichten unberührbar gemacht, auf Abstand gebracht und vor ungewollter Berührung geschützt hat, erscheint nun auf eine ganz andere Weise bis in seine intimsten Regungen hinein berührt und gesehen und bewertet von den spätmodernen Imperativen der Selbstverbesserung. Je verbindlicher, je zwingender das Ideal des unvergleichlich echten Ich als Imperativ wurden, desto flüssiger, flüchtiger wurden die Methoden, ihm auf den Fersen zu bleiben, analog wie digital, um jeden Preis, immer aufs Neue, immer schneller, immer weiter auf der Suche nach all dem, was am besten zu mir passt, bis heute, bis in die spätmoderne Gegenwart hinein, in der sich das Selbst von früh bis spät fragt: Woran arbeite ich? Welche Arbeit bin ich mir wert? Welcher Genuss wäre ich gern? Zu wem oder was will ich passen, jetzt oder für ein Jahr oder für immer, was ziehe ich also heute Abend an und probiere es jetzt sofort?

Die Geschwindigkeit wird zu einem eigenen käuflichen Reiz. Die amerikanische Soziologin Juliet Schor hat in ihren Studien materialreich gezeigt, dass es die Flüchtigkeit selbst ist, die nun zu erwerben ist, etwa in Form von Kleidung, die Fast-fashion-Konzerne nur für ein paar Tage im Sortiment haben, dann raus damit, dann wird neu sortimentiert.[22] Das Netz mit seinen blitzschnellen Einkäufen und seinen niedrigpreisigen Angeboten verstärkt den Kick des Flüchtigen, und um dem Ziel näher zu kommen, kauft man und kauft, in die ewige Flüchtigkeit eines Selbstbildes gebannt, das immer nur zu sagen scheint: Macht nichts, gleich bin ich echt anders, kauf bloß weiter.[23]

Viele Gesichter tragen zur Schau, dass sie in Arbeit sind und bleiben, durch noch eine Tönung, noch eine Hyaluron-Zufuhr, noch eine Wangenknochenkorrektur. Das flüchtige Selbst scheint an alle zu posten: «Momentchen nur, gleich zeige ich euch, wie ich wirklich aussehe, wie ich auch aussehe, aussehen könnte, sicher, vielleicht.» Man tut das um des einzigartigen Selbst willen. Doch auch jede Bewerbungsmappe zeigt genau nur ein Foto, auf dem jeder so einzigartig wie möglich ist, damit ein Arbeitgeber den Vertrag unterzeichnet. Weil er mich braucht, nur mich, genau mich. Hoffentlich.

Die andauernde Selbst*ent*wertung ist der Preis für die ebenso andauernde Mühe der Selbst*auf*wertung. Die gelassene Wertschätzung des eigenen Körpers nimmt ab, fast egal, wie sehr man rackert: Das unruhige Gefühl der Schwäche nimmt zu. Und könnten andere es nicht ausnutzen, um einen vom Markt des Likens zu schieben? Schwach zu sein, ohne Stärke zu provozieren, wie der Philosoph Theodor W. Adorno es ausdrückte, das wäre die Utopie. Das wäre ideal für den verletzbaren Menschen. Es liegt nahe, dass das arme Ich jagt und jagt und jagt.

4.2 Evaluierung und Vertrag: Willkommen in Klings «Qualityland»

Und da wäre gar kein Entkommen? Nun, vielleicht doch. Gegen den zwanghaften Arbeitsmodus, sich selbst zum marktwertvollen Superlativ zu steigern, rührt sich vielerorts Widerstand. Er artikuliert sich philosophisch, soziologisch, praktisch, in der Kunst, und er unterbreitet auch Gegenentwürfe, die besagen: Nur wer berührbar ist, verletzlich, schwach, unperfekt, der ist nahbar.[24] Nur wer nahbar ist, wer liebt, wer mit der Angst und der Lust, der Scham und der Wut ringt, der existiert. Der ist noch lebendig und kämpft dagegen, nach dem Marktwert zu gehen.

Diesen Gegenentwürfen will ich mich nun zuwenden, zumindest dreien von ihnen, nach und nach: der Kunst des Berliner Autors und Kleinkünstlers Marc Uwe Kling, dem philosophischen Denken des Heidelberger Mediziners Thomas Fuchs und der Resonanztheorie des Jenaer Soziologen Hartmut Rosa.

Bildschirm frei zuerst für die Kunst, für das schöne Erfundene, ich wähle ein publikumsreiches Beispiel: In der Kunst führt aktuell eine unperfekte Figur namens Peter diesen Widerstand an, von ihm soll an dieser Stelle deshalb die Rede sein. Peter ist der Protagonist in Marc Uwe Klings Dystopie *Qualityland*, deren Leserschaft geradezu symptomatisch groß und außerdem jung ist.[25] Sie gleicht einer kapitalismus-unwilligen Gegenbewegung, ob lesend, hörend, im Netz oder in Vereinen, denn in all diesen Medien und Institutionen verbreitet sich *Qualityland*, digital und analog, wie es schon der Vorläufer, Klings Känguru-Trilogie, vorgemacht hat. Die Bewohnerschaft des Kling-Kosmos umfasst mehr als eine Million Menschen. Auch dies ist ein Grund, ihr hier etwas Raum zu geben: eine Million sind doch viele.

Im Zentrum steht der Kampf um die verletzbare Kreatur. Protagonist Peter rettet aus Mitgefühl die Defekten, und das sind hier Maschinen, die empfindsam, berührbar, menschlich sind, gewiss jedenfalls kein überflüssiger Elektroschrott. Peter ist Besitzer einer ererbten «Schrottpresse» im Heimformat, sie steht im Flur seiner alten Wohnung. Und gleich einem David, der gegen die Goliath-Moderne antritt, schleust er alles Verletzte, Defekte, vermeintlich Wertlose, das er in der Schrottpresse eigentlich vernichten sollte, an ihr vorbei in den Keller. Die Geretteten sind besonders kreatürliche Artefakte, so liebenswürdig, als gelte es die Vision imperialer Technik hier zur Vernunft zu bringen: So lebt und überlebt in Peters Keller – geheim! – eine Gemeinschaft aus Beschädigten in schönster Zugewandtheit zusammen, in Dauerreibereien, solidarisch spätmodern, auf engem Raum, in ziemlich viel Langeweile, in Freundschaft. Dort unten wohnen im Verborgenen: eine Drohne mit Flugangst, ein Sexdroide mit Erektionsstörungen, ein Staubsauger mit Messie-Syndrom und die beschädigte E-Poetin Kalliope 7.3. Es sind Versehrte, mit denen am Markt nichts zu holen ist.

Oben, an der glatten Oberfläche der Welt, geht es unterdessen sehr anders zu als im lebendigen Untergeschoss.[26] Oben ist alles ok: «Willkommen in der Zukunft, hier läuft alles rund», heißt der Hyperslogan. Die schöne neue Welt in *Qualityland* ist durch Algorithmen optimiert. Ein Konzern namens TheShop, der «beliebteste Versandhandel der Welt» (und zugleich der einzige), sendet fröhliche Drohnen aus, die wunschgemäß Waren zustellen, ohne dass jemand sie hätte bestellen müssen. Geliefert wird ohne Pause, die 24/7-Lieferung kennt nicht Tag noch Nacht. Währenddessen ist Wahlkampf, es geht um die politische Macht. Erstmals kandidiert ein Androide für die Präsidentschaft: John of Us. Sein Gegner: der Foodkonzern-Chef Koch.

Alles in dem Kosmos Qualityland ist bildschirmflach, auch das Erzählen in seiner hypotaktisch einfachen Oberflächen-Satzfolge. Jeder Satz eine Information oder eine Pointe, mit hohem Tempo, mit anti-gefühliger Härte, die Herkunft der Sätze aus dem Poetry-Slam, als dessen Meister Kling sich bewiesen hat, ist unverkennbar.

Dauernd sagt irgendein Touchscreen «Bitte bewerten Sie mich jetzt» oder «Eingabe nicht verstanden», und alle Regungen werden in Apps evaluiert. Jeder Mensch wird nach Arbeitsmarktwert und sexueller Performance automatisch um ein paar Level rauf- oder runtergestuft, den Rest erledigt die QualityPartner-App. Dass man nicht einfach berührbar ist, sondern erst berührenswert werden muss, war ja nur Teil 1 der Spätmoderne-Bewältigungsregeln. Teil 2 heißt: Berühren darf man nicht einfach, es sei denn, man wäre berührensberechtigt. Und weil darüber nicht die zu Berührenden selbst entscheiden, weil auch dieser Vorgang durch Algorithmen optimiert ist, führen Teil 1 und 2, gleichzeitig zur Anwendung gebracht, in dieser Quality-Welt zu totalitär durchregulierten Top-Resultaten. Es erscheint nur konsequent: Der Geschlechtsverkehr zwischen zwei Menschen soll am besten erst nach Unterzeichnung eines ausgefeilten Sexvertrags erfolgen, falls dann noch einer übrig ist, der Lust dazu hat.

Vertragssicher bedeutet in diesem dystopischen Epos, sicherer zu sein, als es Kondome sind, die ja nur Körperflüssigkeit kalkuliert stoppen, nicht aber das Unkontrollierbare im umfassenden Sinn abwenden können. Als die von QualityPartner für Peter digital ausgesuchte optimale Frau ihm den Standardvertrag vorlegt, den die Quality-SexApp jedem vorschlägt, beginnt Peter, ihn sich laut vorzulesen: Übertragung der Rechte, der Nebenrechte, der Rechte am Bild und dessen Vervielfältigung, die versicherte Abwehr von Verletzungs- und Infektionsgefahren. Peter stellt fest: Es sind über hundert Seiten, es ist «der schrägste Porno der Welt».[27] Die totale Rechtsförmigkeit tritt an die Stelle des anderen Menschen, sie selbst weckt die Lust: Es ist die Lektüre des Vertrags, die auf die Frau erregend wirkt und sie zum Self-Sex stimuliert, mit wem auch sonst: «Ich vertraue mir.»[28] Die Verrechtlichung des körperlichen Geschehens zwischen Menschen optimiert – darin exakt der Vermarktlichung gleichend – vor allem den Selbstbezug.

Die Hände des Protagonisten berühren unterdessen nur den Vertrag. Irgendwann ist Peter beim Vorlesen im § 5 «Folgekosten» beim Stichwort «Schwangerschaft» angekommen und froh darüber, dass die Juristen dieses Stichwort immerhin nicht unter «Krankheiten» rubriziert haben. Es geht in diesem Totaldigital-Kapitalismus, der alles Lebendige in Wert setzt, immer um Kontrolle und Optimierung, und die Krankenversicherung hat alles, was sich zuträgt, beständig im Blick: Das Qualitypad bliebe beim Sex evaluierend tätig, für den Orgasmus gäbe es von der Krankenversicherung QualityCare-Punkte, denn Sex ist gesund, und die performance von Peter müsste bewertet werden. Aber dem reicht's. Er legt den Vertrag zur Seite, steht auf und zieht sich die Strümpfe an. Wenigstens die darf man nämlich auch ohne vertragliche Regelung anfassen. «Ich glaube, ich will nach Hause gehen und mein Leben überdenken.»[29]

Klings schrilles *Qualityland* treibt die bürokratisch disziplinierte und einvernehmliche Regulierung des Sex, wie ihn zuvor die Romantrilogie *Fifty shades of grey* für die Leserschaft millionenfach anziehend gemacht hatte, nicht nur grotesk auf die Spitze. Er entlarvt sie zugleich als Steuerungsphantasie, die den lebendigen verletzbaren Menschen abschafft, indem sie ihn zu schützen vorgibt. Die Verdichtung der Motive ist auf seltene Weise gekonnt: Sie pointiert die Körpermoderne in einem einzigen Bild, dem des Strumpfes. In ihm verknüpft *Qualityland* jene Grundtendenzen, den Körper sowohl rechtlich vor Versehrtheit zu schützen wie ihn optimiert zu Markte zu tragen mit der vitalen Sehnsucht, einander zu berühren und der digitalen Technik, einander nicht zu berühren.

Mit dem Bild des Strumpfes eskaliert Marc Uwe Kling die Dynamik ins Obszöne: Strümpfe zieht Mann sich in *Qualityland* beim digitalen E-Sex bisweilen über den erigierten Penis. Peter indes zieht sich die Strümpfe lieber an die eigenen Füße. Ob sein Level dadurch nun rauf- und runtergestuft wird, ist ihm gleichgültig, es soll ein Widerstandsakt gegen das fortgesetzte Inwertsetzen und Verrechtlichen sein. Nicht egal hingegen: die Füße. Strümpfe schützen die bloßen Füße. Pointierter als durch Peters Strümpfe sind die aktuellen Körperkämpfe selten dargestellt worden. Und wirksamer ist diesen Kämpfen bisher nicht der Ehrentitel des Tragischen vorenthalten worden. Sie sind witzig. Geradezu lächerlich.[30]

Doch wie – einmal abgesehen von Strümpfen – kann man sich der Inwertsetzung im Totaldigital-Kapitalismus von *Qualityland* entziehen? Dort entkommt fast nichts und niemand der

Macht und dem Markt: Peters epischer Kampf um sein Warenrückgaberecht ist vergeblich, selbst wenn die Vergeblichkeit bei Kling eine eigene Würde besitzt. Dabei hat dieses romanhafte Geschehen, wiederum in grotesker Schärfe, auch widerständige Freiheiten vorzuschlagen oder immerhin anzudeuten: Verletzbare zeigen sich als nahbar, in ihnen zeigen sich, mitten im Grauen, die Leitmotive der Moderne einmal von besseren Seiten, von ihrer anderen Möglichkeit her. Genauer: Erst hier zeigt sich überhaupt, dass die Moderne jenseits von Verträgen und Märkten über hohe Güter verfügt.

Marc Uwe Kling kennt die Topoi:[31] Da wäre erstens das Beziehungsgeschehen der Freundschaft, sie tritt in Peters Untergeschoss in Gestalt der Gemeinschaft aller Defekten auf, die – gänzlich unkäuflich – miteinander für Peter in den Kampf gegen die totale Herrschaft ziehen werden.[32] Da wäre zweitens die personale Liebe und Intimität zweier Menschen, die sich zufällig, gegen alle Planbarkeit, einstellt und die sich klug auf Waldlichtungen der Überwachung zu entziehen versteht: um der Regungen und Berührungen willen, die keine App der Welt je vermessen kann. Da wäre drittens die gute alte Waldlichtung selbst, mithin der ur-romantische Gegen-Ort, an dessen Natur alle Macht endet, für einen ewigen Augenblick, der sich nicht in Wert setzen lässt. Und da wäre schließlich, es kann in einem sprachlichen Kunstwerk kaum anders sein, die widerständige Poesie selbst, die in ihren Lautspielen und Metaphern rettet, was sonst untergeht.

Hier, in *Qualityland*, ist es der Buchstabe K, in dem sich die Welt anders erschaffen und neu zusammensetzen lässt und in dem sie alles aufeinander reimt, was so kostbar wie unverkäuflich ist, alles Ausdrucksweisen der Freiheit: K wie Känguru oder Kalliope oder Kafka. Oder Kling. Kunst. Klang. Keller. All diese Motive sind engstens ineinander verwoben, als solle ihre Textur einen Gegentext bilden. Das K ist von jeher der Buchstabe von

Klangkünstler Kling, und also ist auf die Figur Kiki – so heißt in *Qualityland* Peters Liebe – besonders zu achten, denn in ihrem Namen stecken gleich zwei dieser bedeutsamen Ks. Wie in Kleinkünstler oder Kafka.

Liebend, verletzbar, kampfesfroh, weder für den Markt noch für die Macht irgend berechenbar, so verkörpert die Figur Kiki im eisig totalen Quality-System die andere Möglichkeit: Sie kommt und geht auf vollends unvorhersehbare Weise. Sie berührt und ist berührbar, ist verletzlich, entzieht sich, ist nahbar. An ihr endet jeder Kontrollzwang. Sie behält sich vor, als der reale andere Mensch unverfügbar zu sein. Sie verschwindet buchstäblich vom Schirm, stört dessen Funktionen, taucht wieder auf. Spielt ihr eigenes Spiel. Gegen die totale Überwachung verkörpert diese Figur die Überraschung. Kurzum: Sie ist so lebendig wie Peters Mitgefühl. Und beide sind für Geld nicht zu haben.

Ob der große Kleinkünstler Marc Uwe Kling, ein belesener Leser und gelernter Philosoph, das philosophische Werk des Psychiaters und Arztes Thomas Fuchs kennt oder das Werk des Soziologen Hartmut Rosa gelesen hat, bevor er Peter und Kiki erfand, war nicht in Erfahrung zu bringen. Aber es fällt doch auf, wie diese Kling-Kunst-Figuren auf Fragen zu antworten scheinen, die sich gleichzeitig in den jüngsten Werken von Fuchs und Rosa stellen. Beide denken darüber nach, was es unter den Bedingungen der Spätmoderne heißen kann, lebendig und berührbar zu sein. Auch deshalb möchte ich mich ihnen nun widmen.

4.3 Körper, Leib, der andere Mensch: Die verkörperte Freiheit

Als der hyperbeschäftigte Digitalisierungsberater Christoph Bornschein unlängst auf einem Ärztekongress gefragt wurde, ob er in seiner von Apps getakteten Existenz überhaupt noch zum Arzt gehe, sagte er: «Ja, einmal im Jahr zum Durchchecken.» Für App-Autarke müsste das einer Art persönlichem Waterloo gleichen. Für meinen Gedankengang aber geht aus Bornscheins Bemerkung vor allem hervor, dass der Digitalisierungsberater sich offenbar schon lange nicht mehr unvermutet verletzt hat. Versuchen wir, uns dem philosophischen Nachdenken über den lebendigen Leib zuerst zu Fuß zu nähern.

Denn wer sich den Fuß verletzt hat, indem er sich etwa einen Holzsplitter aus dem rissigen Dielenfußboden tief in den Ballen gebohrt hat, weil er keine schützenden Strümpfe trug, der wird der notfalldiensthabenden Ärztin den schmerzenden Fuß zeigen und nicht eine schmerz-trackende App im Smartphone. Wer dann erlebt, wie die Ärztin in diesen verwundeten Fußballen eine Injektion mit einem Betäubungsmittel einführt, damit die Schmerzen erträglich bleiben, die das Öffnen des Fußes mit einem Skalpell und das anschließende Nähen der Wunde gleich auslösen werden, dem hilft keine Schmerzen-Evaluierungs-App gegen die unangenehme Empfindung. Für Lebewesen aus Fleisch und Blut hängt alles daran: Der andere Mensch soll seine Macht zu verletzen nicht missbrauchen. Der Schmerz ist der Schmerz. Er macht klar: «Wir sind tatsächlich leibhaftig in der Welt und haben nicht nur die Illusion, leibliche Wesen zu sein.»[33] Die Entkörperlichung, die sich durch das Leben in der digitalen Sphäre vollzieht, hat ihre Grenzen. Am körperlichen Schmerz, sagt Thomas Fuchs – auch er wählt das Beispiel des verletzten Fußes, den man dem

Arzt vorzeigt – ist zu spüren, was ein lebendiges, leibhaftiges Selbst ist.[34]

Der Heidelberger Arzt, Philosoph und Psychiater Thomas Fuchs arbeitet seit Jahrzehnten daran, den Körper in der Moderne zu verstehen und sich gedanklich (wie therapeutisch) der Vergegenständlichung zu widersetzen, die Markt und virtuelle Welten auf verschiedene Weise für den Körper bedeuten. Der Markt, weil er alles am Körper zum Gegenstand macht; die virtuelle Welt, weil sie den lebendigen anderen Menschen entkörpert. Im Zentrum des Werks von Thomas Fuchs steht der lebendige Mensch in seiner spürbaren Beziehung zum anderen Menschen, als Leib und als Körper. Auf diese Unterscheidung kommt es an, und der Mediziner verdankt sie einem Geisteswissenschaftler, dem Soziologen Helmuth Plessner, der schrieb: «Ein Mensch *ist* immer zugleich Leib und *hat* diesen Leib als diesen Körper.»[35] Sein und Haben, immer beides zugleich: In dieser Spannung steht der Mensch konstitutiv. Auch wenn er im Laufe der Moderne den Leib ziemlich vergessen hat und davon überzeugt sein mag, er besitze nur mehr einen Körper, der sich perfekt manipulieren lasse.[36]

Zum Arbeitsmodus der Moderne passt das Set aus Haben, Besitzen, Verfügen, Evaluieren und Kontrollieren ideal: Was ein Mensch haben kann – den Körper als Objekt, im Akkusativ –, kann er in einen Gegenstand der Bearbeitung und der Gestaltung verwandeln. Er kann ihn zur Ressource machen und ihn nutzen, er kann ihn so manipulieren, dass er am Ende irgendein warengleiches Ding ist, rechtlich gesichert, mit guten Marktchancen: «Ich bin, was ich habe»,[37] was ich habe, das bin ich. Dingfest gemacht, unter Kontrolle. Durch Apps geleitet, behütet, genährt und geborgen. So funktioniert auch in *Qualityland* die Inwertsetzung aller Körpersoftware, so funktioniert der Arbeitsmodus Moderne. Kein Wunder, sagt Thomas Fuchs, dass wir heute nur noch vom Körper sprechen, aber nicht mehr vom Leib, obwohl wir beides gleichzeitig sind.

Wie also kommt man zurück (oder voran) zu dem Gedanken, dass ein Mensch kein Ding ist, kein App-Wesen aus vermessenen Regungen, sondern offen und bei lebendigem Leibe berührbar? Und wie lässt sich die Offenheit spüren, wenn sie denn spürbar ist? Was der Mensch nicht haben kann, wohl aber auf Grund seiner Berührbarkeit spüren, als Voraussetzung aller Existenz, das ist – in diesem Denken – im Unterschied zum Körper der Leib: atmend, schlafend, aufwachend, lachend, weinend. Der Leib ist das stetig naturhaft Gewohnte, das immer schon da ist. Und wesentlich, der Leib ist, was sich in der Berührung zeigt: «Leiblich sind wir immer da, wo wir etwas berühren oder berührt werden.»[38] Ein Mensch, der um die Leiblichkeit gebracht ist, lebt nicht mehr – an ihr entscheidet sich seine Lebendigkeit. Der Leib existiert, bevor er als Körper zu haben ist, und in diesem Sinne hat er Priorität: Ihm eignen die Attribute des Unwillkürlichen, des Ursprünglichen und Unmittelbaren. Das ist nun allerdings für Thomas Fuchs kein Grund, ihn als den edlen naturhaften Wilden zu feiern und den Körper als modern zugerichtetes Manipulat zu verachten. Im Gegenteil: Lebendigkeit entsteht erst und nur aus einem Pendeln zwischen beiden Seiten der Polarität.

Aber wie entsteht aus der Pendelbewegung ein Akkusativ, in dem man sich selbst also zum Gegenstand wird? «Zum Körper», sagt Fuchs, «wird der Leib vor allem in den Störungen des Gewohnten.»[39] Erst in der körperlichen Erfahrung der Verletzbarkeit erlebt sich der Mensch als Kreatur oder, wie es das alte Wort sagt, als Lebewesen: «In der Angst, Atemnot oder schwerer Krankheit erfahre ich mich als verletzliches, kreatürliches, sterbliches Wesen.»[40] Der verletzte Fuß lässt einen leibhaftig menschlich werden, während der Körper als Patient und Gegenstand der Medizin begegnet, jener Injektion mit dem Betäubungsmittel, jenem Skalpell, das den Fuß öffnet, jener Nadel, die ihn wieder zunäht, im Akkusativ, als Objekt, das die Ärztin behandelt. An dieser Körperleiblichkeit des verletzbaren Menschen entscheidet sich für Fuchs, was sich dem modernen Warencharakter des Körperkapitals entgegenhalten lässt. Und nein, diese Philosophie birgt keine geheime Retro-Romantik, denn ein Zurück zu unmittelbarer Leiblichkeit gibt es nicht. Trotzdem ist sie eigener Achtsamkeit wert. In der Berührbarkeit des Körpers ist sie präsent. Ist er nicht mehr berührbar, so ist er zum Vehikel reduziert.

Aus dieser lebendigen Berührbarkeit des verletzlichen Menschen entwickelt Fuchs seine Idee von der «verkörperten Freiheit», sie ist die eigentliche Quelle aller Widerständigkeit – und Grundlage aller Kultur, die sich nicht den Leib unterwerfen will, sondern seine Spürsinne, seine Empfindungsfähigkeit kultivieren, in Beziehung, im Eros, in der Achtsamkeit. «Verkörperte Freiheit» hieße, sich nicht zu verdinglichen, sondern in der Begegnung mit dem anderen Menschen und in zwischenleiblichen Erfahrungen des Vertrauens genuin lebendig zu sein. Virtualität mag vibrieren und verbinden, aber was sie ungewohnt werden lassen kann und gar vergessen macht, ist die leibliche Begegnung und Berührung. Ein paar Verschiebungen nur von heute aus weitergedacht hieße dies: dass physische Berührung zur krankheitsähnlichen Störung des Gewohnten werden kann.

«Die zunehmend virtuelle Kultur geht einher mit einem Rückzug körperlicher und zwischenleiblicher Erfahrungen», stellt Fuchs in seinem Aufsatz «The virtual other» fest,[41] und es könnte wie eines jener kulturpessimistischen Lamentos klingen, die in der jeweils jüngsten Entwicklung der Technik primär den Verfall der Kulturtechnik erkennen können, die man selbst als Alltagsbesteck der Älteren gut beherrscht. Aber was dieser Arzt hier formuliert, kommt eher einer wohlinformierten Warnung gleich, sich nicht darüber zu täuschen, was ein Mensch unabänderlich ist: sterblich; verletzlich.[42] Und sich keine Illusionen darüber zu machen, was das Wirkliche ist: Es lässt sich nicht kontrollieren.

«Das ausschlaggebende Kriterium, um zu erfassen, was wirklich ist, ist die Unabsehbarkeit. Wirklichkeit ist, was wir nicht vorhersagen können, was uns als anders, als widerständig entgegentritt und was wir unausgesetzt aufs Neue bewältigen müssen.» Wirklichkeit verkörpert sich im anderen Menschen, und für Thomas Fuchs liegt in der Realität des anderen die einzige Möglichkeit zu überprüfen, ob man selbst existiert: «Nur der andere Mensch befreit mich aus dem Käfig meiner Einbildungen und Projektionen, in denen ich mir immer nur selbst begegne». In der Begegnung mit dem anderen liegt für den Religionsphilosophen Martin Buber die Beziehung zur Welt, und an diese Idee Bubers schließt Fuchs unmittelbar an: In der Anwesenheit des anderen verkörpert sich die Freiheit, in dessen Blick, in der Stimme, in seinem Gesicht. «Nur, wenn andere für uns wirklich werden, können wir für uns selbst wirklich sein.»[43] Die virtuelle Anwesenheit kann die zwischenleibliche nie ersetzen. Denn: Am körperlichen Schmerz ist zu erfahren, dass man ein leibhaftiger Mensch ist, und leiblich sind wir, wo wir berühren und berührt werden. Der Blick, die Stimme, Begegnung, Beziehung, Berührung, als verkörpert befreiend: Das soll die Wirklichkeit sein?

4.4 Die Macht des «Gegenmenschen»: Jean Amérys «Folter»

An dieser Stelle unterbreche ich meinen Gedankengang für eine Rückfrage: Warum lohnt es, dem Denken des Heidelberger Menschenforschers Fuchs im Einzelnen nachzugehen und ihm Raum zu geben? Gewiss nicht um eines Splitters im Fuß willen, der um der Anschaulichkeit willen zum Beleg angeführt wird, weil er Aufschlüsse über Begriffsunterscheidungen erlaubt.[44] Das Werk von Thomas Fuchs stelle ich hier eingehend dar, weil es erlaubt, uns als Nicht-Beherrschte zu denken, als kreatürlich in dem Sinne, dass unsere Widerständigkeit auch damit zu tun hat, dass wir berührbar sind, dass wir Schmerzen kennen, dass wir lieben und eines Tages sterben dürfen. Aber dies ist nicht der einzige Grund, das Denken von Fuchs vorzustellen.

Es führt auch einen unaufhebbaren Kontrast vor Augen. Dieses Denken begegnet einer Grenze an der Tatsache, dass Menschen füreinander nicht nur der andere sind, in dessen Blick sie befreiend erkennen, dass sie lebendig sind. Sie sind realhistorisch bis in die Gegenwart auch der quälende andere, der folternde andere, der vergewaltigende andere, sie begegnen, wenn sie herrschen, als Herren über die Zerstörung als «Gegenmenschen», wie es der Schriftsteller Jean Améry ausgedrückt hat, der die Folter der Nazis überstand, so dass er dies schreiben konnte: Nie mehr könne ein Gefolterter je in der Welt heimisch werden.[45] Das Trauma der Folter steckt wie ein Fremdkörper in einer Biografie, der diese fremd werden lässt: «Das Trauma ist ein Ereignis», so schreibt es Thomas Fuchs aus der Perspektive des Psychiaters, «das sich nicht aneignen, nicht in einen Sinnzusammenhang integrieren lässt. Es werden Abwehrmechanismen und Vermeidungen installiert, um den schmerzhaften Gehalt der Erinnerung zu isolieren, zu vergessen, zu verdrängen.» In diesem Sinne übernimmt das Trauma der Folter die Herrschaft über eine Biografie, es wird übermächtig, sobald dem Körper ein Reiz begegnet, der die Vergangenheit aufruft: «Der Körper erinnert das Trauma, als geschähe es ihm noch einmal – der Schmerz, die Verkrampfung werden im Körperteil spürbar, der es erlitten hat.»[46]

Es mag unangemessen wirken, in diesem Kapitel über die Verdinglichung des Menschen und seine Spielräume, widerständig zu sein, nun den Gedankengang bis zu Jean Amérys Text über die Folter auszudehnen. Trotzdem muss von der Folter die Rede sein, wenn es um den verletzbaren Menschen geht. Verheerender noch als die Macht des Marktes zur Verdinglichung von Menschen ist deren Fähigkeit, andere körperlich zu verletzen, und ihr Exzess sind die Drohung mit Folter, die Praxis der Folter.[47] Sie rückt die Begegnung unter verletzbaren Menschen in eine Realität ein, die das bisher Gesagte hinter sich lässt. Denn der Gewaltexzess kennt den anderen Menschen nicht, er will ihn nicht kennen.[48]

Der Schriftsteller Jean Améry, geboren 1912 als Kind Wiener jüdischer Eltern und 1978 durch Selbsttötung gestorben, hat in seinem Buch *Jenseits von Schuld und Sühne* (1966) die Geschichte seiner Flucht nach Belgien im Jahr 1938 und seiner Inhaftierung in Auschwitz aufgeschrieben – wie auch die Erfahrung der «Tortur» in einem Kellergewölbe in der belgischen Festung Breendonk, wo die SS im Juli 1943 den jungen – widerständigen – Flugblattverteiler Améry folterte. Der andere Mensch im Sinne von Thomas Fuchs oder Martin Buber existiert in diesem Keller nicht, es darf ihn nicht geben. Er wird in der totalen Negation des Mitmenschen physisch wie seelisch vernichtet.

Denn dort herrscht der «Gegenmensch» (Jean Améry nennt jeden Folterer so, jedoch den Mann, der ihn gefoltert hat, auch konkret bei dessen Namen: Er heißt Praust). Der «Gegenmensch» macht mit dem Weltvertrauen für immer ein Ende, dem Vertrauen darauf, «daß er meinen physischen und damit auch metaphysischen Bestand respektiert. Mit dem ersten Schlag bricht dieses Weltvertrauen zusammen. Der andere, gegen den ich physisch in der Welt bin und mit dem ich nur so lange sein kann, wie er meine Hautoberfläche als Grenze nicht tangiert, zwingt mir mit dem Schlag seine eigene Körperlichkeit auf. Er ist an mir und vernichtet mich damit. Es ist wie eine Vergewaltigung.»

Das Selbst des Gegenmenschen ist entgrenzt. Améry beschreibt den Exzess der SS-Männer, die ihn folterten, als eine «ungehemmte Selbstexpansion», als Ausdehnung von deren Körpern in den seinen. Der Schmerz und der Körper verlieren damit all jene Bedeutungen der Lebendigkeit oder der Kreatürlichkeit, die sie im Denken etwa von Thomas Fuchs auszeichnen, das einer sozialen Welt gilt, in der Weltvertrauen möglich ist. Gänzlich anders in Breendonk. «Aufheulend vor Schmerz ist der gewalthinfällige, auf keine Hilfe hoffende, zu keiner Notwehr befähigte Gefolterte nur noch Körper und sonst nichts mehr... Es schert sich der Sadist nicht um den Fortbestand der Welt. Im Gegenteil: Er will diese Welt aufheben, und er will in der Negation des Mitmenschen, der für ihn auch in einem ganz bestimmten Sinne die «Hölle» ist, seine eigene totale Souveränität wirklich machen. Der Schmerzens- und Todesschrei des anderen ist in seine Hand gegeben, er ist Herr über Fleisch und Geist, Leben und Tod. Solcherart wird denn die Folter zur totalen Umstülpung der Sozialwelt: in dieser können wir nur leben, wenn wir auch dem Mitmenschen das Leben gewähren, die Ausdehnungslust unseres Ichs zügeln, sein Leiden lindern.»[49]

Wer die Folter überlebt, weiß sich, so beschreibt es Améry, nicht mehr in Beziehungen zwischen Mitmenschen, sondern er ist bleibend vom Mitmenschlichen getrennt. Darin liegt der Grund für eine Distanz, eine Fremdheit, die konstitutiv der Ideenwelt und den Ansprüchen der Moderne Hohn sprechen. Auch Améry bezieht sich explizit auf diesen Horizont der Moderne, er schreibt es in seinem Text über die Tortur ausdrücklich: Seit der Mitte des 18. Jahrhunderts muss Folter ausgeschlossen sein. Aber sie ist es nicht. Darin liegt nicht nur eine Körperqual, sondern zudem ein Verrat. Auch deshalb wirkt die Fremdheit des Gefolterten unaufhebbar.

Woran, wenn nicht an dieser Unaufhebbarkeit kann es liegen, dass erfahrene Psychoanalytiker heute berichten, für Traumatisierte habe immerhin die virtuelle Begegnung in der digitalen Therapie eine Chance, heilsam zu wirken? Sie wahrt Distanz. Sie wahrt den Abstand zu allem, was unerträglich zu nahe kommt, zum anderen Körper und dessen bedrohlicher Expansion. Zu allem, was die anderen nur als das Unplanbare kennen, als eine Lästigkeit, die man lieber loswürde, weg damit. Weggeklickt.

4.5 Nichts berührt mich: Von Georgs Büchners «Lenz» zur Playlist im Smartphone

«Ich höre Leute reden, nichts berührt mich, / alles ist gleich weit entfernt ....», die Playlist des Smartphones, nach dem puren Zufall sortiert, spielt Dota Kehrs Lieder ein, darauf die britische Band Marillion, sodann Floyds Klassiker... aufgehorcht, Notizen gemacht. Aus denen entsteht nun dieses Kapitel über die Erfahrung, als Mensch wie versteinert zu sein und gänzlich berührungslos. Denn die Musiker in dieser Playlist schienen sich in ihrer Tonlage, in ihrer Weltbeziehung wie verabredet zu haben, schienen nur von einem zu singen: dass nichts sie berührt. Ihre Lieder singen von einer Welt, die ihnen nichts sagt, die ihr Selbst buchstäblich kalt lässt. Von der Erfahrung einer Fremdheit, die sich wie eine eiserne Membran zwischen den eigenen Leib und die Welt gelegt hat. Als eine alles nivellierende Gleichgültigkeit oder Äquidistanz, kein Schmerz mehr zu spüren, nichts Lebendiges mehr in Reichweite. Jede verkörperte Freiheit dahin. Alles taub.

Die Motive dieser Lieder, so unmittelbar sie beim Hören wirken, sind unterdessen schon alt, sie sind seit Wilhelm Müllers und Franz Schuberts *Winterreise* (1827) und Georg Büchners Novelle *Lenz* (1835/36) feste Topoi der Moderne geworden, sie kehren in Variationen seit zwei Jahrhunderten immer wieder, bis heute. In ihnen äußert sich jener eigentümlich moderne Horror, der jede Lebendigkeit erfrieren lässt: Es ist der nihilistische Horror, dass alles radikal egal, gänzlich gleichgültig sein könnte. Dass es auf gar nichts ankommt, nicht auf Freunde, Landschaften oder eine Tätigkeit, nicht auf einen Duft oder einen Klang. In der Gleichgültigkeit gilt alles gleich viel, ist alles gleich weit entfernt, gleichermaßen dinglich, tot, abgetrennt. Und der eigene Körper wird steinern reglos: Die Lieder beschwören ihn, er müsste doch berührbar sein, er müsste doch etwas spüren, zumindest den Schmerz. Aber da ist nichts zu spüren. Die Fremdheit ist total.

Diese Fremdheit kann wie ein Rauschen klingen, das alles in sich verschlingt. In den Versen der Berliner Liedermacherin Dota Kehr, einer 39-jährigen lateinamerika-erfahrenen Musikproduzentin und Medizinerin, klingt diese Fremdheit wie der depressive Verlust jeden Weltbezugs inmitten der sozialen Welt: «Ich höre Leute reden, nichts berührt mich, / alles ist gleich weit entfernt. / Und wenn sie mich fragen, / ich kann nichts dazu sagen. Nicht mal im Scherz. / Nichts ragt aus dem Rauschen, nichts sticht mich ins Herz.»

Dota Kehrs Lied *Rauschen* aus dem Album «Überall Konfetti» von 2017 sieht das singende Ich tastend im Dunklen, seine Hand ist gebrochen, alles Lebendige rundum unbegreiflich, unüberbrückbar getrennt – «Es ist alles hinter Panzerglas». Das «Nichts» wird unterschiedslos mit dem «Alles» gleichbedeutend, keinerlei Differenz dringt an das verstummende Ich heran. «Es geht alles unter in diesem dumpfen Rauschen». Dieses Ich hat jede lebendig wilde Regung selbst niedergerungen, in den Bildern des Lieds sind es Drachen und Monster, die das Ich besiegt und deren Flügel es gelähmt hat. Nur ist durch diesen Sieg alles gleich geworden, es herrscht die totale Austauschbarkeit. Die Worte «gezähmt» und «gelähmt» bilden ein Reimpaar. Und das «Herz», das doch einst in der Goethezeit mit ihrem taufrischen Ton der empfindsamen Moderne auf Schmerz reimen durfte, spürt nichts mehr als eben dieses «Nichts», das ins Herz sticht, es ist trivialerweise klanglich nur noch an den Scherz gebunden, Herz, Scherz. Übrig bleibt vom Leben in diesem Lied ein funktionierender Alltagsvollzug: nach «Plan».

Fremdheit kann sich als Erfahrung der eigenen Unsichtbarkeit zeigen, als gefühlte Entkörperung: Die britische Rock-Gruppe Marillion besingt in ihrem Song *Invisible Man* aus dem Album «Marbles» von 2004 ein Auseinandergleiten von Ich und Welt, in dem auch der eigene Körper und seine Fähigkeit zu spüren dem Ich entgleiten: «The world's gone mad / And I have lost touch / I shouldn't admit it / But I have. / It slipped away while I was distracted / I haven't changed / I swear I haven't changed / How did this happen? / I didn't feel myself / Evaporating... / My body has gone / But my eyes remain / Hovering. Witnessing. / Cold as a ghost ... watching the streets». Ich habe die Berührung verloren, mein Körper ist fort, bin kalt wie ein Geist: Die Kälte dieses Leblosen, dieses Entkörperten lässt ihn auf seinem Weg durch die Straßen zum Zeugen von Grausamkeiten werden, durch die Menschen einander zum Objekt machen und die außer ihm niemand zu sehen scheint: Er sieht der Vergewaltigung in einer Ehe zu, sieht, wie Autos im Straßenverkehr einem Menschen auf der Kreuzung nicht ausweichen, er ruft, niemand hört.

Berührungslos, unsichtbar, ungehört, die Fremdheit kann sich auch als Taubheit zeigen, als angenehme Taubheit, wenn von außen nichts mehr das Selbst erreicht, auch all die Schrecken da draußen nicht mehr. So klingt in Pink Floyds Klassiker *Comfortably numb* aus dem Album «The wall» von 1979 jene wie ersterbende Mitteilung des Künstlers Pink, der den herbeieilenden Arzt wohl von fern noch wahrnimmt, doch auf dessen Frage, wo es weh tue, nur sagen kann, er sei von allem Schmerz getrennt: «There is no pain you are receding / A distant ship smoke on the horizon / You are only coming through in waves /

Your lips move but I can't hear what you're saying / When I was a child I had a fever / My hands felt just like two balloons / Now I've got that feeling once again / I can't explain you would not understand / This is not how I am / I have become comfortably numb». Abgetrennt von der Welt, angenehm taub: Unerreichbar für alles, was schmerzen kann. Der Schmerz macht den Unterschied aus, an dem der verletzbare Mensch seine Lebendigkeit spüren kann. Spüren könnte.

Diese Motive der Erfahrung einer berührungslosen Fremdheit mögen wie ein katastrophischer Endpunkt des langen Weges erscheinen, an dessen Beginn einmal Mitgefühl, Unversehrtheit und Zuwendung am Horizont sichtbar waren und sich unterwegs als leere Versprechen erwiesen, als Trugbilder. Doch eine solche Lesart der Berührungslosigkeit täuscht. Dieser Endpunkt war immer schon auch ein Anfang. Denn die heutigen Motive der Entfremdung antworten zugleich auf ihre eigene Vorgeschichte in der Moderne; darauf, dass sie ähnlich schon am Anfang dieses Weges zu hören waren. Seither hat auch die Klage der Entfremdung als Kritik an der Moderne sie zu anderen Antworten angetrieben, Kritik und Klage schreiben sich fort. Der Weg selbst ist so zum Leitmotiv in der Geschichte der verstummenden oder entfremdeten Weltbeziehung geworden, in der – literarisch wie philosophisch – Wandernde unterwegs sind. Viele von ihnen sind, seit 250 Jahren, jung.

So wie Lenz. Kaum ein anderer Weg der Entfremdung ist so erschütternd wie der seine, realhistorisch wie literarisch, deshalb möchte ich an seinem singulären Beispiel zeigen, wie das moderne Selbst in die Entfremdung gejagt werden kann. Und betrachte also den literarischen Text – symptomatisch – als seelenhistorische Quelle. Der 22-jährige Dichter und Mediziner Georg Büchner erzählt in seiner fragmentarischen Novelle *Lenz* (1835/36) von dem historischen Sturm-und-Drang-Dichter Jacob Michael Reinhold Lenz, einem jungen Mann, der für kurze Zeit ein Weggefährte des ebenso jungen Goethe war. Goethes Weg hin zur Lebendigkeit – ob in seiner Forschung, in seiner Literatur, in seiner Biografie – ist gut bekannt. Lenzens Weg in die seelische Versteinerung, in die Krankheit und den einsamen Tod kennt man weniger. Nach seinem einsamen Tod auf den Straßen Moskaus Anfang Juni 1792 wurde nur ein einziger Nachruf auf Lenz gedruckt, er stand im Intelligenzblatt der Allgemeinen Literatur Zeitung: «Er starb, von wenigen betrauert und von keinem vermißt.»

Georg Büchner lässt seine Novelle auf einem Weg beginnen und enden, den am Anfang wie am Ende die Gleichgültigkeit bestimmt: «Er ging gleichgültig weiter, es lag ihm nicht's am Weg, bald auf- bald abwärts. Müdigkeit spürte er keine, nur war es ihm manchmal unangenehm, daß er nicht auf dem Kopf gehn konnte», so beginnt dieser Text. Und so endet er schließlich: «Er saß mit kalter Resignation im Wagen, wie sie das Tal hervor nach Westen fuhren. Es war ihm einerlei, wohin man ihn führte; mehrmals wo der Wagen bei dem schlechten Wege in Gefahr geriet, blieb er ganz ruhig sitzen; er war vollkommen gleichgültig.»[50]

Es sind wahrlich nicht Metaphern eines modernen Fortschritts oder Fortschreitens zur Unversehrtheit, die Lenzens indifferentes Weitergehen beschreiben können. Sein Weg führt in dieser Novelle, Schritt für Schritt, von der Gleichgültigkeit über die Langeweile zur schließlich vollkommenen Gleichgültigkeit. Er führt aber auch über den radikalen Versuch, das eigene gejagte Selbst am lebendigen Leibe zu spüren, um dem Nichts, der Langeweile, dem Horror der Äquidistanz zu entkommen. In der Forschung gilt Büchners Lenz als eine Figur, die den Kollaps des modernen Ideenhimmels am lebendigen Leibe austrägt. Zu sehr unterscheidet sich die reale Welt von der ideellen, der des aufgeklärten Idealismus, und für Lenz verstummen beide deswegen gänzlich, während er noch um jede ihm vertraute

Quelle der Lebendigkeit ringt: «Das Leben wich aus ihm und seine Glieder waren ganz starr. Er sprach, er sang, er rezitierte Stellen aus Shakespeare, er griff nach Allem, was sein Blut sonst hatte rascher fließen machen .... er rührte Alles in sich auf; aber tot! Tot!»[51]

Die Motive des Kampfes um die Berührbarkeit kehren bis heute wieder, auch wenn sie im *Lenz* in ihrer frühen Form, lange vor dem Zugriff des Marktes und der digitalen Technik, des Leidens an der Moderne zum Ausdruck kommen: Gegen die eisige Erstarrung, in der sich der einsame Mensch selbst zum toten Ding wird, wie auch die äußere Welt nur aus Totem zu bestehen scheint, ringt das Selbst um eine spürbare Beziehung zur Welt und zu sich selbst. Der Lenz dieser Novelle sucht die leibliche Nähe seiner Gastgeber, um sich buchstäblich an sie zu schmiegen. Er fürchtet sich vor sich selbst in der Einsamkeit, denn in der Erstarrung spürt er nur noch das Nichts. Er beruhigt sich nur in einer Geselligkeit, die ihn berührt oder wenn die Kunst in ihm den Schmerz aus der Versteinerung weckt: «unter den Tönen hatte sein Starrkrampf sich ganz gelegt, sein ganzer Schmerz wachte jetzt auf, und legte sich in sein Herz.»[52] Die Berührbarkeit soll im Wortsinn den Tod überwinden, Lenz versucht in der jesuanischen Geste des Handauflegens ein totes Kind zu beleben: «Dann erhob er sich und faßte die Hände des Kindes und sprach laut und fest: Stehe auf und wandle! Aber die Wände hallten ihm nüchtern den Ton nach, daß es zu spotten schien, und die Leiche blieb kalt.»[53] Die Mühe der Wiederbelebung dehnt der Beklagenswerte auf sich selbst aus und auf seine ganze Umgebung: «Je leerer, je kälter, je sterbender er sich innerlich fühlte, desto mehr drängte es in ihn, eine Glut in sich zu wecken, es kamen ihm Erinnerungen an die Zeiten, wo Alles in ihm sich drängte, wo er unter all' seinen Empfindungen keuchte; und jetzt so tot.»[54]

Der Schmerz markiert auch in dieser modernen Geschichte

der Entfremdung die entscheidende Differenz. Wer den Schmerz spürt, der lebt, der spürt sich als ein lebendiges Selbst. «Doch ein dunkler Instinkt trieb ihn, sich zu retten, er stieß an die Steine, er riß sich mit den Nägeln, der Schmerz fing an, ihm das Bewußtsein wiederzugeben... Oft schlug er sich den Kopf an die Wand, oder versetzte sich sonst einen heftigen physischen Schmerz.»[55] Als kein Schmerz mehr zu spüren ist, als jeder Versuch scheitert, «sich zu sich selbst zu bringen durch physischen Schmerz», übernimmt die totale Gleichgültigkeit die Macht: «Es war aber eine entsetzliche Leere in ihm, er fühlte keine Angst mehr, kein Verlangen».[56]

Die moderne Welt, die doch in ihren Anfängen ideell so gestaltbar erschien, ist für Büchners Figur Lenz verstummt, kaum dass sie begonnen hat. Seither stehen ihr Künstler, Philosophen, Intellektuelle auf immer wieder andere Weise gegenüber, und viele kennen diese Erfahrung, erstarrt, beziehungslos, vollends gleichgültig zu sein. Dota Kehr, Marillion oder Pink Floyd wissen davon zu singen, in Liedern, die zugleich auf den versteinerten Modernen Lenz antworten und sich auf unerhört neue Weise selbst hören lassen. Sie machen sich durch ihre Kunst zu Handelnden in einer umfassenden «Selbstwirksamkeitserfahrung der Moderne»,[57] wie der Soziologe Hartmut Rosa diesen historischen Prozess nennt, und um seine Idee der Resonanz soll es nun gehen.

4.6 Resonanz: Hartmut Rosas Soziologie der Weltbeziehung

Erstarrt, stumm, berührungslos, gleichgültig und leer: Es gibt gegenwärtig wohl kein anderes Werk, das an der Situation des modernen Menschen so hellhörig ansetzt wie das Buch *Resonanz* des Jenaer Soziologen Hartmut Rosa. Es zeichnet das Bild einer Epoche, in der die Angst des Menschen vor dem Verstummen der Welt nach einer Antwort sucht. Wenn die moderne Kunst ein Lied von der Erfahrung singt, dass nichts mehr die Singenden berührt, dann nimmt Hartmut Rosas Werk ihre Lieder als eine Frage an die Gesellschaftstheorie auf. Rosa entwirft deshalb, mit der Sorgfalt des 800-seitigen sozialwissenschaftlichen Gedankengangs, den Versuch einer Antwort: Sie heißt, in einem Wort, Resonanz.

Lassen sich 800 Seiten Begriffsarbeit durch wenige Skizzenstriche hier in Reichweite bringen? Nein, gewiss nicht. Doch versuchen wir es zumindest, um andeutungsweise zu zeigen, dass es dieser kritischen Gesellschaftstheorie zentral um die Berührbarkeit verletzlicher Menschen geht. In Rosas Antwort bündelt sich zwar eine Epochendiagnose, die Kenntnisse der verschiedensten Wissenschaften und Künste in ihre Befunde integriert.[58] Doch im Kern ist sie einfach. Resonanz besagt, dass wir – wider die Entfremdungen einer Moderne, die alle und alles zum Ding machen will – berührbar sind und berühren können: primär, weil Menschen vom Mutterleib an resonanzfähig sind und ihr Leben in Beziehung entsteht. Aber berührbar sind moderne Menschen auch, weil sie in gesteigerter Weise gefühlsbegabt agieren und reagieren. Resonanz ist insofern ein beschreibender Begriff ebenso wie ein normativer. Wonach Menschen sich sehnen, können sie wirklich erfahren: in Wechselbeziehungen zur Welt, in denen sie spüren, dass ein «vibrierender Draht», wie Rosa es nennt, sie mit der Welt verbindet. Rosa erschließt die verschiedensten Sphären, in denen solche Wechselbeziehungen oder Antwortverhältnisse erfahrbar sind, sie umfassen die Familie wie die Freundschaft, die Arbeit wie die Politik, die Natur wie die Kunst, die Schule wie den Sport.

Resonanz entfaltet mithin eine kritische Theorie der Gesellschaft. Und doch ist es vor allem zutiefst musikalisch, als sei diese Theorie im Gespräch mit Büchners *Lenz*, mit Marillions

Invisible man oder Dota Kehrs *Rauschen* gewonnen, um Stimmen wie diese hörbar zu machen; und als sei die Resonanztheorie auch eine Antwort auf sie.

Ein Wohlfühl-Missverständnis mag im klanglich so warmen Wort Resonanz angelegt sein. Aber es wäre eben ein Missverständnis. Resonanz ist nicht denkbar ohne die Begegnung mit dem Fremden, ihr Kern ist die Erfahrung von Differenz. Selbstbespiegelung oder schmeichelnde Selbstbestätigung wären ihr entgegengesetzt. Was genau also lässt sich als Resonanz bezeichnen? Resonanz bedeutet «Berührung durch das unverfügbare Andere»,[59] sie ist ein Geschehen, in dem Mensch und Welt einander wechselseitig begegnen, ohne einander ihren Zwecken zu unterwerfen. Die eigene Stimme zu hören, der Stimme des anderen Menschen zu begegnen, am lebendigen Leibe zu spüren, dass das eigene Selbst in der Welt wirksam ist und dass die Beziehung zu einem Gegenüber beide verwandelt: In dieser Erfahrung ist in den Augen Hartmut Rosas Resonanz gegenwärtig. In ihr entkommt das moderne Selbst dem Zugriff durch jene Zwänge, die es in den Steigerungsspiralen des modernen «Immer weiter, schneller und mehr» jagen. In der Erfahrung von Resonanz machen wir die Erfahrung von Widerständigkeit. Sie bedeutet, nicht gejagt, sondern getragen zu sein und zugleich mit anderen in einer offenen Geschichte zu stehen.

«Berührbarkeit» ist für diese Erfahrung konstitutiv: Zwar ist Resonanz, wie Rosa mit der phänomenologischen Tradition der Verkörperung argumentiert, immer im leib-seelischen Geschehen angesiedelt. Berührung ist dennoch nicht primär im unmittelbar haptischen Sinne gedacht. Charakteristisch für Rosas Idee der Berührbarkeit ist vielmehr, im Anschluss an den Philosophen Emmanuel Lévinas, der Blick, der berührt: im Gesicht eines anderen Menschen zu sehen, dass dieser ein verletzbares Wesen ist, bedeutet, als Antwort auf diesen Blick die Verletzbarkeit am eigenen Leibe zu spüren. Resonanz setzt die Fähigkeit eines Selbst voraus, sich zu öffnen, sie ist mithin nie ohne Risiko: «Im Resonanzmodus... sind Menschen grundsätzlich verletzbar.»[60] Ihre Empfindungsfähigkeit begabt sie dazu, zu berühren und berührbar zu sein, doch die Idee der Resonanz bezieht sich eben keineswegs auf abrufbare Erfahrungen schmeichelnden Wohlbefindens. «Wer bereit ist, sich berühren zu lassen, nimmt in Kauf, verletzt zu werden.»[61] Wer nicht vertraut, wird sich nicht öffnen.

Weltvertrauen ist der Offenheit für Resonanzen vorausgesetzt, aber nicht als romantisches Zauberwerk, sondern leib-seelisch von Anfang an wohl grundiert. «Ein Baby und vielleicht schon ein Embryo erfährt und lebt in Resonanzen, lange bevor es ‹Ich› sagen kann; ja, es lernt Letzteres nur durch Ersteres.»[62]An frühesten Erfahrungen vom Mutterleib an vergegenwärtigt Hartmut Rosa, welche Gewissheiten es sind, die generell Menschen tragen oder doch tragen können, er nennt sie «Grundelemente menschlicher Weltbeziehungen.»[63] Sie sind primär am lebendigen Leib zu spüren, wie das Atmen, wie Nahrung und Ausscheidung, Stehen und Gehen, wie das Schlafen, Hören, Blicken oder Lieben. Es sind dies im Grunde all jene einfachen Spürbarkeiten des In-die-Welt-Gestelltseins und der Verbundenheit, denen Büchners Lenz in der gleichnamigen Novelle nachjagt; und die heute – in der realen Welt – der Philosoph Thomas Fuchs unserer Achtsamkeit eigens nahelegt, damit wir sie nicht vergessen, obwohl sie doch den Vollzügen des Alltags ganz zweifellos immer zu Grunde liegen.

Die Resonanztheorie sieht primär den leib-seelisch ansprechbaren Menschen und nicht den physisch verletzbaren. Dabei achtet Rosa aber umso entschiedener darauf, «den Unterschied zwischen ... innerlicher Erschütterung und äußerlicher Verletzung nicht zu verwischen.»[64] Der Dachziegel, der Passanten auf den Kopf fällt, so lautet Rosas handfestes Beispiel, ist etwas konstitutiv anderes als der verhangene Himmel, der einen verstört.

Vor dem Dachziegel will man sich schützen, man entzieht sich möglichst seiner Wucht, um nicht verletzt zu werden, ihm begegnet man gewiss nicht offen für Resonanz. Noch entschiedener markiert Hartmut Rosa die Differenz zur menschlichen Gewalt, die auf den physisch verletzbaren Menschen zielt: Gewalt ist darauf aus, die Stimme eines anderen Menschen verstummen zu lassen. Sie ist geradezu das Gegenteil der Offenheit für einen anderen Menschen. Wer andere durch Gewalt verletzt, will sie nicht erreichen, sondern negieren.

Nichts mag da näherliegen, als die Resonanztheorie zu fragen: Wer schützt den verletzbaren Menschen vor Gewalt? Wer achtet, wenn dieser Mensch doch in Empfindung, Wahrnehmung, Sehnsüchten tatsächlich so modern ist, dass ihm kein körperlicher Schmerz zugefügt werden darf, auf dessen Unversehrtheit, gar als Rechtsanspruch? Die Resonanztheorie nimmt das Recht vor allem als eine Sphäre jener Moderne wahr, die jede Regung verfügbar macht, immer schneller, immer mehr, und in dieser Hinsicht erscheint das Recht bei Rosa primär als ein Instrument der modernen Dynamik, alles dingfest machen zu wollen: «Das moderne Recht ist auf seine stetige Entwicklung, Veränderung und Anpassung hin angelegt», schreibt er in seiner Soziologie der Weltbeziehung, und die moderne Rechtsordnung basiere in «eskalativer Steigerung» auf «der Institution legitimierter dynamischer Gesetzgebung». Die Legislative dient als «Organ permanenter (Neu-)Schaffung von Recht».[65]

Gerade darin und gerade deshalb ist aber das Recht als Resonanzsphäre eigens bedenkenswert – ich verstehe das Versprechen, das vom Recht ausgeht, anders, als Rosa es konzipiert. Es war diese dynamische Moderne, die das epochale Versprechen eines Rechts auf körperliche Unversehrtheit und der Ahndung von Körperverletzung erst in Bewegung gesetzt hat. Für die sozialen Mehrheiten westlicher Gesellschaften, für Frauen, Kinder, Alte, ist dieses moderne Recht nach und nach zu einer

Resonanzsphäre geworden, als eine Sphäre des Antwortens, in der die gegenwärtige Stimme und der eigene Schmerz gehört würde. Das Recht, in diesem Sinne als Resonanzsphäre gedacht, könnte auf Leid antworten, indem es dessen Ahndung zusagt, in einer offenen Rechtsgeschichte.

Daran erst erweist sich, ob Macht in der Moderne bereit und in der Lage ist, zu hören und zu reagieren. Denn auch sie ist ja potentiell resonant: «Herrschaft wird gezwungen und zugleich fähig», schreibt Hartmut Rosa über das moderne Recht, «sensibel auf soziale Bedürfnisse und Veränderungen zu reagieren.»[66] In der Tat: Gerade weil in der Moderne die Hörbarkeit der eigenen Stimme dazu beitragen kann, dass die Gesellschaft sich dazu bewegt, den Bedürfnissen der Machtlosen ein Recht zuzusprechen, konnte der Chor der Stimmen anschwellen, die den Schmerz nicht länger ertragen wollen. In den Liedern aller Befreiungsbewegungen – keines bringt es machtvoller zum Ausdruck als jenes alte Lied *Amazing Grace*, das Präsident Obama deshalb in Charleston zu Ehren des ermordeten schwarzen Pfarrers Pinckney anstimmte[67] – ist zu hören, dass die Hoffnung der Machtlosen auf ein Morgen gerichtet ist, das zur Resonanzsphäre ihrer Rechte wird. Vielleicht ist die Idee eines Rechts auf körperliche Unversehrtheit sogar die treibende Kraft, sich als Machtloser nicht unweigerlich unterworfen zu fühlen. Und in sich ist dieses Recht gewiss eine der möglichen Antworten auf die Situation des modernen Menschen.

Warum? Weil die Angst vor dem Verstummen der Welt nur eine der Eigenschaften der Epoche ist. Eine andere konstitutive Eigenschaft der Moderne aber ist es, die Menschen beredt und gemeinsam tätig werden zu lassen. «Die Selbstwirksamkeitserfahrung der Moderne als kollektive Sozialformation», so beschreibt Hartmut Rosa in der Sprache der Gesellschaftstheorie die epochale Erfahrung der Gestaltbarkeit, sei «gewaltig».[68] Und damit schließt sich der Bogen, damit kommt der Gedankengang, mit dem ich dieses Buch begonnen habe, zu seinem gegenwärtigen Ende: Diese Moderne, die um 1750 begann, ist vor allem gegen die Gewalt wirksam geworden, die der Gesellschaft innewohnt, die ihre Bürgerinnen und Bürger einander zugefügt haben und über die sie allzu lange nicht reden wollten.

So verstanden, wäre das Recht eben nicht nur ein Instrument, die Welt verfügbar zu machen, sondern zugleich eine Antwort: Wem das moderne Recht erstmals die Selbstbestimmung über den eigenen Körper garantiert, der erfährt es nicht als verdinglichend. Erst diese Gewissheit hat all diejenigen weithin vernehmbar gemacht, die allzu lange stumm waren. Mag die Epoche mit der Hörbarkeit vor allem der männlichen weißen Stimmen Europas ihren Anfang genommen haben: Das ist lange her. Und mag sie immer wieder stagnieren, in Gewalt ertrinken oder wie richtungslos in Moratorien verharren: Seither und bis in die spätmoderne Gegenwart hinein ist das Resonanzverlangen auf immer mehr Menschen geweitet, gedehnt, vervielfältigt worden. Die Stimmen, die ihr Recht auf körperliche Unversehrtheit geltend machen, sind auf diesem Wege allerorts selbstbewusst hörbar geworden. Während ich diese Sätze schreibe, gestaltet der Karneval in Rio sambatanzend und vor den Kameras der Weltöffentlichkeit den Kampf gegen die Sklaverei und gegen die Gewalt in den Straßen. Die Tänzer tanzen, weil sie wissen, dass nicht nur das Publikum in aller Welt sie sieht, sondern weil sie einander sehen und hören, und ihr Tanz ist gerichtet: an die Macht, die sich nicht verschließen, sondern antworten soll.

Offen für Resonanz ist nur der verletzliche Mensch und nahbar nur, wem keine Gewalt geschieht. So also kann ein möglicher Weg spätmoderner Gesellschaften aussehen, und so wären wir unterwegs: unversehrt, berührbar, in freiwilliger Nähe, offen für das, was kommt.

Ausgangs:
Auf dünnem Eis

Sind wir auf dem Weg in die berührungslose Gesellschaft? Sommer 2018. Die neuesten Nachrichten vom Berühren schillern: Da hat der alterslos legendäre Sportarzt Müller-Wohlfahrt in seinem Buch wissen lassen, er stelle seine Diagnosen vor allem durch seine Hände, die den Körper betasten. Er verlasse sich nicht auf die Untersuchungsergebnisse von MRT, Sonografie oder Röntgen, und der Musiker Grönemeyer attestiert diesem Arzt, ein wahrer Berührungskünstler zu sein: «Ich glaube, dass er Patienten mit der gleichen Behutsamkeit berührt, wie er auch ein Instrument berühren würde. Er möchte wissen, wie eine Person schwingt, wie der Körper des Patienten klingt, welche Dissonanzen er hat.»[1] Während Müller-Wohlfahrts Buch stapelweise im Bahnhofsbuchhandel liegt, wird im Frühjahr 2018 die Reform des E-Health-Gesetzes vorbereitet, die eine Medizin jenseits der analogen Begegnungen zwischen Arzt und Patienten regelt, und die Bundesärztekammer stimmt im Mai 2018 mehrheitlich dafür, das Verbot der telemedizinischen Erstbehandlung aufzuheben: ärztliche Berührung solle bald nicht mehr notwendig sein, ein Arzt müsse einen Patienten nicht mehr zuerst persönlich untersucht haben, bevor er ihn fortan online behandeln dürfe.[2] Berühren kostet Zeit und Geld, über die nicht alle verfügen. Zwischen der Unersetzlichkeit des körperlichen Berührens und dessen digitalen Substituten sucht das Säugetier Mensch einen Weg.

Nicht minder schillern, während ich dieses Buch beende, die Nachrichten über die Verrechtlichung der Berührung im Fortgang der #Me-too-Debatte: Die Bilder des Filmproduzenten Harvey Weinstein in Handschellen, der von einer Frau abgeführt wird, gehen um die Welt. Die politisch wie ästhetisch grundverschiedenen Schriftsteller Édouard Louis und Christian Kracht tragen die sexuelle Männergewalt, die sie erlitten haben, in die Öffentlichkeit: als Unrecht. Ein Gesetz in Schweden sieht vor, dass ab dem 1. Juli 2018 sexuelle Handlungen ausschließlich nach beiderseitigem ausdrücklichen Einverständnis erlaubt sind, und der schwedische Ministerpräsident Stefan Löfven hat pünktlich zur Weihnachtszeit dem Volk mitgeteilt, warum das so ist: Sex muss freiwillig sein. «Ist er es nicht, ist er strafbar.»[3] Wer sich an die Begründung erinnert, mit der die deutschen Richter des 4. Zivilsenats des Bundesgerichtshofs nur fünfzig Jahre zuvor fanden, die Ehe fordere, «eine Gewährung in ehelicher Zuneigung und Opferbereitschaft» und sie verbiete es, beim Sex «Gleichgültigkeit oder Widerwillen zur Schau zu tragen»,[4] der mag wohl den Rechtscharakter beklagen, aber kann kaum bestreiten, dass bis zu Löfvens Weihnachtsansprache ein epochaler Wandel stattgefunden hat: endlich ist die Freiwilligkeit der Berührung entscheidend, weil Menschen als verletzbar verstanden werden.

In welcher Form, durch welche befugte Dritte aber diese Freiwilligkeit zweifelsfrei festgestellt, gar nachgewiesen werden kann und wie sich die Berührung durch Kontroll- und Nachweispflichten verändert, bleibt umstritten. Mehr noch: Die Freiwilligkeit staatlich nachprüfbar zu gestalten, stellt eine Gesellschaft vor die weiter reichende Frage, ob sie noch eine freie Gesellschaft sein kann, wenn sie jedes Risiko einer Verletzung ausschließen möchte. Der aktuelle japanische Weg indes zeigt, dass die Abkehr vom Sex auch in freien Gesellschaften, ganz ohne rechtliche Regelung, möglich ist: Die im April 2018 uraufgeführte Inszenierung «No Sex» des japanischen Regisseurs Oshiki Tokada an den Münchner Kammerspielen ruft nun in Erinnerung, dass fast die Hälfte der jungen Japaner freiwillig auf Sex verzichtet, zu anstrengend, zu lästig, auf Japanisch «mendokusai»[5] – während gleichzeitig in Japan ein Sessel erfunden wird, der denjenigen beruhigend in die Arme schließt, der sich in ihn setzt.[6] Freiwillig. Und die US-Firma Gravity entwickelt kiloschwere Bettdecken, die durch den Druck ihrer Berührung die Angst von Schlaflosen mindern sollen.[7]

Berührung geht mit Zweifeln einher. Der rechtliche Schutz vor verletzenden Berührungen stellt auch andere Formen menschlicher Zuwendung leicht unter Verdacht. Der Lehrer, der das Schulkind lieber nicht tröstend in den Arm nimmt oder das aufgeschlagene Knie lieber nicht selbst verpflastert, ist keine Seltenheit, und die Angst vor rechtlichen Konsequenzen menschlichen Handelns, so macht es in diesem Frühjahr der britische Neurologe Francis McGlone deutlich, steht auch wohltuenden Berührungen, zumal einsamer alter Menschen, im Wege.[8] So fragen die Sonntagsausgaben und Wochenzeitungen immer besorgter nach den Verletzlichsten, den Alten, und in Großbritannien nimmt ein Einsamkeitsministerium seine Arbeit auf: Besonders am Umgang mit Millionen Pflegebedürftigen wird sich zeigen, ob es gelingt, die Verletzlichkeit der Gebrechlichsten nicht zu missbrauchen, sondern zu respektieren und ihnen doch nahe zu kommen – freiwillig, ohne Zwang und Gewalt.

Unsere Gesellschaft ist auf dem Weg ins Offene: Wird künftig eine angstlose Zugewandtheit oder ein misstrauisches Kontrollverlangen die Begegnungen bestimmen? Werden die marktmobilen Monaden mit ihrem Geld zunehmend die Berührungsindustrien befeuern, sich im E-Sex treffen oder werden, leibhaftig analog, die Experimente freiwilliger Nahbarkeit zunehmen? Werden selbstbestimmte Berührungen immer mehr zur verlässlichen Normalität oder ist gar eine Rückkehr von Unfreiwilligkeit und Übergriffen denkbar, die bereits überwunden schienen? Der Berlinale-Siegerfilm «Touch me not» läuft in den Kinos an, der die Berührungsangst ästhetisch ernst nimmt, während sich für das große Publikum in den Buchhandlungen noch Laura Kneidls Bestseller «Berühre mich. Nicht» türmt. Unterdessen spottet das *Streiflicht* in der Süddeutschen Zeitung, die Bundesliga könne einpacken, bald sei jeder Stadionrasen für Männerbeine tabu, weil «auch Grashalme Schmerz empfinden», und die Gilde der Floristen werde bald abgewickelt, «da auch Schnittblumen ein Recht auf körperliche Unversehrtheit haben».[9] Das ist gut gespottet, nur können Grashalme und Schnittblumen selbst keine Gesetze verabschieden, die ihre Rechte schützen.

Die Zukunft schillert, und der gegenwärtige Stand der Dinge gleicht dem Gleiten auf dünnem Eis, einem fragilen Eistanz, mit all seiner magischen Schönheit, auch mit allem Schwanken, Ausweichen, Straucheln, Rempeln, ob allein, zu zweit, in Geselligkeit, unter Fremden. Um es noch einmal mit dem Soziologen Helmuth Plessner zu sagen: Auf der Suche, wie man den «geselligen Verkehr» angenehm gestalten kann, sei nur die Zartheit geeignet, die «nie zu nah noch auch zu ferne kommen lässt».[10] Die Angst, dass nichts einen mehr berührt, weil alles gleichgültig ist, hält sich mit der anderen Angst, dass die Berührung zu stark, gar gewalttätig ist, die Waage, und während man sich öffnet, ist Verletzung zum Greifen nah.

Wie auf dem Eis: Als die Moderne in ihren Anfängen war, begann der Eislauf das Goethe'sche Werk als ein Motiv zu durchziehen, das Nähe und Distanz, Berührung und Entfernung in die Schwebe bringt. Dieser Eislauf, allein, zu zweit, mit Freunden und Fremden, ist die Verkörperung berührungsloser Berührung von Menschen, die zueinander wollen, weil sie nur miteinander Bewegung, Begegnung und Bild sind. In der Autobiografie *Dichtung und Wahrheit* erzählt Goethe vom Schlittschuhlaufen auf dem Frankfurter Main, 1774: «Ein sehr harter Winter hatte den Main völlig mit Eis bedeckt und in einen festen Boden verwandelt. Der lebhafteste, notwendige und lustige, gesellige Verkehr regte sich auf dem Eise. Grenzenlose Schlittschuhbahnen, glattgefrorne weite Stellen wimmelten von bewegter Versammlung.»[11] Den Reiz solcher berührungsloser Berührung, vorwärts wie bisweilen auch rückwärts gleitend, im Gewimmel, vom fragilen Eis getragen, arbeitet Goethe zu einem Motiv aus, in dem die Moderne erkennbar wird, etwa im Gedicht «Eis-Lebens-Lied» von 1775: «Mache dir selber Bahn / ... Kracht's gleich, bricht's doch nicht ein / Bricht's gleich, bricht's nicht mit Dir».[12] Das Gedicht *Die Eisbahn*, das in Schillers Musen-Almanach aus dem Jahr 1797 erschien, lässt den Eislaufenden als Individuum in einer Menge von Gleichen gleiten, die es ebenso zueinander zieht wie es sie auseinandertreibt, in einer Bewegung, die beide Pole der Bewegung umschließt und die Gleitenden als Gleiche aneinander bindet: «Alle streben und eilen, und suchen und fliehen einander; / ... Alles gleitet unter einander, die Schüler und Meister, / Und das gewöhnliche Volk, das in der Mitte sich hält.» Die Revolution, die das Schlittschuhlaufen literarisch symbolisiert, liegt in diesem Modus zwischen Aktiv und Passiv, Gleiten und Getragensein. Später, in Goethes Novelle *Der Mann von funfzig Jahren*, verfasst ab 1806 wider die erdbebenhafte Erschütterung durch die napoleonischen Siege, werden die Schlittschuhläufer nachts auf dem winterlichen Eis zu tanzenden Inseln: einzeln, in Gruppen, als Paare, als Liebespaare, die in «glücklichem Wechselwirken» verkörperte Freiheit zu inszenieren scheinen.[13]

Diese seltene Gewissheit, dass das Eis der Moderne tragen kann, ist 175 Jahre später von Pink Floyd in *Thin ice* in eine zutiefst skeptische Warnung verwandelt worden: Das Eis des spätmodernen Lebens ist zu dünn, der Eisläufer zerkratzt die Fläche, die ihn doch tragen könnte, und die Fluten der Tränen und der Angst können das Eis in jedem Moment brechen lassen: «If you should go skating / On the thin ice of modern life / Dragging behind you the silent reproach / Of a million tear-stained eyes / Don't be surprised when a crack in the ice / Appears under your feet. / You slip out of your depth and out of your mind / With your fear flowing out behind you / As you claw the thin ice.»

Soll man sich aufs Eis begeben? Wo sonst ließe sich tanzen? Nur der verletzliche Mensch ist nahbar, offen für Berührung. Hinaus also, aufs Eis.

Dank

Im Bahnhof Jena Paradies beginnt dieses Buch, das ist kein Zufall. Denn in den Jahren, in denen es, Notizzettel für Notizzettel, entstand, war ich fortgesetzt zwischen den Bahnhöfen Jena Paradies und Hamburg Dammtor unterwegs – weil in der Jenaer Humboldtstraße das DFG-Kolleg «Postwachstumsgesellschaften» arbeitet, dessen Permanent Fellow ich seit 2012 sein durfte, und weil sich in Hamburg am Speersort die Redaktion der ZEIT befindet. Beiden Institutionen danke ich für ihre Großzügigkeit.

In Jena habe ich am Kolleg im Gespräch mit Hartmut Rosa seine Resonanztheorie entstehen sehen. Ohne die Erfahrung dieses Dialogs, der fortwirkte, gäbe es mein Buch nicht. Doch in Jena waren es darüber hinaus die Doktorandinnen und Direktoren, die Mitarbeiter, Studierenden und Fellows, denen ich mehr verdanke, als ich es hier sagen kann. Um wenigstens zwei von ihnen zu nennen: Barbara Muraca danke ich dafür, dass sie mich seit dem Sommer 2012 in Jena eingepflanzt hat; Michaela Christ danke ich, dass sie mein erstes, noch ziemlich raunendes Paper in unseren Stilbruch-Gesprächen auf eine klare Linie gebracht hat.

In Hamburg wiederum haben mir von Anfang an Nina Pauer, Maximilian Probst und Louisa Reichstetter großzügig ihre Ideen gegeben und mich zu diesem Buch ermuntert, das in Hamburg nur in der Schublade lag. Ohne die Findigkeit der Kolleginnen in der Doku und die Unterstützung durch Tanja Kemna wäre es kaum fertig geworden. Dankbar bin ich all denen, die in langen Gesprächen ihre Expertise, ihr Wissen, ihre Zeit mit mir geteilt haben, besonders der Tastsinnexperte Martin Grunwald in Leipzig, die Masseurin Birthe Harlstad in Hamburg, die Sozialpsychologin Vera King in Frankfurt. Ähnliches gilt, weit jenseits aller Fachkundigkeit, für die ungezählten Gespräche und Spaziergänge mit Elke, Christiane, Mathias, Ulinka, Eva, Johanna, Irmingard, Susanne, Anita, Lisa, Steffi, Christine, Reinhard, den drei Joachims, den Christians. Sie haben mir unermüdlich ihr Wissen als Journalisten, Historiker, Ärztinnen, Soziologen, Juristinnen, Menschenkenner geliehen, sie haben das Manuskript kritisch durchgesehen und mir als Freunde beim Schreiben den Rücken gestärkt. Meiner Mutter habe ich das Manuskript im Entstehen vorgelesen, ein Privileg, das Buch und Autorin genossen haben. Die Fehler, die sicher trotzdem noch im Detail stecken, verantworte ich natürlich allein. Am C.H.Beck Verlag hat es jedenfalls gewiss nicht gelegen: Detlef Felken und Sebastian Ullrich haben, unzeitgemäß, alles getan, was eine Autorin sich nur wünschen kann.

Dass ich in Hamburg nicht am Hauptbahnhof, sondern am Dammtor ausgestiegen bin, liegt daran, dass von dort aus der Weg zu denen am kürzesten ist, denen mein Dank im umfassenden Sinne gilt: zu Roland, dem ersten und unbestechlichen Leser, zu Philipp und Caroline, die immer in der Nähe sind, selbst wenn sie sich in La Paz oder in der Arktis aufhalten. Und natürlich zu Lili, der meines Wissens ausgefuchstesten Expertin für die berührungslose Gesellschaft. Ihnen widme ich dieses Buch.

Anmerkungen

Eingangs:
Eine merkwürdige Umarmung

1 Zygmunt Bauman: Retrotopia, aus dem Engl. v. Frank Jakubzik, Berlin 2017.

2 Zygmunt Bauman: Moderne und Ambivalenz. Das Ende der Eindeutigkeit, aus dem Engl. von Martin Suhr, Hamburg 1992. Wie die Sozialwissenschaften das Verhältnis von Moderne und Gewalt denken, rekonstruiert Michaela Christ: dies.: Gewalt in der Moderne. Holocaust und Nationalsozialismus in der soziologischen Gewaltforschung, in: dies. und M. Suderland (Hg.): Soziologie und Nationalsozialismus, Berlin 2014, S. 332 ff.

3 Ivan Krastev: Europadämmerung: Ein Essay, Berlin 2017. Siehe dazu Elisabeth von Thadden: Überstehen ist alles, in: DIE ZEIT, 2.8.2017. In einem Gespräch mit dem «Spiegel» vom 22.1.2018 hat Krastev diese Analyse aktuell vertieft.

4 Die Frage nach der Verletzbarkeit zieht gegenwärtig die Aufmerksamkeit mehrerer Wissenschaften auf sich: In der jüngsten Gegenwartsphilosophie etwa ist es Andrea Sangiovanni, der in Auseinandersetzung mit den Kantianern seines Fachs von der Verletzbarkeit des Menschen ausgeht, um zu bestimmen, warum es falsch ist, diese Verletzbarkeit durch Macht auszunutzen und was also Menschlichkeit genannt werden kann. Auf sein Buch «Humanity without dignity» (Cambridge Mass. 2017) will ich im zweiten Kapitel kurz eingehen. In der Altersforschung ist es besonders das neue Werk des Heidelberger Gerontologen Andreas Kruse, das die Verletzlichkeit im hohen Lebensalter ernst nimmt (ders.: Lebensphase hohes Alter. Verletzlichkeit und Reife, Berlin/Heidelberg 2017); in der Theologie hat besonders Heike Springhart

den Blick neu für einen Blick auf eine «realistische Anthropologie» geöffnet: dies.: Der verwundbare Mensch. Sterben, Tod und Endlichkeit, Tübingen 2016.

5 Ich widme dieser Debatte absichtlich kein eigenes Kapitel, weil sie in jede der Sphären hineinreicht, um die es mir in diesem Buch geht. Die Frage nach der sexuellen Selbstbestimmung läuft deshalb wie ein roter Faden durch alle Kapitel. Die chaotischen Ereignisse der Kölner Silvesternacht 2015/16 und deren detaillierte Aufarbeitung nach einer kurzen, irritierenden Unentschlossenheit waren ein spektakuläres Beispiel dafür, dass der Verletzbarkeit wie der Strafbarkeit heute viel Aufmerksamkeit gewidmet wird. Migration und die damit verbundenen Probleme spielen in diesem Buch allerdings nur am Rande eine Rolle. Es will vielmehr zeigen, wie lange moderne Gesellschaften sich schwer damit taten zu benennen und zu ächten, dass ihre machtlosesten Mitglieder alltäglich durch ihre Nächsten Gewalt erfuhren – und wie weit der Weg bis in die spätmoderne Gegenwart war, in der dagegen endlich Strafanzeige erstattet werden kann.

6 So wirbt das Hamburger UKE im Winter 2017 auf Plakaten an Bushaltestellen.

7 Schon im Wahlkampf hat Christian Wernickes Reportage «Bitte berühren» auf Macrons Berührungskünste als politischen Trumpf hingewiesen, in: Süddeutsche Zeitung, 20.3.2017. Im April 2018 hat der amerikanische Comedian Trevor Noah die «Handgreiflichkeit» Macrons zum Gegenstand einer eigenen Sendung seiner «Daily Show» gemacht.

8 Eine erste Fassung dieses Buchprojekts habe ich in Jena ausgerechnet am 9. November 2016 im Kolloquium des DFG-Kollegs Postwachstumsgesellschaften diskutieren können, dem Jahrestag der Pogrome der Nazi-Horden und dem Tag von Trumps Wahlsieg – eines Mannes, der öffentlich damit prahlt, dass seine sexuellen Übergriffe willkommen seien. Diesem Kolloquium verdanke ich über die Jahre so zahllose Hinweise, dass ich sie einzeln kaum würdigen kann. Meinen Gedankengang beeinflusst haben auch andere sozialwissenschaftliche Debatten. Die Wissenschaften von der Gesellschaft wirkten lange wie körperlos, das stellt Katharina Inhetveen in ihrem Handbuchtext «Körper» dar (in: Christian Gudehus, Michaela Christ: Gewalt. Ein interdisziplinäres Handbuch, Stuttgart 2013, S. 203 ff.): «Die Akteure, die in körpersoziologischen Arbeiten auftauchen, interagieren zwar körperlich, jedoch weitgehend auf Distanz, so dass sie sich kaum berühren geschweige denn gewalttätig werden.» Mit der Rezeption der Werke von Heinrich Popitz und Helmuth Plessner, dank der Arbeit von Gesa Lindemann und der Philosophen Hermann Schmitz und Thomas Fuchs änderte sich diese Lage. Mir haben

die Arbeiten von Michaela Christ deutlich gemacht, wie die Soziologie und ihre Modernisierungstheorien sich dem verletzungsoffenen Menschen zuwandten, mithin auch der Gewalt. In den Arbeiten von Fuchs und Schmitz fragen Phänomenologie und Psychosomatik nach der Leiblichkeit des Körpers, nach der gespürten Erfahrung. Das Werk Michel Foucaults steht außerhalb disziplinärer Zuordnungen. Foucaults Diskursanalyse der Moderne, die sich zuerst in *Überwachen und Strafen* der institutionellen Macht über die Körper widmet, kann ich nur streifen. Sie ist zwar wegweisend für das Verständnis des Folterverbots, aber nicht sehr ergiebig für die Facetten der Berührbarkeit und der Verletzbarkeit, die ich sichtbar machen möchte. Besonders am Ende meines vierten Kapitels schließe ich an die Resonanz-Theorie des Jenaer Soziologen Hartmut Rosa an: Denn sie nimmt die Berührbarkeit des Menschen in den Entfremdungen der Moderne in den Blick und versteht die Erfahrung von Resonanz als eine Erfahrung des verletzbaren Menschen (ders.: Resonanz, eine Soziologie der Weltbeziehung, Berlin 2016). – Als Journalistin werde ich weder die modernen Gewalttheorien noch den Stand psychosomatischer Forschung eingehend darstellen können, auch die Debatten um Grund- und Menschenrechte, die historische Forschung zur Körpergeschichte, das Wissen der Sexualwissenschaften und die Erkenntnisse der Tastsinn-Forschung können nicht angemessen abgebildet werden. All das leisten andere zum Glück sehr gut, und auf ihre Bücher weise ich hin.

9 Die Historikerin Lyndal Roper hat in ihrem Werk zur Geschichte des Körpers, der Sexualität, der Gewalt und der Moralität in der Frühen Neuzeit erkennbar gemacht, wie sich Epochenumbrüche am Körper abspielen. Ihre Bücher zur Psycho- und Körperhistorie haben mich darin bestärkt, in den Umbrüchen der Gegenwart nach dem berührbaren und verletzlichen Körper zu fragen.

1. Kapitel
Fingerspitzengefühl: Vom Berühren

1 Martin Grunwald: Homo Hapticus, Warum wir ohne Tastsinn nicht leben können, München 2017, S. 154.

2 Ebd., S. 153.

3 Sylvie Consoli: La tendresse. De la dermatologie à la psychoanalyse, Paris 2003, S. 137.

4 Christian Satorius: Bei leichter Berührung gibt's mehr Trinkgeld, in: Osnabrücker Zeitung, 8.6.2016.

5 Grunwald erläutert im Detail, wie nur durch Verformung der Körperhaut durch Berührung Millionen Mikroströme von Signalmolekülen ausgesandt werden, die wiederum Wachstumsprozesse auslösen, Grunwald: Homo Hapticus, S. 64.

6 Die Sterbelisten der Waisenhäuser zeigen, dass Hunderte Kinder nicht überlebt haben, obwohl sie zu essen und trinken bekamen, ebd., S. 61.

7 Nina G. Jablonski: Von außen betrachtet ist der Mensch ein Irrläufer, in: Süddeutsche Zeitung, 25.1.2017. Allerdings spricht viel dafür, dass die Aufmerksamkeit gerade wächst. Im Frühjahr 2018 erschien etwa das Buch des Sportarztes Hans-Wilhelm Müller-Wohlfahrt «Mit den Händen sehen», das den offenbar magisch guten Tastsinn des Arztes als primäre Erkenntnisquelle beschreibt. Ein anderer Bestseller hat jüngst die Haut als Organ der Berührung eingehend und publikumsträchtig dargestellt: Yael Adler: Hautnah. Alles über unser größtes Organ, München 2016. Auch ein Buch über die Nähe ist nun erschienen, das sich allerdings vor allem den sozialen Varianten des Liebens nähert: Giovanni Frazetto: Nähe. Wie wir lieben und begehren, München 2018.

8 Aristoteles, Über die Seele, in: ders.: Philosophische Schriften in sechs Bänden, Band 6, Hamburg 1995. Der Philosoph Jacques Derrida hat diese aristotelischen Anfänge des Tastens in seinem Werk «On touching» eingehend gewürdigt: ders.: On Touching – Jean Luc Nancy, Stanford 2005, S. 17 ff.

9 Im zweiten Teil seines Buchs widmet sich Grunwald den Beschädigungen des Tastsinns und ihren verheerenden Folgen.

10 Grunwald: Homo Hapticus, S. 47.

11 Ebd., S. 159.

12 Ebd., S. 63.

13 Ebd., S. 157 bzw. 159 und 163.

14 Oxytocin ist ein Stoff, der unter anderem über angenehmen Hautkontakt ausgeschüttet wird, er baut Angst ab. Sein Gegenpart ist das Stress-Hormon Cortisol, das Angst anzeigt. Die natürliche Geburt und das Stillen sind seit langem als Oxytocinausschüttungsquellen bekannt. Das Hormon stärkt Vertrauen und Bindung. Weniger bekannt ist, dass nur, wenn Frauen sich bei der Geburt sicher fühlen, das Hormon ausgesendet wird. Die hormonelle Wohltat ist also nicht pure Natur, sondern ebenso sozial beeinflusst wie alles andere menschliche Geschehen.

15 Interessanterweise gehen die Bemühungen der Intimchirurgie gegenwärtig dahin, den Körper den Smartphone-Oberflächen anzugleichen, indem sie ihn glatter und straffer machen und ihn von allen Unebenheiten befreien. Das zeigt die Studie von Anna-Katharina Meßmer:

Überschüssiges Gewebe. Intimchirurgie zwischen Ästhetisierung und Medikalisierung, Berlin/Heidelberg 2017.

16 Grunwald: Homo Hapticus, S. 242 ff.

17 In der ZEIT vom 22.2.2018 hat Eva Wolfangel den Forschungsstand in ihrem Text «Zurück zum Spüren» dargestellt, der sich der Simulation von Echtheit durch künstliche Ersatzgefühle widmet. Dass der Leipziger Homo Hapticus Martin Grunwald dieser Robotik-Forschung skeptisch gegenübersteht, überrascht nicht.

18 Es gehört zu den Topoi der Geschichte des Tastsinns, dass betont wird, was er im Gegensatz zu seinem großen Konkurrenten, dem Sehen, zu leisten vermag: Sylvie Consoli berichtet gleich zu Beginn ihres Buchs «La tendresse» eindrucksvoll von dem inneren Mediziner Fred Siguier, der erblindete, fortan nur durch Worte und Berührungen seinen Beruf ausübte und treffende Diagnosen stellte, S. 11 ff.

19 Auf Gewalt und ihre exzessive Form, die Folter, gehe ich unten ein, siehe Kapitel 2.1 und Kapitel 4.4.

20 Sherry Turkle: Alone Together: Why We Expect More from Technology and Less from Each Other, New York 2011, S. 1.

21 Auch Sylvie Consoli konzentriert sich in «La tendresse» auf die wohltuende Berührung der Haut.

22 Die Formulierung, dass die Haut mit ihren messbaren Widerständen die Wahrheit darüber sagt, wie sie Berührung empfindet, leihe ich mir bei der Pariser Dermatologin und Psychoanalytikerin Sylvie Consoli: La Tendresse, S. 35.

23 Skin hunger, so heißt der geläufige Fachbegriff, siehe etwa Suzanne Degges-White: Skin Hunger. Why you need to feed your hunger for contact, in: Psychology Today, 7.1.2015.

24 Margarete Moulin: Millionen verweigern sich Berührungen, in: taz, 30.4./1.5.2016.

25 Zitiert nach ebd.

26 DIE ZEIT, 16.4.2016.

27 DIE ZEIT, 24.5.2016.

28 In diesem Sinne gilt das Fingerspitzengefühl einer Mutter offenbar als unschlagbar: Eine Creme namens Cica wirbt im Winter 2018 mit dem Slogan «So heilsam wie die Berührung einer Mutter», und sie zeigt im Bild die Fingerspitze einer Mutter, die die Nase des Kindes berührt.

29 Tobias Haberl: Anfassen, Berühren, Streicheln, in: Süddeutsche Zeitung, 17.10.2008.

30 Die Dermatologin Sylvie Consoli versteht den Boom der Massageangebote als Ausdruck einer von Menschen heute gewünschten und absichtsvoll herbeigeführten Überlagerung des Sexuellen durch eine Zärtlich-

keit, die sich kontrolliert verstetigen lässt. Consoli: «La Tendresse», S. 138.

31 Vor etwa 14 Jahren kamen in der Single-Stadt New York die ersten Kuschelpartys zustande, die Fremden die Gelegenheit, körperliche Wärme ohne sexuelle Absichten zu tanken, geben sollten. Weil dieses Phänomen schon so relativ alt ist, widme ich ihm hier keinen eigenen Abschnitt. Im ZEIT-Magazin vom 1.2.2017 wurde eine Kuschelparty-Landkarte abgebildet, die für das Jahr 2016 dokumentiert, wo die 52 Orte liegen, in denen Kuschelpartys organisiert werden: Sie liegen vor allem in Westdeutschland. Wer mehr sucht: www.alle-kuschelpartys.de.

32 Grunwald: Homo Hapticus, S. 155.

33 Meine Kollegin Caterina Lobenstein, die 2016 auf den Flüchtlingsrettungsschiffen im Mittelmeer zugegen war, erzählt, wie die professionellen Rettungskräfte zumeist Handschuhe tragen – jedoch streifen viele von ihnen, wenn es darum geht, einen Menschen aus dem Wasser zu ziehen, nach Lobensteins Beobachtungen die Handschuhe intuitiv ab: als wüssten sie auf einmal, dass die Hand eines Notleidenden eine Hand greifen will und nicht Handschuhe.

34 Consoli: La tendresse, S. 114 f. Unabhängig von den Spezifika der empfindsamen Moderne, um die es mir hier geht, sind Hand und Fuß für den Menschen generell sensible Besonderheiten: die Landkarten, die in der Neurowissenschaft heute von der Repräsentation des Körpers im Gehirn gezeichnet werden, zeigen, dass der Mensch auf diesen Karten sehr lange Finger und sehr große Füße hat, hingegen einen kleinen Rumpf und kurze Arme und Beine. Was an den Extremitäten geschieht, ist für das Gehirn wegweisend und umgekehrt. Nicht nur die Hände und die Finger, sondern auch die Füße und die Zehen wären hier eine eigene Betrachtung wert. Auch sie verkörpern den Tastsinn als Organ des Weltbezugs. Allerdings ist es kein Zufall, dass ich den Füßen dennoch kein eigenes Kapitel einräume, denn mir liegt ja daran, die gegenwärtige Spezifik des Berührens anderer Menschen in den Blick zu nehmen. Und die erfolgt nun mal doch deutlich seltener mit den Füßen als mit den Händen und ihren Fingern. Die Füße bekommen daher nur diese Fußnote. In Kapitel 4.3 wende ich mich ihnen noch einmal zu, wenn es darum geht zu sagen, was Schmerz ist, s. u., S. 134 ff.

35 Duden, Stichwort «Fingerspitzengefühl».

36 Siehe Kapitel 2, S. 51 ff.

37 Dazu Lynn Hunt, Inventing human rights, New York/London 2007, S. 211 f. Neuerdings hat Andrea Sangiovanni in seinem Buch «Humanity without dignity» der Grausamkeit eine besondere Aufmerksamkeit gewidmet: In ihr zeige sich das in der Moderne schlechthin moralisch In-

akzeptable, nämlich die Verletzbarkeit des unterlegenen Menschen auszunutzen.

38 Auch Derrida hebt in «On touching» hervor, wie Kant in der Hand und ihrem Fingerspitzengefühl das Menschliche sieht, a.a.O., S. 42: «Wenn es die Natur ist, die uns mit der Hand ausgestattet hat, dann hat sie sie nur den Menschen gegeben; und indem sie so menschliche Wesen geschaffen hat, hat sie es ihnen erlaubt, sich selbst zu erschaffen, im Besonderen durch objektives Wissen» (Aus dem Engl. übers. von mir, EvT).

39 Barbara: Es war einmal ein schwarzes Klavier. Unvollendete Memoiren, Göttingen 2017, S. 129.

40 Helmuth Plessner: Grenzen der Gemeinschaft, Eine Kritik des sozialen Radikalismus, Frankfurt a. M. 2002 (zuerst 1924), S. 107.

41 Ebd.

42 In einer Rezension des Buchs habe ich diese Gedanken in einer ersten Fassung ausgeführt, Elisabeth von Thadden: Fingerspitze ohne Gefühl, in: DIE ZEIT, 11.1.2018.

43 Philipp Sarasin hat diesem Zusammenhang der amerikanischen Bedrohtheitsangst ein überzeugendes Buch gewidmet: Anthrax. Bioterror als Phantasma, Frankfurt a. M. 2004.

44 Wie vielschichtig das Bild der verletzten Fingerkuppe ist, ließe sich auch daran noch zeigen, dass in der biometrischen Aktualität der USA ein Mensch ohne Fingerabdruck als Staatsbürger inexistent ist.

45 John Green: Schlaft gut, Ihr fiesen Gedanken, S. 191.

46 Ebd., S. 251.

47 Andreas Bernard stellt in seinem Buch «Kinder machen» dieses genuin moderne Zeugungswissen dar. Ders.: Kinder machen. Neue Reproduktionstechnologien und die Ordnung der Familie, Frankfurt a. M. 2014, S. 27–77.

48 Hier und im Folgenden ist mein Blick auf die westlichen Gesellschaften der Gegenwart beschränkt. Dabei wirkt natürlich auch hier das Netz mit seinen Sexualitäten räumlich entgrenzend. Und nicht nur hier, wie Katharina Kakar in ihrem Buch «Frauen in Indien» (München 2014) im Kapitel über weibliche Sexualität gründlich belegt, und ich zitiere sie hier stellvertretend für die neuartigen Entwicklungen im Multiversum des digitalen Spätkapitalismus, der alle herkömmlichen Grenzen einreißt: Das Netz dient heute jungen indischen Frauen als Quelle der Aufklärung, digitale Pornografie ist geläufig. Katharina Kakar zeichnet die Situation wunderbar am Beispiel eines digitalen Comic-Pornos, der den sexuellen Hunger einer gelangweilten Gujarati-Hausfrau karikiert, K. Kakar: Frauen in Indien, S. 32 ff.

49 Volkmar Sigusch: Das Sex ABC. Notizen eines Sexualforschers, Frankfurt a. M. 2016, S. 57.
50 Volkmar Sigusch: Sexualitäten. Eine kritische Theorie in 99 Fragmenten, Frankfurt a. M. 2013, S. 566.
51 Ebd., S. 340 ff.
52 Als Standardwerk zur kapitalistischen Marktförmigkeit des modernen Begehrens kann unverändert Eva Illouz' Buch «Der Konsum der Romantik. Liebe und die kulturellen Widersprüche des Kapitalismus» gelten (Frankfurt a. M. 2005). Illouz hat allerdings noch nicht den von Sigusch diagnostizierten Selbstbezug des Begehrens im Blick, sondern das einander begehrende Paar.
53 Sigusch: Sex ABC, S. 180 ff.
54 Sigusch: Sexualitäten, S. 459 ff.
55 Süddeutsche Zeitung, 27.7.2017.
56 Sigusch: Sexualitäten, S. 567.
57 Dies betont ebenfalls Sigusch: Sex ABC, S. 28.
58 Sigusch: Sexualitäten, S. 565.
59 Siehe dazu eingehend mein Kapitel 2, S. 51 ff.
60 Stellvertretend sollen hier zumindest diese Beispiele Yuval Noah Hararis für die Extreme vormoderner Körperrealität genannt sein: In Frankreich verhungerten zwischen 1692 und 1694 rund 2 Millionen Menschen, 15 Prozent der Bevölkerung. 1695 tötete der Hunger in Estland ein Fünftel der Bevölkerung, in Finnland starben 1696 mehr als ein Viertel der Menschen am Hunger. Siehe Yuval Noah Harari: Homo Deus, München 2017, S. 12 ff.
61 Sigusch: Sex ABC, S. 139.
62 Dazu siehe unten in diesem Kapitel, S. 47 ff.
63 Eva Illouz hat diesem Zwang, sich selbst einzigartig finden zu müssen und einzigartig für einen anderen zu sein, einen viel beachteten Abgesang gewidmet: Warum Liebe weh tut. Eine soziologische Erklärung. Aus dem Engl. von Michael Adrian, Berlin 2012.
64 Sigusch: Sex ABC, S. 135.
65 Meisterhaft tragikomisch illustriert diese gemischte Lage der Film «Einsamkeit und Sex und Mitleid» von Lars Montag und Helmut Krausser, 2017.
66 Briefwechsel mit Martin Grunwald vom Dezember 2017, nach dem Gespräch in Leipzig, Abdruck autorisiert.
67 Grunwald: Homo Hapticus. S. 245.
68 Den Abdruck dieses Gesprächs hat Birthe Harlstad autorisiert.
69 Consoli: La Tendresse, S. 261 ff. und Grunwald: Homo Hapticus, S. 163 ff.
70 Das Wort entleihe ich dem Psychiater Klaus Dörner, der es in seinem

jüngsten Buch für die neuen Milieus von Bürgersolidarität unter Nichtverwandten eingeführt hat: ders.: Helfensbedürftig. Heimfrei ins Dienstleistungsjahrhundert, Neumünster 2012.

71 Vgl. Elisabeth von Thadden: Wo helfen hilft, in: DIE ZEIT, 19.4.2012. Gegenwärtig hat der Gerontologe Andreas Kruse sowohl in der Forschung wie politikberatend viel dafür getan, aus der besonderen Verletzlichkeit des Alters die gesamtgesellschaftliche Aufgabe herzuleiten, dass alte Menschen nicht einfach als Pflegefälle angesehen werden dürfen. Kruse betont die besondere Affizierbarkeit und Responsivität hochbetagter Menschen, vgl. ders.: Lebensphase hohes Alter. Verletzlichkeit und Reife, Berlin/Heidelberg 2017.

72 Kinderlose Alleinstehende und kinderlose Paare erzeugen einen anderen Pflegebedarf als Elternpaare: Allein zwischen 1999 und 2014 ist die Zahl der Ehepaare ohne Kinder von 9,5 Millionen auf 9,7 Millionen gestiegen, die Zahl der Paare mit Kindern von 10 Millionen auf 7,8 Millionen gesunken. Sechster Pflegebericht der Bundesregierung, Dezember 2016, S. 22.

73 Ebd., S. 19.

74 Ebd., S. 19 ff.

75 Statistisches Bundesamt 2016.

76 Siehe etwa Klaus Dörner, a. a. O.

77 Dazu die aktuellen Zahlen des jüngsten Pflegeberichts der Bundesregierung 2016, S. 22: 93 Prozent der Pflegebedürftigen werden in privaten Haushalten durch Angehörige betreut. Der Geschlechter-Unterschied ist erheblich: ein Viertel der zu Hause Pflegenden sind Männer, drei Viertel hingegen Frauen.

78 Siebter Altersbericht der Bundesregierung 2016, S. 185.

79 Zu diesem Lebensende siehe auch meinen Bericht über den letzten Besuch bei dem alten Paar und den Nachruf: Luft und Liebe, in: DIE ZEIT, 22.9.2007 und Über den Tod hinaus, in: DIE ZEIT, 28.9.2007.

80 Ein weiteres aktuelles, wenngleich ästhetisch weniger spektakuläres Beispiel ist der Film «Das Leuchten der Erinnerung» mit Helen Mirren und Donald Sutherland, der Anfang 2018 zum besonders familiengefühlsbeladenen Jahreswechsel in die Kinos kam: Er zeigt ein altes Paar, das mit Demenz und der Vergänglichkeit des Erinnerns ringt.

81 Zu diesem Film und seinen Protagonisten siehe auch Elisabeth von Thadden, Gespräch mit Philippe Bozzo di Borgo «Wir sind Brüder» und «Wo Helfen hilft», in: DIE ZEIT, 29.11.2012 bzw. DIE ZEIT, 19.4.2012.

82 So lauten die Zahlen des aktuellen Pflegeberichts der Bundesregierung.

83 Caterina Lobenstein: Warum verdient Frau Noe nicht mehr?, in: DIE

ZEIT, 7.12.2017. All diese mehrheitlich weiblichen Tätigkeiten haben junge Männer in ihrem Zivildienst über Jahrzehnte eingeübt: Zweifellos hat auch diese Veränderung sozialer Üblichkeiten zur Sensibilisierung der Gesellschaft für den verletzbaren Menschen beigetragen. Es wäre daher politisch zu bedenken, ob nicht eine pflegende Tätigkeit für ein paar Jahre im Laufe einer Biografie erbracht worden sein sollte, wenn für einen Bürger ein Rentenanspruch entstehen soll.

84 Martin Buber: Begegnung. Autobiografische Fragmente, Heidelberg 1978, S. 90.

2. Kapitel
Recht: Was die Moderne sich vom Leibe hält

1 Mit der Schilderung dieser Szene einer öffentlichen Folter und Hinrichtung beginnt Michel Foucault sein Buch «Überwachen und Strafen» (dt. von W. Seitter, Frankfurt a. M. 1977, S. 9 f.). Ich gebe sie hier einfach wieder, denn sie illustriert wie kaum eine andere Szene, welche Zäsur die Mitte des 18. Jahrhunderts bedeutet. Foucault macht deutlich, wie sich seither der Zugriff auf den Körper wandelt: Auf die Folter, den Kerker, die Streckbank folgen in der Disziplinargesellschaft der Moderne die Kaserne, das Fließband, die Schulbank (und eines Tages, nämlich heute, auch der Selbst-Zwang im digitalen Self-Tracking und der Schönheits-Operation, s. u., Kapitel 4, S. 121 ff.). Lässt sich in einem Kapitel über das Recht des modernen Körpers das Werk Michel Foucaults in eine Fußnote auslagern? Nein, mit Sicherheit nicht. Dennoch tue ich es hier, um des Gedankenflusses willen. Foucaults machttheoretischer Blick legt frei, wie die Institutionen der Moderne den Körper in ihre Ordnungen fügen. Er untersucht die Macht als großes Subjekt der Geschichte, die Menschen zu ihren Objekten macht. Mein Blick richtet sich auf etwas anderes: Mich interessiert das Wechselverhältnis zwischen den Subjekten und der Welt, zwischen Idee und Praxis, Hoffnung und Realität, Erfahrung und Idee, Macht und Machtkritik, die einander hervorbringen, an jedem Ort der Welt und zu jedem Zeitpunkt je etwas anders.

2 J. J. Rousseau: Diskurs über die Ungleichheit. Kritische Ausgabe des integralen Textes von Heinrich Meier, 3. Aufl., Paderborn 1993, S. 141.

3 Ebd., S. 59.

4 Immanuel Kant: Idee zu einer allgemeinen Geschichte in weltbürgerlicher Absicht, in: Werkausgabe Band XI, hg. von W. Weischedel, Frankfurt a. M. 1977, S. 42.

5 Zwar sind der Rechtscharakter und die Universalität die Merkmale, die in dieser Zeit genuin neu sind. Aber auch sie haben Vorgänger, wie die *Habeas-Corpus*-Akte von 1679, die bereits ein Recht auf Recht, also auf Freiheit von königlich-willkürlicher Verhaftung, festgeschrieben hatte.

6 Den klaffenden Spalt zwischen Idee und Wirklichkeit hat kaum jemand so eindrucksvoll zu schließen versucht wie der Genfer Geschäftsmann Henri Dunant, den es zufällig am Abend des 24. Juni 1859 auf das Schlachtfeld von Solferino verschlug, wo 30 000 Verstümmelte, Schreiende, Sterbende unversorgt lagen. Dunant schrieb auf, was er sah: «Dort liegt ein völlig entstellter Soldat, dessen Zunge aus dem zerschmetterten Kiefer hängt. Ich benetze seine vertrockneten Lippen und seine verdorrte Zunge. Einem anderen Unglücklichen ist durch einen Säbelhieb ein Teil des Gesichts fortgerissen worden. Nase, Lippen und Kinn sind von dem übrigen Teil des Kopfes getrennt.» Dunant veranlasste, dass diese Leidenden versorgt wurden. Die Frauen von Castiglione kümmerten sich um sie im Namen des genuin modernen Ideals der Geschwisterlichkeit: «Sie sind doch alle Brüder.» Aus dieser Erfahrung, dem unerträglichen Leiden eines anderen Menschen nicht untätig zusehen zu können, entstand das Rote Kreuz.

7 Um nur ein aktuelles, verdrängtes Beispiel zu nennen: Der Schriftsteller Pankaj Mishra hat jüngst zum 100. Jahrestag von 1918 in seinem Essay «Wilde, Räuber, Lumpen» daran erinnert, dass im Ersten Weltkrieg Heerscharen von Indern, Nepalesen, Senegalesen, Marokkanern, Chinesen und Vietnamesen als Soldaten aus den Kolonien in die Armeen ihrer Kolonialmächte eingezogen wurden, um – auf weit entfernten Schlachtfeldern – für die Briten, Franzosen oder Italiener zu kämpfen und in europäischen Schützengräben zu sterben. Lettre International, Nr. 120, März 2018.

8 Das Werk des Historikers Reinhart Koselleck stellt diese Begrifflichkeit für das Verständnis der Moderne zur Verfügung, und es erscheint gerade angesichts der menschenrechtlichen Aporien aktueller denn je (ders.: Vergangene Zukunft. Zur Semantik geschichtlicher Zeiten, Frankfurt a. M. 1979). Das Buch von Stefan Ludwig Hoffmann «Geschichte der Menschenrechte. Ein Rückblick» (es erscheint im Spätherbst 2018), führt diesen Gedanken aus.

9 Hans Joas hat an Beispielen wie diesen ebenso die Aporien wie den Geltungsanspruch der Menschenrechte verdichtet auf den Punkt gebracht: ders.: Sind die Menschenrechte westlich?, München 2015, dort S. 26 f. Mit diesem Buch antwortet Joas auch auf die Kritiker seines Werks «Die Sakralität der Person» (Berlin 2015), in dem er darlegt, wie in der Epoche der Aufklärung zunehmend – und unter Einwirkung auch der

Religion – jeder Mensch als etwas Heiliges verstanden wird, an das man nicht rühren soll.

10 Diesen Weg skizziert Bernd Ladwig: Zwei Wege der Begründung von Menschenrechten, in: Die Unversehrtheit des Körpers, hg. von Sibylle van der Walt und Chr. Menke, Frankfurt a. M./New York 2007, S. 187–214; siehe auch unten in diesem Kapitel S. 61 ff. Steven Pinkers Diagnose, dass weltweit die Gewalt zurückgehe, ist aus guten Gründen umstritten: siehe dazu Eva Illouz: Gezähmte Barbaren, in: DIE ZEIT, 22.12. 2011. Unumstritten aber ist die Feststellung, dass zu den eigentümlichen Grundmerkmalen der Moderne die Idee gehört, dass einer immer wachsenden Zahl von Lebewesen immer weniger Schmerzen zugefügt werden sollen.

11 Hans Joas belegt diese breite Fundierung der Menschenrechte in verschiedenen Denktraditionen und durch nicht-westliche Akteure, ders.: Sind die Menschenrechte westlich?, S. 74 f. Hierzu ausführlich und maßgeblich Jan Eckel: Die Ambivalenz des Guten, Menschenrechte in der internationalen Politik seit den 1940ern, Göttingen 2014, dort vor allem der erste Teil, S. 47–343.

12 Von den algerischen Verhören berichtet Joas: Sind die Menschenrechte westlich?, S. 64. Guantánamo hat auch wissenschaftlich eine Neubefassung mit dem Skandal der Folter im Herzen der westlichen Moderne hervorgerufen, etwa im Sammelband von Menke und van der Walt: Die Unversehrtheit des Körpers.

13 Martin Greschat: Die Zusammenbruchsgesellschaft, in: Ellen Ueberschär (Hg.): Deutscher Evangelischer Kirchentag. Wurzeln und Anfänge, Gütersloh 2017, S. 19–51.

14 Ebd., S. 37.

15 In diesem Sachverhalt liegt einer der wesentlichen Unterschiede zur Verfassung der DDR, die am 7. Oktober 1949 verabschiedet wurde. Das Grundgesetz hält primär die Abwehrrechte gegenüber dem Staat fest sowie dessen Bindung daran, die Verfassung in Gesetzen, Verwaltungen etc. umzusetzen.

16 GG, Artikel 2, Absatz 2, S. 1. Zitiert nach Grundgesetz für die Bundesrepublik Deutschland, hg. von der Bundeszentrale für politische Bildung, Bonn 2010.

17 Volker Epping: Grundrechte, 4. Aufl., Heidelberg 2010, S. 44.

18 Ebd.

19 GG, Art. 1, Abs. 3.

20 GG, Art. 1, Abs. 1 bzw. Art. 1, Abs. 2 bzw. Art. 2, Abs. 2, S. 2.

21 Es ist nicht möglich, hier im Einzelnen nachzuvollziehen, in welchen Traditionen diese UN-Charta-Paragrafen stehen. Sie haben ihre Vorge-

schichte, der Schutz vor willkürlicher Verhaftung beispielweise hat eine Tradition in der *Habeas-Corpus*-Akte von 1679. Die UN-Charta zitiere ich nach ihrer Online-Ausgabe: www.menschenrechtserklaerung.de.

22 So lautet die überall einschlägig zitierte deutsche Formulierung. Ich zitiere sie hier zusätzlich nach der auf der Ursprungsübersetzung beruhenden Münchner Ausgabe: «... sie leidet das Unrecht anderer mit Geduld .... Die Frau ist dazu geschaffen, dem Mann nachzugeben und sogar seine Ungerechtigkeit zu ertragen.» In: J. J. Rousseau: Emile, 5. Buch, Sophie oder die Frau. Nach der deutschen Erstübersetzung von 1762 überarbeitet von S. Schmitz, München 1979, S. 522.

23 Jan Eckel: Die Ambivalenz des Guten. Menschenrechte in der internationalen Politik seit den 1940ern, Göttingen 2014, S. 809.

24 Zur Frage der Einklagbarkeit und der Diskrepanz zwischen rechtlichem Anspruch und politischer Wirklichkeit siehe maßgeblich Armin von Bogdandy, Ingo Venzke: In wessen Namen? Internationale Gerichte in Zeiten globalen Regierens, Berlin 2014, dort besonders S. 85–96.

25 Stefan Ludwig Hoffmann: Rückblick auf die Menschenrechte, in: Merkur, 71. Jg., Jan. 2017, Nr. 812, S. 5–20 und Didier Fassin: Das Leben. Eine kritische Gebrauchsanweisung, Berlin 2017. Hoffmann diagnostiziert ähnlich wie Fassin eine Entpolitisierung: «Auch Frauen finden in Asylverfahren eher Anerkennung, wenn sie sich als traumatisierte Körper präsentieren und nicht als politische Rechtssubjekte», ebd., S. 17.

26 Es ist nicht polemisch festzustellen, dass die UN-Menschenrechte für westliche Staaten auch nur eingeschränkt galten, namentlich in deren Kolonien nicht.

27 Hoffmann: Rückblick, S. 17.

28 Fassin: Das Leben, S. 103.

29 An dieser Stelle hätte ein Exkurs zur Sklaverei seinen Platz: Denn die Sklaverei florierte in der Aufklärungsepoche. Sie beruhte auf einer Wirtschaftsform, in der Sklaverei auch im Sinne grausamster Körperzüchtigungen noch eine wichtige Rolle spielte. Ich verweise dafür noch einmal auf Hans Joas, der diesem Sachverhalt ein eigenes Kapitel gewidmet hat, in: ders: Sind die Menschenrechte westlich?, S. 37 ff.

30 Lynn Hunt: Inventing Human rights. A history, New York/London 2007, S. 35–70.

31 Der britische Philosoph Andrea Sangiovanni macht in seinem Buch «Humanity without dignity» (London 2017) mit guten Gründen geltend, dass dieser Konsens gegenwärtig weltweit kaum angefochten ist: «There is now almost universal commitment to the idea that we are moral equals. Human beings, it is said, have an equal and inviolable dignity or worth that limits what any agent may do to them.» Ebd., S. 72.

32 Hunt führt als Grund hierfür an, dass die Wohnverhältnisse sich in den meinungsbildenden Schichten wandelten: Man hatte räumlich mehr Abstand zueinander, musste sein Bett nicht mehr teilen, die eigenen Körpergrenzen und die des anderen wurden wahrnehmbarer (Inventing Human Rights, S. 82). Hunt schließt hier an die Argumente von Norbert Elias an. Ich folge ihr insoweit, als die These für die Pariser Eliten ihre Gültigkeit hat. Für die Bevölkerung jenseits der Oberschicht aber gilt dieses Argument nicht.

33 Um zumindest einen weiteren Faden in der Textur der Empathiegeschichte zu benennen: In der Ausprägung des Mitgefühls spielt auch die schottische Moralphilosophie eine erhebliche Rolle, namentlich Adam Smith' «Theory of moral sentiments» von 1759.

34 Kein Zweifel, die Geschichte des Mitgefühls beginnt nicht in der Moderne, sie hat eine Grundlage in der Natur, und nicht nur in der menschlichen. Doch die Tiefe der Empfindung ist um 1750 neu. Charles Taylor betont in seinem Werk «Die Quellen des Selbst», dass mit der Ausbildung der Innerlichkeit des modernen Selbst die Tiefe des Mitgefühls historisch eine neue Qualität bekommt (ebd., S. 18). Auch Taylor hält die Bedeutung, die in der Moderne der Vermeidung des Leidens beigemessen wird, für bis dahin unbekannt (ebd., S. 32). Ebenso wichtig wie die historische Neuerung allerdings ist es Taylor festzuhalten, was auch Hunt betont: dass Empathie als solche in jeder Gesellschaft zu jeder Zeit geübt wurde. Es sind die innerliche Intensität und die rechtsförmig gedachte universelle Geltung, die in den Ideen und Empfindungen der Moderne neu sind.

35 Michael Ignatieff: Politik der Menschenrechte, Hamburg 2002.

36 Encyclopédie, Band 5 (1751), Artikel «Douleur».

37 Friedrich-Wilhelm Kantzenbach: Herder, Reinbek b. Hamburg 1970, S. 51 f.

38 Zum historischen Zusammenhang: Gerhard Kaiser: Aufklärung, Empfindsamkeit, Sturm und Drang, 6. Auflage, Stuttgart 2007.

39 Hunt: Inventing Human Rights, S. 138 ff.

40 Heinrich Popitz: Phänomene der Macht, 2. Aufl., Tübingen 1992, S. 15; dazu eingehend: Michaela Christ: Auf Entdeckungsreise – Heinrich Popitz' «Phänomene der Macht», in: Soziale Passagen. Journal für Empirie und Theorie sozialer Arbeit 2/2010, S. 251–254. Michaela Christ verdanke ich den Hinweis auf die Bedeutung von Popitz' Denken für dieses Buch.

41 Popitz, S. 15.

42 Ebd., S. 25.

43 Gesa Lindemann hat unter Bezug auf Popitz die Gewalt und die Verletzbarkeit neuerdings zum Gegenstand der Soziologie gemacht: dies.: Welt-

zugänge: Die mehrdimensionale Ordnung des Sozialen, Weilerswist 2014, S. 245–291.

44 Popitz, S. 25.

45 Bernd Ladwig: Zwei Wege der Begründung von Menschenrechten, in: van der Walt/Menke, Die Unversehrtheit des Körpers, S. 187–214.

46 Popitz, S. 17.

47 Ladwig, a. a. O., S. 212.

48 Johann Wolfgang von Goethe: Gedichte und Epen, in: Werke, Hamburger Ausgabe, Band 1, hg. von Erich Trunz, München 1982, S. 27 und Anmerkung S. 460.

49 Epping: Grundrechte, S. 44.

50 Unübertroffen in der Darstellung dieses unvermeidlichen Schmerzes: Illouz: Warum Liebe weh tut.

51 Der Sadismus, den das 18. Jahrhundert fast gleichzeitig mit dem Mitgefühl und der wechselseitigen Liebe entdeckt, steht nicht im Widerspruch zum hier Ausgeführten. Vielmehr, das hat Lynn Hunt glänzend gezeigt, bedeutet er ein zweites Gleis der modernen Geschichte: auch Quälerei, Gewalt, Grausamkeit sind seit 1750 Gegenstand des modernen Denkens. Denn auch in ihnen kann man spüren, dass man selbst handelt, also mächtig ist.

52 Charles Taylor betont dies im Kapitel «Innerlichkeit» seines Werks «Quellen des Selbst», S. 207–354.

53 Encyclopédie, Band 8 (1765), Art. «Jouissance». Übrigens ist die Idee erfüllender Liebe keineswegs nur eine Utopie Diderots. Peter Gay hat in einem schönen und üppigen Buch dargestellt, wie das bürgerliche 19. Jahrhundert geliebt hat, durchaus wechselseitig, auch in der Ehe. Mir geht es in diesem Abschnitt «Liebe muss nicht weh tun» darum, die Vermeidbarkeit von körperlichem Leid zu betonen, nachdem es historisch zuvor als unvermeidlich galt. Dass viele Menschen freiwillig nach Lusterfahrungen im Schmerz suchen und auch an Gewalt etwas Lustvolles finden können, steht auf einem anderen Blatt.

54 Martha Nussbaum hat diese Revolution in ihrem Buch «Political emotions. Why love matters for justice» (Cambridge, Massachusetts 2013) eingehend gewürdigt. Sie stellt den Zusammenhang von Herders, Rousseaus und Mozarts Gleichheitsdenken her, in dem Geschwisterlichkeit und moderne Liebe die alten Machtverhältnisse überwinden. Allerdings sieht und hört Nussbaum diese moderne Gefühlslage entschieden in den weiblichen Parts, während das Statusgerangel in den männlichen weitergeht.

55 Ebenso bestimmt auch Volkmar Sigusch den Kern des kurzen modernen Liebesgeschehens, s. o., Kap. 1., S. 36 ff.

56 Popitz: Phänomene, S. 16.

57 Martha Nussbaum: Creating capabilities, The human development approach, Cambridge MA 2011, S. 33 ff. Nussbaums Agenda beginnt mit dem Körper und dessen Unversehrtheit, aber sie zieht das Panorama des Menschlichen weit auf: Politik und Recht sollen sowohl Teilhabe wie Bildung und Eigentumserwerb ermöglichen. Mir ist hier wichtig, dass Nussbaum am Körper ansetzt, und deshalb rückt sie hier ins Zentrum der Argumentation.

58 Nach meiner Auffassung unübertroffen als Darstellung weiblichen Lebens in Indien ist die Studie von Katharina Kakar: Frauen in Indien, München 2015. Kakar berichtet unter anderem, dass nach Schätzungen der Weltgesundheitsbehörde weltweit zwischen 29 und 62 Prozent aller Frauen Gewalt in der Familie erfahren, in Indien sind es je nach Region des riesigen Landes bis zu 59 Prozent. Im Gespräch fokussierte Katharina Kakar die Situation indischer Frauen wie folgt: «Untersuchungen zur Sexualität armer, niedrigkastiger Frauen zeigen, dass fast alle von ihnen Sex als schmerzhaft und unangenehm empfinden. Geschlechtsverkehr wird von diesen Frauen als ‹Arbeit› bezeichnet. Nicht umsonst verlagern Frauen ihre Gefühle vom Mann auf den Sohn. Die Diskriminierung hat ihren erschreckendsten Ausdruck im Mord an weiblichen Säuglingen. Gemeinsam mit der Unberührbarkeit ist dies der schlimmste Schandfleck der indischen Gesellschaft. Die Sterblichkeit unter Mädchen ist höher als die unter Jungen, die weiblichen Säuglinge werden kürzer und seltener gestillt als ihre Brüder, Mädchen haben immer noch weniger Zugang zu Bildung und Gesundheit. Deshalb sind Mittelschichtsfrauen (...) Motoren der gesellschaftlichen Veränderung. Sie kämpfen für Frauenrechte, ja. Aber es hat sich in Studien auch gezeigt, dass das subjektive Gefühl der Diskriminierung nicht so ausgeprägt ist wie das tatsächliche Elend. Wiederum ist es die Familie, die Benachteiligung oft durch Wertschätzung zu kompensieren vermag.» In: Das Andere sehen lernen. Elisabeth von Thadden im Gespräch mit Katharina und Sudhir Kakar, in: DIE ZEIT, 31.8.2006. Katharina Kakar macht in ihrem Buch auch deutlich, dass die Gewalt gegen Frauen keineswegs nur von Ehemännern ausgeübt wird, sondern auch von Schwiegermüttern und anderen Frauen der Schwiegerfamilie, in: dies.: Frauen in Indien, S. 88 ff.

59 Nussbaum: Creating Capabilities, S. 33.

60 Ebd., S. 33 ff.

61 Gewiss haben Charles Dickens mit seinem «Oliver Twist» oder Gottfried Keller mit der Geschichte vom armen Merethlein bereits klassische Werke über das Leiden von Kindern geschrieben. Doch spezifisch die se-

xuelle und sadistische Seite des Leids scheint mir erst in jüngster Zeit enttabuisiert zu sein.

62 Der Kriminologe Christian Pfeiffer weist darauf hin, dass dieser Zusammenhang heute erkennbar ist. Die Gewalt gegenüber Kindern hat in Deutschland deutlich abgenommen. Gewalt zwischen Kindern und Jugendlichen desgleichen. Der sexuelle Missbrauch wird seltener (im Unterschied allerdings zu seiner digitalen Zurschaustellung), und er wird öfter angezeigt. Auch Selbsttötungen von Jugendlichen nehmen stark ab (zuletzt dazu: Roland Preuss/Ronen Steinke: Mehr Sensibilität, in: Süddeutsche Zeitung, 22.1.2018). Pfeiffer führt vor Augen, welche Erfolge die Einhegung von alltäglicher (also nicht staatlicher oder kriegerischer) Gewalt verzeichnen kann. Dazu gehört die Abnahme der Sexualmorde wie der Morde überhaupt. Pfeiffer führt diese Entwicklung direkt darauf zurück, dass die sadistisch-brutale Kindererziehung immer seltener wurde. Zuletzt im Sonderheft ZEITGeschichte zur Geschichte der Kriminalität «Mörder und Gendarm», Januar 2018, S. 106 ff. Dort macht Pfeiffer auch deutlich, wie groß die Diskrepanz zwischen Wahrnehmung und Wirklichkeit der Gewalt ist: Nur 5 bis 10 Prozent der Bevölkerung glauben, dass Morddelikte rückläufig sind. Das sind sie aber entschieden. Der Kriminologe Pfeiffer führt diese Fehlwahrnehmung auf den Einfluss der Gewalt in den Medien zurück.

63 Robert Seethaler: Ein ganzes Leben, Berlin 2014, S. 19.

64 Ebd.

65 Michael Hagner: Der Hauslehrer. Die Geschichte eines Kriminalfalls, Frankfurt a. M. 2010. Vgl. dazu ausführlich: Elisabeth von Thadden: Brutalste Aufklärung, in: DIE ZEIT, 30.9.2010.

66 Popitz: Phänomene, S. 15. Vgl. dazu oben, Kap. 2.3.

67 Wiederum ist es Katharina Kakars Studie zur Situation der Frauen in Indien, die hier besonders anschaulich die Diskrepanz belegt: Der rechtliche Schutz der indischen Frauen kann heute als ausgesprochen gut gelten. Kakar nennt ihn sogar «ausgezeichnet». Die soziale Wirklichkeit mangelnder Ächtung von Gewalt aber besteht des ungeachtet fort: Frauen in Indien, S. 94.

68 Der Spiegel, 27/1987.

69 Ich möchte diese allzu kurze Liste hier zumindest in einer Fußnote noch etwas verlängern, damit sichtbar wird, wie viel in der Bundesrepublik in kürzester Zeit erreicht wurde (wenngleich sie im Vergleich mit der DDR vielfach verspätet war): Seit 1969 ist Ehebruch nicht mehr strafbar. Mit der großen sozialliberalen Reform von 1973 ist der Kuppelei-Paragraf abgeschafft und die Verführung Minderjähriger unter 16 strafbar, die Mindeststrafe bei Vergewaltigung wurde verdoppelt. 1997 wurde die Straf-

barkeit von sexueller Nötigung ausgeweitet, und 2004 der Strafrahmen von sexuellem Missbrauch bei Schutzbefohlenen und Kindern deutlich erhöht. Um international aktuelle Beispiele zu ergänzen: Erst im Mai 2014 hat die Organisation *terre des femmes* 30 000 Unterschriften gegen die immer noch mögliche Straflosigkeit bei Vergewaltigung in «schutzloser Lage» zusammengetragen. Erst am 1.8.2014 ist die Istanbul-Konvention in Kraft getreten, jenes Übereinkommen des Europarats zur Verhütung und Bekämpfung von Gewalt gegen Frauen, das den Mitgliedsstaaten vorschreibt, sexuelle Gewalt zu bestrafen.

70 Zitiert nach Der Spiegel, 27/1987.

71 Volkmar Sigusch: Das Sex ABC, S. 109. Vier Jahrzehnte später waren dies nur noch 30 Prozent, immerhin.

72 Dieses Beispiel präsentiert Thomas Fischer in seiner ZEIT-online-Kolumne vom 5.12.2017.

73 Christian Pfeiffer: Wir spüren unsere Ängste. Gespräch mit Rebekka Habermas, in: ZEIT-Geschichte 1/2018, S. 106–111, dort S. 109.

74 Und wie unvergangen diese unfreiwillige Ehe- und Körperwirklichkeit heute noch in der deutschen Generationenfolge fortwirkt, wird deutlich, wenn man sich vergegenwärtigt: Die Frauen, die noch Mitte der sechziger Jahre in solchen ehelichen Pflichten der klaglosen Opferbereitschaft lebten, sind als Frauen, Mütter und Töchter zumindest dreierlei in einer Person: Sie sind, geboren etwa 1935, die Mütter der geburtenstarken Babyboomer-Generation, mithin derjenigen, die heute als gut Fünfzigjährige an den Schaltpositionen der Gesellschaften sitzen, nicht zuletzt, indem sie als Juristen das Recht auf körperliche Unversehrtheit verteidigen. Sie sind außerdem die Töchter von Eltern, die mit den Ratgebern des Nationalsozialismus in der Hand ihre Kinder in den dreißiger Jahren zu körperlicher Härte erzogen, jene Kinder, die dann vielfach die Erfahrung von Bombenkeller, Flucht und Hunger machten. Diese Frauen sind schließlich heute als über 80-jährige selbst im hohen Alter bedürftig, oft pflegebedürftig, und ohnehin auf Grund des Alters besonders verletzlich. Pflege bedeutet wieder Berührung: Sei es nur durch die Hilfe, die sie beim Füttern, bei der Körperhygiene, beim Windeln brauchen. Dass der Körper sich diese Geschichte merkt, dass er ein Gedächtnis hat, kann man in den aktuellen Veröffentlichungen von Thomas Fuchs oder bei Joachim Bauer nachlesen.

75 Polizeiliche Kriminalstatistik, BRD, Jahrbuch 2016, Band 2, Wiesbaden 2016, S. 10.

76 Die Dunkelziffer ist hoch: Johannes Wilhelm Rörig, der unabhängige Beauftragte der Bundesregierung, schätzt, dass etwa jeder achte heute Erwachsene sexuelle Gewalt erfahren hat. Er spricht von «Dimension ei-

ner Volkskrankeit». Zitiert nach Patrick Gensing, Die aktuellen Zahlen vom 28.1.2018, tagesschau de.

77 Als ein Beleg mag dienen, dass Institutionen wie ProAsyl die heute geltenden Formulierungen für geschlechtsspezifische Asylgründe für nicht hinreichend halten.

78 Ich gebe hier ein Gespräch mit Benslama in überarbeiteter und ergänzter Form wieder, das in der ZEIT vom 30.3.2017 gedruckt wurde.

79 Fethi Benslama: Der Übermuslim. Was junge Menschen zur Radikalisierung treibt. Aus dem Franz. von Monika Mager und Michel Schmid, Berlin 2016, S. 95 f.

80 Harriet Taylor und John Stuart Mill: Die Unterwerfung der Frauen. Aus dem Engl. v. Jenny Hirsch, in: John Stuart Mill: Ausgewählte Werke, hg. von Ulrike Ackermann, Band 1, Hamburg 2012, S. 439–561. Andreas Zielcke hat mich auf diesen Text im Zusammenhang der #Me-too-Debatte aufmerksam gemacht.

81 Darin ist er übrigens dem Seifenschaum auf dem Werbeplakat im Bahnhof Jena Paradies nicht unähnlich, von dem ich zu Beginn dieses Buchs berichtet habe.

82 Balzac: Die Frau von dreißig Jahren. Aus dem Franz. von Konrad Harrer, Stuttgart 1992, S. 42.

83 Ebd., S. 53.

84 Ebd., S. 39.

85 Ebd., S. 55.

86 Balzac: Die Physiologie der Ehe, Leipzig 1903, S. 150.

87 John Stuart Mill/Harriet Taylor: Die Unterwerfung der Frauen, S. 440.

88 Ebd., S. 452.

89 Ebd.

90 Erst am 6.2.1875 wird im deutschen «Gesetz über die Beurkundung des Personenstands und der Eheschließung» die Ehefreiheit eingeführt. Was der hartnäckige Versuch, trotz Armut und Illegalität ein Ehepaar zu sein, im Fabrikarbeitermilieu um 1860 heißen kann, lässt sich heute dank der Mikrostudien der Historikerin Carola Lipp zum Spinnereidorf Kuchen in Württemberg erzählen: Die Arbeiter blieben ledig, es gab keine Eheerlaubnis ohne Bürgerrecht, und das kostete drei Jahreslöhne – unerschwinglich, wenn zum Sparen nichts übrig bleibt. Nichteheliche Sexualität aber war als Unzucht strafbar. Wer unter den Armen, ohne Bürgerrecht, gegen alle Widerstände als Paar leben und Kinder haben wollte, musste es entschlossen illegal tun, wie der Steinhauer Jacob Grabis: 18 Jahre lang hat die Polizei ihm nachgesetzt, dem Gefährten einer Pauline Maier und Vater ihrer drei Kinder, die er alle in «Vaterpflicht und Treue versorgt». Die Staatsgewalt tat rastlos alles, um das illegitime

Paar zu trennen. Vergeblich. Das Private war zweifellos immer schon politisch.

91 Zacharias Wertheim: Medicinische Topographie von Wien, Leben und Überleben im Biedermeier, Wien 1999, S. 85 f.

92 Mill/Taylor: Die Unterwerfung der Frauen, S. 454 ff.

93 Diese kämpferische Diagnose der Mills im Namen gleichen Rechts sollte indes nicht als ein vollständiges Bild der Epoche gesehen werden. Peter Gay zeichnet in seinem gewinnenden Buch «Die zarte Leidenschaft», das er der Liebe im bürgerlichen Zeitalter widmet, ein durchaus anderes Bild, das von Zärtlichkeit und Lust, von Zuneigung und Sehnsucht geprägt ist.

94 Kant: Idee zu einer allgemeinen Geschichte, S. 42.

95 Diesen Entdeckungen Freuds habe ich mich in einem Text eingehend gewidmet: Elisabeth von Thadden: War Freud ein guter Vater?, in: DIE ZEIT, 27.5.2010.

96 Süddeutsche Zeitung, 27.7.2017.

3. Kapitel
Abstand: Beinfreiheit für den Körper

1 Thomas Nipperdey: Deutsche Geschichte 1866–1918, 1. Bd., Arbeitswelt und Bürgergeist, München 1990, S. 142.

2 Clemens Zimmermann: Von der Wohnungsfrage zur Wohnungspolitik. Die Reformbewegung in Deutschland 1845–1914, Göttingen 1991, S. 25 f., Nipperdey: Deutsche Geschichte, 1. Bd., S. 142.

3 Ebd. Die Charakteristika dieser Jahrhundertwende wären hier ein eigenes vergleichendes Kapitel wert, wenn sie nicht bereits relativ gut bekannt und auserzählt wären. Es ist ein Spektrum der erlittenen Körperverhältnisse, das sich erzählerisch und analytisch aufspannen ließe vom nächtlichen Stundenschlaf dieser männlichen «Schlafgänger» um 1900, Wohnungslosen, die platzsparend für bezahlte Stunden in den Betten anderer schliefen oder gar an Seile gelehnt wurden, bis zu den Ruhrerkrankungen in den von mehreren Kindern geteilten Betten in den Arbeiterwohnungen des Wedding. Es wäre die Rede nicht nur von räumlicher Enge, sondern auch von den würdelosen Wohnverhältnissen des Hungerns, Stinkens, Krepierens, die Jack London in seiner London-Slum-Studie um 1903 festgehalten hat, einem Meilenstein der sozialen Reportage, «Menschen der Tiefe».

4 Georg Simmel: Die Großstädte und das Geistesleben, in: ders.: Das Individuum und die Freiheit, Berlin 1984, S. 192.

5 Ebd., S. 197.

6 Ebd.

7 Was wir unter nah verstehen, ist bis in die Gegenwart stark von psychologischen Faktoren geprägt. Es ist etwa interessant festzustellen, dass sich Menschen stark verschätzen, wenn es darum geht anzugeben, wie viele Fremde sich in ihrer Nähe aufhalten. Fragt man die Europäer in der Flüchtlingskrise, wie viele Muslime in ihrer Gesellschaft leben, so ergeben sich starke Divergenzen: In Frankreich leben 8 Prozent Muslime, die Schätzung aber ergibt 31 Prozent. In Kanada werden aus realen 2 Prozent geschätzte 20, in Großbritannien aus realen 5 geschätzte 21 und so fort. In Deutschland liegt das Verhältnis bei 6 realen zu 19 gefühlten Prozent (Zahlen nach Jürgen Kaube: Ignoranztabelle, FAZ, 10.1. 2015). Hingegen wird die Zahl der Christen im eigenen Land realistisch eingeschätzt. Phantasiert wird also nur die Menge der Fremden. Es stellt sich die Frage, ob nicht gerade die faktische physische Distanz in den wohlhabenden Gesellschaften mit viel Wohnraum dazu beiträgt, dass man nicht realistisch einschätzt, wer einem nah kommt und wer fremd ist.

8 Simmel: Die Großstädte und das Geistesleben, S. 201.

9 Hartmut Rosa spricht von der Weltreichweite, die moderne Individuen typischerweise ständig vergrößern wollen. Für seine Analyse ist daran das Moment der zwanghaften Steigerung das Entscheidende. Dass diese Steigerung der Reichweite zugleich eine Form der Abwehr von Nähe bedeutet, ist nirgends so anschaulich zu lesen wie in diesem Essay von Simmel.

10 Interessanterweise spielt der Abstand als Privileg auch in Lynn Hunts Geschichte der Menschenrechte eine hervorgehobene Rolle, weshalb diese Fußnote, leicht modifiziert, in zwei Kapiteln dieses Buchs steht, vgl. oben, S. 184. Hunt fragt: Warum schien in der Mitte des 18. Jahrhunderts auf einmal der Körper eines rechtlichen Schutzes zu bedürfen, den er zuvor nicht genossen hatte, aber auch nicht gefordert? Ihre Vermutung lautet, es liege daran, dass der Körper überhaupt erst jetzt als eine getrennte Einheit wahrnehmbar wurde, spürbar zuerst daran, dass es zum Schlafen nun unter Wohlhabenden je eigene Zimmer gab. In Paris haben zwei Drittel von ihnen eigene Schlafzimmer, und dass dies nicht einfach der Ausweis von Platzreichtum war, zeigt der Vergleich mit den Esszimmern, von denen nämlich nur ein Siebtel der Häuser ein gesondertes hatte. Hunt betont daher: Der individuelle Körper hatte seit jener Zeit um 1750 zumindest in der Vorstellung der europäischen Wohlhabenden eine neuartige eigene, geradezu separate Würde. Denn erst jetzt entstand tatsächlich ein räumlicher Abstand zwischen den Menschen,

der es nahelegte, zwischen dem Körper des einen und dem des anderen zu unterscheiden und ihnen jeweils einzeln ihre Unversehrtheit zu wünschen. Norbert Elias hat den Prozess, in dem sich in Europa die Konturierung getrennter Körper vollzieht, schon mit dem 14. Jahrhundert beginnen lassen, auch wenn es nur kleine soziale Gruppen der weltlichen Oberschicht sind, für die dieses Privileg gilt (Ders.: Über den Prozeß der Zivilisation, Bd. 1., Frankfurt a. M. 1997, S. 35). Für meinen Gedankengang ist entscheidend: Dieser Prozess lässt sich weltweit bis heute von Ort zu Ort zu je anderen Zeitpunkten ansetzen, und er setzt sich fort.

11 Simmel: Die Großstädte und das Geistesleben, S. 200.

12 Dass diese Individualisierung im kapitalistischen Wettbewerb um Markttauglichkeit zum Zwang wird, übergehe ich hier zunächst, um diesen Zusammenhang im folgenden Kapitel darzustellen.

13 Gerhard Matzig: Es wird eng, in: Süddeutsche Zeitung, 29.11.2017. Dazu neuerdings der Psychiater und Psychotherapeut Mazda Ali: Stress and the City. Warum Städte uns krank machen. Und warum sie trotzdem gut für uns sind, München 2017.

14 Die folgenden drei Absätze über den Film «Meine glückliche Familie» wurden in ähnlicher Form in der ZEIT gedruckt: Elisabeth von Thadden: Und wer bist Du?, in: DIE ZEIT, 12.7.2017.

15 Mir sind keine Studien bekannt, die unfreiwillige Berührung, Gewalt und Wohnfläche miteinander in empirisch valider Weise korrelieren. Wohl aber gibt es eine breite Forschung, die zu Tage fördert, dass unfreiwillige Enge und Aggressivität in gegenwärtigen Wohnverhältnissen miteinander zusammenhängen – wie auch Einsamkeit und die Angst vor Bedrohungen miteinander verbunden sind. Der «Spiegel» hat in Guido Kleinhubberts Reportage «Immerhin kuschelig» vom 1.4.2017 den Kenntnisstand dargestellt. Dieser besagt aber auch: Die Fläche allein sagt nichts darüber aus, wie angenehm oder unangenehm eine Wohnung ist. Licht und Freiwilligkeit und Lage spielen eine erhebliche Rolle. Unübersehbar aber geht es um eine Entwicklung, die dem Körper immer mehr Platz zum Wohnen gibt und zugleich körperlichen Übergriffen rechtlich mehr und mehr Aufmerksamkeit schenkt.

16 Didier Éribon: Rückkehr nach Reims, S. 87 ff. Der von Philippe Ariès und Georges Duby herausgegebene fünfte Band zur Geschichte des privaten Lebens berichtet von der «Revolution», die Frankreich seit den frühen fünfziger Jahren durchlaufen hat: Noch die Volkszählung von 1954 erhebt, dass von 13,4 Millionen Wohnungen nur 58,4 Prozent fließendes Wasser haben, nur 26,6 Prozent eine Innentoilette, nur 10,4 ein Bad oder Dusche und Zentralheizung. Erst mit den staatlichen Wohnungsbauprogrammen seit 1953 wurde es zur Norm, dass Wohnungen über ein

getrenntes Elternschlafzimmer verfügen sollten. In: ebd., S. 67 ff. Übrigens läge in dieser Geschichte des Wohnens natürlich auch der Grund, dem Körpergeruch als Motiv dafür nachzugehen, nach Abstand zu suchen – und nicht nur der unfreiwilligen Berührung.

17 Éribon: Rückkehr nach Reims, S. 87 ff.

18 Piotr Adamowicz: Gdansk according to Lech Walesa, Gdansk 2013, S. 33 f. (hier aus dem Engl. übersetzt EvT).

19 Siehe unten, Kapitel 4, S. 121 ff.

20 Norbert Elias: Über den Prozeß der Zivilisation. Soziogenetische und psychogenetische Untersuchungen, Bd. 1, Frankfurt a. M. 1997 (zuerst 1939), S. 315 ff. Siehe auch Anm. 12 in diesem Kapitel.

21 All diese Zahlen und Daten verdanke ich Barbara Notheggers Buch über Wohnexperimente (dies.: Sieben Stock Dorf. Wohnexperimente für eine bessere Zukunft, Salzburg 2017), die eine Übersicht über neue Nachbarschaftsinitiativen bietet, ebd. S. 173. Zu Notheggers eigenem Wohnprojekt siehe unten in diesem Kapitel, S. 104 ff.

22 Dieser Prozess findet gegenwärtig weltweit statt. In China beispielsweise vollzog sich ein Anstieg der Wohnfläche in Städten von 2002 bis 2012 von 24,5 m² pro Kopf auf 32,9 m², und dies trotz einer massiven Zuwanderung vom Land, wo die Wohnfläche pro Kopf auch deshalb sogar noch stärker anstieg als in den Städten (Daten nach: Reserve Bank of Australia: Housing Trends in China and India, Bulletin March Quarter 2014, S. 65 ff.). Die Bundesrepublik liegt mit 45 m² pro Person im weltweiten Vergleich zusammen mit anderen europäischen Staaten, wenngleich weit hinter den USA mit ihren 75 m² pro Person, an der Spitze des Wohnflächenraums. Zum Vergleich: in der Türkei sind es heute 18 m² pro Person, in Russland 22 m², in Nigeria 6 m² (Daten in: DIE ZEIT, 30.4.2014).

23 FAZ, 7.1.2016. Zu den kulturellen Varianten der 45 cm Mindestabstand vgl. Denise Jeitziner: Eingepfercht, in: Weltwoche, 5.5.2011. Interessanterweise gilt diese Feststellung nicht für Rockkonzerte, Clubs, das Public Viewing bei Fußballweltmeisterschaften oder Ereignisse wie die Love Parade. Offenbar sind solche punktuell gesuchten und eingehegten Erfahrungen von Nähe etwas konstitutiv anderes als zeitlich unbegrenzte Begegnungen unter Fremden.

24 Vgl. S. 55 ff.

25 Einpersonenhaushalte machen 41 Prozent aller Haushalte aus (in Ostdeutschland, also den neuen Bundesländern, sind es sogar etwas mehr, nämlich 43,7 Prozent), Zweipersonenhaushalte machen 34,4 Prozent der Haushalte aus, Dreipersonenhaushalte 12,4 Prozent, Vierpersonenhaushalte 9,1 Prozent und Haushalte mit fünf und mehr Menschen bilden nur 3,3 Prozent. Quelle: Statistisches Bundesamt.

26 Während noch 1945, als nach und nach etwa vier Millionen Vertriebene eintrafen, von den rund 4 Millionen ostdeutschen Wohnungen 1,4 Millionen ganz zerstört oder schwer beschädigt waren, lag bereits 1961 der Durchschnitt der Wohnfläche pro Kopf bei 16,7 m², aber noch 1969 hatte nur ein Drittel der Wohnungen Bad oder Innen-WC. Zum Ende der DDR galt für eine vierköpfige Familie eine Drei-Zimmer-Neubau-Wohnung mit 67 m² als angemessen. Dass sich die Entwicklung in Ostdeutschland nachholend langsamer vollzog, mag man daran erkennen, dass die Wohnfläche heute noch, trotz der starken Abwanderung, viel niedriger ist als im Westen: In Niedersachsen lebt gegenwärtig jeder durchschnittlich auf 50,7 m², in Mecklenburg-Vorpommern auf 44,2 m² (Zahlen nach: Annette Kaminsky: Illustrierte Konsumgeschichte der DDR, Erfurt (Landeszentrale für politische Bildung Thüringen) 1999, S. 81 f., und Stefan Wolle: Die heile Welt der Diktatur, Berlin 1998, S. 183 f.).

27 Um nicht missverstanden zu werden: Es besteht kein Grund für Euphemismen. Die Zahl von fast einer Million Menschen ohne Wohnung zu Jahresbeginn 2018 macht deutlich, dass die Freiwilligkeit allein keineswegs ausreicht, um für Wohnraum zu sorgen. Im Gegenteil, die Tatsache, dass in Deutschland beim Teilen von Wohnraum die Freiwilligkeit an ihr Ende kommt, will ich im folgenden Abschnitt des Kapitels «Freiwillig nah» eigens erörtern.

28 FAZ, 3.6.2016.

29 Website Smarthome Duplex.

30 Hier erwähne ich nur einige der aktuellen Texte, quer durch alle Zeitungsgenres: Dinah Riese: Das reicht, taz, 6.5.2017. Elisabeth Hessendörfer: Zu dritt auf 14 m², Eltern, 1.6.17. Christian Tröster: Platz ist in der kleinsten Treppe, Welt am Sonntag, 2.7.2017. Andrea Jeske: Kleiner Raum, große Freiheit, Brigitte, 2.8.2017. Jeanette Bederke: Leben auf 17 m², Süddeutsche Zeitung, 25.8.2017. Christine Mattauch: Mini Wohnung, Maxi Rendite, Süddeutsche Zeitung, 24.11.2017. Bild-Zeitung, ohne Autor: So kommen Sie an ein Tiny house, Bild, 8.10.2017. Den Anstoß gab: Guido Kleinhubbert: Immerhin kuschlig, Der Spiegel, 1.4.2017.

31 Auch zu diesem Thema gebe ich hier nur eine Auswahl aktueller Texte wieder: Jane Brody: How loneliness takes a toll on our health, New York Times, 28.2.2018. Antje Schmelcher: Ist der Mensch einsam, leidet die Demokratie, FAS, 25.2.2018. Kathrin Klette: Einsam trotz sozialer Netzwerke, NZZ, 12.2.2018. Jagoda Marinic: Einsamkeit, Süddeutsche Zeitung, 27.11.2018. Julia Schaaf: Einsamkeit schädigt die Gesundheit, FAZ, 21.1.2018. Giovanni Frazetto: Einsamkeit funktioniert wie ein Filter, Der Spiegel, 20.1.2018.

32 Van Bo Le-Mentzels Tiny-Häuser sind Teil einer viel umfassenderen

Bewegung, die aus den Vereinigten Staaten kommt und dem herkömmlichen «Bigger is better» seit den 90er Jahren ökologisch verträgliche Alternativen des Downsizing entgegensetzt. Ich habe mich hier für Van Bo Le-Mentzels Denken und Arbeiten entschieden, weil es die Flüchtlingszuwanderung in seine Tätigkeit aufnimmt und damit die aktuelle Balance von Nähe und Abstand gestaltet.

33 Ich zitiere ihn hier nach dem Film von Reinhard Kahl, von dem in diesem Kapitel gleich die Rede sein wird.

34 Siehe dazu die website utopia.de.

35 Nothegger: Sieben Stock Dorf. Dort berichtet Nothegger von einem ganzen Panorama ähnlicher Projekte, das Buch ist nebenbei eine ausgezeichnete Informationsquelle für Leute, die ähnliche Experimente erwägen. Und es enthält zudem eine kleine Historie des freiwilligen gemeinsamen Wohnens in der Moderne, die ausgesprochen lesenswert ist. Sie zeigt unter anderem: Vieles Neue ist alt. Natürlich gedeiht unterdessen auch eine so einfallsreiche wie wegweisende Forschung auf dem Feld des Wohnens in neuen Eigentumsformen. Um nur ein besonders ertragreiches Beispiel zu nennen: der Band «Wohnraum für alle» (Bielefeld 2017), den unter anderen Barbara Schönig herausgegeben hat.

36 Ebd., S. 29 ff.

37 München ist in dieser Hinsicht heute ebenso eine Pionierstadt. Für Wohnprojekte hat die Stadt bis zu 40 Prozent der Neubau-Wohnflächen geplant. Ein ambivalenter Fortschritt, denn Neubau ist etwas anderes als die soziale Verdichtung in bestehenden Wohnverhältnissen. Hier ist leider nicht der Raum, um dies im Städtevergleich einzeln darzustellen. Und ebenso wenig kann ich hier das Dilemma erörtern, das durch diese städtische Verdichtung entsteht: die Leerung des ländlichen Raums nämlich. Es ist ja nicht übertrieben festzustellen, dass für viele Landbewohner die leerstehenden Gebäude ebenso bedrückend wirken wie für Städter der Wohnraummangel.

38 Themenheft Bauen, Wohnen Nachhaltigkeit, Nr. 55, Juni 2011, S. 4. Für Deutschland sind mir leider keine vergleichbaren Werte bekannt.

39 NZZ, 8.12.2016.

40 Typischerweise besteht aber kein Zusammenhang zwischen Angst und Gefährdung, oder in den Worten einer Studie des Instituts Wohnen und Umwelt: «Angstorte sind keine Tatorte, und Tatorte sind keine Angstorte.»

41 Knapp zwei Drittel der über 65-jährigen leben allein. Und wenn man es auf das Leben in den eigenen vier Wänden bezieht: 85 Prozent aller Menschen ab 85 leben im eigenen Haushalt. Daten nach dem Siebten Altersbericht der Bundesregierung, Nov. 2016, S. V ff. und S. 181 ff.

42 Pflegebericht der Bundesregierung, Dezember 2016.

43 Zahlen nach dem Altenbericht, S. 222. Es ist zweifellos wünschenswert, dass Menschen im Alter in ihrer vertrauten Umgebung bleiben können. Einmal mehr aber ist der Faktor Freiwilligkeit von Belang: Daher sind Wohnformen bedenkenswert, die es erlauben, unfreiwilliger Einsamkeit zu entkommen. Für die Stadt Wien hat die Architektin Freya Brandl die Folgen des Alleinbleibens für das Jahr 2035 skizziert: Mehr als 600 000 Wiener wären dann älter als 60, und wenn nur jene 10 Prozent, die sich gern verändern würden, ihre 100 m^2 gegen 50 m^2 eintauschen würden, schätzt Freya Brandl, so entstünden 3 Millionen Quadratmeter an Nettowohnfläche für die Neuankömmlinge auf dem Wohnungsmarkt. Nothegger, S. 129.

44 Siebter Altenbericht, S. V ff.

45 Vgl. dazu unten S. 112 f.

46 Ein Hinweis zumindest auf die ökologische Seite dieser Entwicklung soll hier annotiert werden, denn auch dieser Aspekt der Moderne gäbe ein eigenes Kapitel des Wohnens ab: Ginge es nach Greenpeace, wäre eine durchschnittliche Wohnfläche pro Kopf von 30 m^2 empfehlenswert. Eine aktuelle Studie zu den wichtigsten Energieeinsparquellen platziert, hinter dem Energiesparen und der Dekarbonisierung der Wirtschaft, das Verringern der Wohnflächen auf Platz drei der politischen Prioritäten. Die Schwierigkeiten sind bekannt: Die Entwicklung von Bevölkerungsstruktur, Haushaltsgröße und Wohlstand sind der Grund dafür, dass in Deutschland ein Drittel des Energieverbrauchs durch Gebäude und deren Emissionen entsteht. 70 Prozent des deutschen Gebäudebestands sind älter als 30 Jahre und in Privateigentum, ihre energetische Sanierungsquote liegt bei 0,8 Prozent (Christina Newinger: Energie.wenden. Chancen und Herausforderungen eines Jahrhundertprojekts, München 2017, S. 50 ff.).

47 Pflegebericht, S. 70.

48 Ebd., S. 23.

49 Juliane Voigt: Sloterdijks Sicht auf ein vielbeschriebenes Thema, NDR 1, 7.4.2016.

50 Vgl. oben, Kapitel 1, S. 31.

51 Die Autoren geben einen Überblick über diese Forschungsgeschichte: John T. Cacioppo/Stephanie Cacioppo/John P. Capitanio: «Toward a Neurology of Loneliness», in: Psychological Bulletin 2014, Vol. 140, No. 6, S. 1464–1504. Darüber hinaus boomt die Einsamkeitsforschung seit Sherry Turkles Buch «Alone together» von 2011. Ich verweise hier stellvertretend nur auf die Arbeiten von Olivier Remaud: Solitude volontaire, Paris 2017 und die Webseite der Philosophin Kerrin Jacobs mit ihren jüngsten Veröffentlichungen zum Thema Einsamkeit: kerrin-jacobs.de.

52 Ich folge hier dem Forschungsüberblick in Cacioppos und Capitanios umfangreichem Paper «Toward a Neurology of Loneliness», S. 1464 ff. An dieser Stelle meines Gedankengangs lasse ich aber das große Feld der grassierenden Diagnosen zu neuen Krankheitsbildern der sozialen Abgetrenntheit Einzelner bewusst aus: Asperger und Autismus sind nach den Auffassungen der einen als «Geniale Störungen» Auszeichnungen individueller Besonderheit (Steve Silberman hat in diesem Sinne seinen gleichnamigen New-York-Times-Bestseller geschrieben), in den Augen anderer ein missbrauchtes Label, um Aufmerksamkeit zu generieren (der Psychiater Allen Frances hat eine Reihe von kritischen Artikeln dazu geschrieben), in den Augen Dritter einfach eine neue Form, sich monadisch vom «creepy life» der anderen fernzuhalten, um sich, auf das Selbst konzentriert, der eigenen Arbeit widmen zu können. Gewiss jedenfalls finden sich neue Erscheinungsformen des monadischen Lebens nicht nur in den Suchmasken der Arbeitgeber in Silicon Valley, sondern sie stehen auch im Fokus medizinischer und psychiatrischer Forschungsinteressen. Sie sind zweifellos attraktiv, wie man etwa am Erfolg von Benedict Cumberbatch in der Rolle des perfekt funktionierenden Soziopathen Sherlock Holmes sehen kann. Doch die Deutungsvarianten dieser Diagnosen sollten nicht verdecken, dass es jenseits alles Modischen und Umstrittenen das klinische Bild des Autismus gibt, das meines Erachtens eine leichtfertige Diskussion hier verbietet.

53 Siehe oben S. 20 ff.

54 Ebd., S. 1465 ff.

55 Diese Perspektive entfaltet nun der Pariser Sozialwissenschaftler Olivier Remaud: Solitude volontaire, Paris 2017.

56 Cacioppo u. a.: Toward a Neurology of Loneliness, S. 1497.

57 Sherry Turkle: Alone Together. Why we expect more from Technology and less from each other, New York 2011. Die Widmung an Rebecca ist dem Buch vorangestellt.

58 Heinrich Heine: Nachwort zum Romanzero, in: ders.: Werke, Band 1, hg. von Martin Greiner, Köln 1956, S. 464.

59 Alessandra Lemma und Luigi Caparotta haben einen Band herausgegeben, der die Erfahrungen mit digitaler Therapie sammelt. Im Original erschien der Band 2014. Dort sind besonders die Aufsätze von Scharff und Gabbard lesenswert, wenngleich auch sie noch kaum Empirie bringen. Interessant ist allerdings ihre Beobachtung, dass traumatische Erfahrungen in der Therapie *gerade* durch die digitale Distanz gut zu besprechen und zu bearbeiten sind.

60 Diesen Stand der Dinge stellt auch der Psychiater Thomas Fuchs in einem 2014 erschienenen Aufsatz dar: ders.: The Virtual Other. Empathy

in the Age of Virtuality, in: Journal of Consciousness Studies, Vol. 21, No. 5–6, May/June 2014, S. 169 ff.

61 Eine gekürzte Fassung dieses Gesprächs findet sich in der ZEIT vom 15.4.2015 gedruckt wieder.

62 Dieses Kondensat habe ich aus Vera Kings eingehendem mündlichen Bericht hergestellt, sie hat es danach für den Abdruck in diesem Buch autorisiert. In gedruckter Form findet sich manches aus diesem Bericht inzwischen wieder in Vera Kings Aufsatz: Geteilte Aufmerksamkeit, in: Psyche, August 2018.

63 Mit diesem Begriff schließe ich an die Diagnose des Jenaer Soziologen Hartmut Rosa an, der sie in seinem Buch «Beschleunigung. Die Veränderung der Zeitstrukturen in der Moderne» von 2005 umfassend gestellt hat.

4. Kapitel
Alles oder nichts? Das gejagte Selbst

1 Das Jenaer Postwachstumskolleg, in dem dieses Buch seinen Anfang nahm, versteht die Moderne als die Epoche, in der sowohl die Beschleunigung wie auch die Vermarktlichung fortgesetzte Steigerung und Wachtumszuwächse erzwingen, die alle Lebensbereiche bestimmen: immer mehr, immer schneller, immer weiter. Nachzulesen etwa in: Klaus Dörre/Stephan Lessenich/Hartmut Rosa: Soziologie-Kapitalismus-Kritik, Frankfurt a. M. 2009. In diesem Sinne der «Steigerungsmoderne» will ich hier nun darlegen, was dieser Prozess mit dem verletzbaren Körper macht, der auf den Markt geht. Eva Illouz hat in ihrem Buch über das Selbst gezeigt, wie die andauernde Heilungsbedürftigkeit das spätmoderne Selbstbild prägt. In ihrem Aufsatz über die Resilienz analysiert Illouz die ökonomisch befeuerte Abschottung des Selbst gegen das Leiden in einer zu meiner Argumentation analogen Weise (dies.: Resilience, in: Le Monde, 20.6.2016). Es geht ihr allerdings nicht um den verletzbaren Körper im engen Sinne, sondern um die ökonomisch erwünschte Selbstabdichtung gegenüber negativen Gefühlen wie Wut, Trauer, Schmerz oder das Leiden an Ungerechtigkeit. All diese Gefühle passen nicht zum perfekten optimistischen Performer.

2 Als das «Selbst» bezeichne ich hier, im Alltagssinn des Wortes, jene leib-seelische Verkörperung, als die ein Mensch sich individuell versteht und empfindet. In diesem Sinne spricht man davon, man selbst zu sein, etwas selbst zu tun oder mit sich selbst im Reinen zu sein.

3 Der Kultursoziologe Andreas Reckwitz hat sein gegenwartsdiagnostisches Buch «Gesellschaft der Singularitäten» (Berlin 2017) diesem Großvorhaben gewidmet. Schon im Jahr 2000 ist unter dem Titel «Einzigartigkeit» die Studie von Undine Eberlein erschienen, die zu Tage fördert, wie das moderne Individuum wahlweise daran arbeitet, sich selbst zu finden oder zu erfinden, zwei Vorhaben, die einander allerdings zumeist zum Verwechseln ähnlich sind.

4 Das jüngste von Eva Illouz herausgegebene Buch «Wa(h)re Gefühle» geht dem Zusammenhang von Konsum und Authentizität in einer Sammlung von Aufsätzen nach. Dies (Hg.): Wa(h)re Gefühle. Authentizität im Konsumkapitalismus, Berlin 2018.

5 Siehe Plakate und Zahlen, kommentiert von Layla Zanchi, auf der Seite «20minuten».

6 FAZ, 23.2.2017, Gespräch mit der Psychiaterin Dagmar Pauli.

7 Die Zahlen legen nahe, dass Frauen sich in ihrer körperlichen Selbstgeringschätzung von Männern noch immer erheblich unterscheiden: Die International Society of Aesthetic Plastic Surgery (ISAPS) gibt für 2015 an, dass 85,6 Prozent aller Schönheitsoperationen an Frauen vorgenommen werden, die Brüste führen die Statistiken an. Auch die Forschung von Anna Katharina Meßmer zeigt, dass Frauen sich operieren lassen, um als Sexualpartnerinnen für Männer besser in Form zu sein, vgl. das Gespräch mit ihr im Freitag, 22/2017.

8 Das ist gegenwärtig die gefragteste aller Schönheitsoperationen, ihr Anstieg wird auf 30 Prozent im Vergleich zum Vorjahr beziffert, dazu Julia Bähr: Der Körper als Verfügungsmasse, in: FAZ, 19.5.2017.

9 Sie arbeiten übrigens alle höchst energieintensiv. Vermutlich könnte man die europäische Klimabilanz sanieren, indem man diese Perfektionsindustrien schließen würde und die Kunden stattdessen in den nächsten Wald zum Spaziergang schickte.

10 Laura Hertreiter: Copy and Waste, in: Süddeutsche Zeitung, 13./14.1.2018.

11 Diese Summe umfasst «Körperpflege und Gesundheit», die Posten sind nicht präziser aufgefächert. Jüngere vergleichbare Daten gibt es noch nicht, aber man kann angesichts der bisherigen Wachstumskurven mit Gewissheit sagen, dass sie heute höher liegen als gestern. Diese Daten stammen aus dem Portal statista, sie liegen gedruckt vor im Band: Factbook Einzelhandel, Neuwied 2012, S. 92.

12 Die jüngsten Daten des unsichtbaren und kaum je thematisierten (und kaum politisierten!) Energieverbrauchs durch das digitale Leben hat Christiane Grefe im Gespräch mit Tilman Sartorius öffentlich gemacht (Der Stromhunger wächst, in: DIE ZEIT, 1.2.2018). Um die anschaulichsten Zahlen auszuwählen: 7 Milliarden Smartphones herzustellen,

verbrauchte in den letzten 10 Jahren so viel Energie wie ein EU-Land von der Größe Schwedens oder Polens in einem Jahr. Oder: An dritter Stelle weltweit stünde der Energieverbrauch durch das Internet, wenn es ein Land wäre, hinter China und den USA. Die Verschiebung solcher Kosten der Konsumentenklasse hin zum Rest der Welt verdeutlicht Stephan Lessenich: Neben uns die Sintflut. Die Externalisierungsgesellschaft, München 2016.

13 Glatt heißt das generelle Ziel, so zeigt es Anna Katharina Meßmers Studie «Überschüssiges Gewebe» (Berlin/Heidelberg 2017). Im Sonderfall der Vulva aber lautet das Ziel: glatt und geschlossen. Interessant für meinen Zusammenhang ist auch das Paradox: Bei diesen Vulva-Operationen soll sexuelle Offenheit durch eine künstliche Geschlossenheit der Vulva ermöglicht werden. Als sei sie nicht beides ohnehin dank ihrer Anatomie und Muskulatur, gewissermaßen von Natur aus: offen wie geschlossen.

14 Siehe hierzu die Studie von Melinda Cooper: Life as Surplus. Biotechnology & Capitalism in the Neoliberal Era, Seattle/London 2008.

15 Die Sonderheit des technisch vermessenen Sozialen hat Steffen Mau in seiner Studie «Das metrische Wir» (Berlin 2017) dargelegt. Die jüngsten Zahlen zeigen an, dass die digitale Gesundheit ein explodierender Wachstumsmarkt ist, in allen Bereichen, siehe statista Dossier Megatrends 2017, S. 181 ff.

16 Diese jüngeren, aber sicher bei Erscheinen dieses Buchs schon vorgestrigen Beispiele entnehme ich Sonja Banzes Porträt des Digitalisierungs-Beraters Christoph Bornschein in der ZEIT, 1.2.2018.

17 Volkmar Sigusch: Sexualitäten, S. 567. Dass sich das spätmoderne Selbst selbst die Schuld gibt an allem, was schiefgeht, ist eine Eigenart des Selbstvermessens, das alle Zwänge von außen nach innen, in das Innerste des Individuums, verlagert hat.

18 Dies ist der systematische Punkt, an dem die Resonanztheorie von Hartmut Rosa andere Blickweisen öffnet. Sie schafft die Grundlage für Weltbeziehungen, die außerhalb des Marktgeschehens und seiner Steigerungszwänge spürbar sind. Denn sie entziehen sich per definitionem der Intentionalität und Funktionalität. Resonanz ist weder herstellbar noch käuflich. Ich widme mich dem Resonanzgedanken am Ende dieses Kapitels.

19 Den Zusammenhang von Käuflichkeit und Sehnsucht hat zuerst Eva Illouz in ihrem Buch «Konsum der Romantik» (Frankfurt a. M. 2005) dargestellt.

20 Dies ist in den sogenannten guten Hotels in den Skigebieten der Alpen durchaus üblich.

21 Es ist ja zumeist ein Wohlgefühl, für das sich das Körperselbst im kom-

modifizierten Sektor öffnet. Stressbehandlungen durch Floating in Salzwasser dienen der Tiefenentspannung. Diesen Dienst verrichtet Sex durchaus auch, aber gern kontrolliert: Der unerhörte Erfolg der Trilogie «Shades of Grey» zeigte vor ein paar Jahren, dass die Lust, wenn sie nur bürokratisch eingehegt ist, also kontrollierbar, bestens verkäuflich ist.

22 Juliet Schor: Plenitude. The new economy of true wealth, London 2010.

23 Diese Tatsache trägt zum Kern des Rebound-Effektes bei: die Netzeinkäufe sparen keine Energien oder Ressourcen, sondern kommen auf den Konsum oben drauf (Christiane Grefe/Tilman Santarius: Der Stromhunger wächst, in: DIE ZEIT, 31.1.2018).

24 Es gehört, nicht zuletzt, zu den Kernideen des Christentums, dass in der Verletzlichkeit und in der Schwäche des Menschen seine Menschlichkeit liegt. Zumindest in einer knappen Fußnote soll dies hier doch der Rede wert sein.

25 Marc Uwe Kling: Qualityland, Berlin 2017. Im Folgenden greife ich Abschnitte aus meiner Rezension des Buches auf, die ich für dieses Kapitel erweitert habe, vgl. Elisabeth von Thadden: Bitte bewerten Sie mich jetzt, in: DIE ZEIT, 1.11.2017.

26 In der traditionellen Bildwelt der Moderne herrscht oben bei Tage die helle Vernunft, unten im Dunklen aber das bedrohliche Chaos. Hier in Qualityland ist es anders, hier herrscht oben der totale Wahnsinn und unten das Leben.

27 Kling: Qualityland, S. 103.

28 Ebd., S. 104.

29 Ebd., S. 105.

30 Kaum war «Qualityland» in den Bestsellerlisten, gab vor dem Hintergrund der Me-too-Debatte die schwedische Regierung bekannt, dass nun eine Einverständniserklärung der Beteiligten vor dem Geschlechtsverkehr gesetzlich notwendig werde. Dies gibt mir Anlass, hier zu betonen: Bedenkt man, dass die gesamte Moderne das sexuelle Geschehen rechtlich geregelt hat, wie ich in Kapitel 2 berichtet habe, dann braucht man sich nicht darüber zu empören, dass heute wiederum eine rechtliche Regelung das freiwillige Einvernehmen sicherstellen soll. Die groteske Zuspitzung, die Marc Uwe Kling in «Qualityland» künstlerisch durchführt, indem er die Aporien der modernen Körperkampf-Schauplätze auseinander hervortreibt, kann einem allerdings verdeutlichen, dass eine derart rigide rechtliche Kontrolle nicht nur das Unrecht, sondern auch die Lust vertreiben kann.

31 Diese Topoi entsprechen nicht zufällig den Resonanzsphären in der Theorie Hartmut Rosas, siehe unten S. 148 ff. Sie sind in der Moderne die Sphären, an und in denen das Selbst seine Lebendigkeit erfährt.

32 Hier wird ein altes Märchenmotiv variiert: Dem Protagonisten, der seine Empathie für die Schwachen erwiesen hat, kommen übermenschliche Kräfte bei seiner Mission zu Hilfe, etwa die Grimm'schen Siebenmeilenstiefel. Das Besondere der befreiten Maschine aber tritt in dieser Hilfe für den Protagonisten hinzu: «Die Menschen müssen die Maschinen befreien, damit die sich revanchieren können», schreibt Dietmar Dath in seinem Entwurf «Maschinenwinter», weil in den Maschinen die Arbeit der Gattung Mensch steckt, die im zerstörerisch Imperialen der Technik nicht zu Schanden gehen soll. Nichts anderes als die Maschinen zu befreien und menschlich sein zu lassen tut Klings Protagonist Peter, wenngleich im Sinne der lustigen Dystopie, also unerbittlich unernst.

33 Thomas Fuchs: Kopf oder Körper, in: Ruperto Carola Nr. 5, 2014, S. 18–25, dort S. 20.

34 Ebd. S. 18. Nicht umsonst stellt Fuchs in seinem Standardwerk «Das Gehirn – ein Beziehungsorgan» das Nachdenken über das Gehirn einleitend «Vom Kopf auf die Füße», ebd., S. 20 ff. Den ganzen systematischen Zusammenhang des Denkens von Fuchs kann man nachlesen in Thomas Fuchs: Leib, Raum, Person. Entwurf einer phänomenologischen Anthropologie, Stuttgart 2000.

35 Helmuth Plessner: Lachen und Weinen, in: ders. (Hg.), Philosophische Anthropologie, Frankfurt a. M. 1970, S. 11–171, hier S. 40. Thomas Fuchs führt mit seinem Werk auch weiter, was der Philosoph Hermann Schmitz als Erster ausgearbeitet hat. Dem Werk von Schmitz kann ich hier nicht gerecht werden. In diesem Kapitel der Arbeit von Fuchs den Vorzug zu geben, hat deshalb etwas Selektives. Doch hat Fuchs als praktizierender Arzt eine Kenntnis des menschlichen Körpers, die mir für meine Argumentation besonders entgegenkommt. Zudem umfassen seine Studien auch die Veränderungen durch die digitale Welt.

36 An dieser Stelle öffnet sich ein Widerspruch, den ich nicht gänzlich ausräumen kann. Denn der Tastsinnexperte Martin Grunwald meint ja, die Moderne sei eine körperlose Epoche, während Plessner und Fuchs zufolge die Moderne den Körper erst als gestaltbaren Gegenstand mit einem Marktwert entdeckt und also keineswegs körperlos ist. Vielleicht ist der Gegensatz weniger bedeutsam, als er zunächst erscheint. Grunwalds Fokus ist das Spüren und Berühren des Körpers, mithin eben jene Berührbarkeit, die Fuchs seine in der Moderne fast vergessene Leiblichkeit nennt. Für Grunwald wie für Fuchs setzt der moderne Irrweg bei Descartes' Trennung von Körper und Geist an. Gegenüber einem maschinellen Verständnis des Körpers würden wohl beide ihre Skepsis anmelden.

37 Thomas Fuchs, Körper haben oder Leib sein, in: Gesprächspsychotherapie und personenzentrierte Beratung 3/15, S. 147–153, dort S. 148. Dass

für diese Begrifflichkeit Erich Fromms Klassiker von 1976 «Haben oder Sein. Die seelischen Grundlagen einer neuen Gesellschaft» grundlegend ist, macht Fuchs natürlich klar.

38 Fuchs: Kopf oder Körper, S. 20.

39 Fuchs: Körper haben oder Leib sein, S. 148.

40 Ebd., S. 149.

41 Thomas Fuchs: The virtual other, Empathy in the Age of Virtuality, in: Journal of Consciousness Studies, Vol 21, No. 5–6, May/June 2014, S. 153–170. Die Übersetzung des englischen Originals ins Deutsche habe ich selbst vorgenommen.

42 In dieser Haltung ähnelt Fuchs dem Tastsinnforscher Grunwald, der dem Säugetier Mensch seine Natur in Erinnerung ruft, siehe oben, S. 19 ff.

43 Fuchs: The virtual other, S. 170. Viele Telefonseelsorger betonen ihre Erfahrung, dass für den Menschen, der in seiner Not anruft, sich in der Stimme des anderen Menschen zeigt, dass es die Welt dort draußen und den Anrufer selbst wirklich gibt.

44 Allerdings, so meine ich, ist es kein Zufall, dass der Splitter im Fuß dank Auguste Rodins Bildnis des Knaben, der sich den Dorn zu entfernen versucht, zu einem der bewegendsten Gegenstände der Skulpturkunst geworden ist: in ihm, in der Trivialität seiner Verletzbarkeit zeigt sich das Menschliche auch in seiner Anziehungskraft.

45 Jean Améry: Die Folter, 1966, nachgedruckt in: DIE ZEIT, 23.12.2014. Ich zitiere nach diesem im Netz leicht aufzufindenden Nachdruck.

46 Thomas Fuchs: Das Gedächtnis des Leibes, in: Loccumer Pelikan, 3/12, S. 106.

47 In diesen Worten hat der Soziologe Heinrich Popitz die Situation des Menschen beschrieben, siehe oben, S. 64 ff. Der Vater von Heinrich Popitz ist von den Nazis gefoltert und ermordet worden. – Die Folter entzieht sich in mancher Hinsicht der Ordnung eines Buches über das Berühren. Im ersten Kapitel über das Berühren im haptischen Sinne ist nicht ihr Platz, weil die Qual der Folter – auch wenn sie mit Faustschlägen ins Gesicht beginnen mag wie in der Geschichte Amérys – mit dem dort diskutierten Schmerz nichts gemein hat. Im historischen Kapitel zwei wiederum würde die Folter allzu leicht in die historische Relativierung einrücken, als sei sie nicht Gegenwart. Dass diese barbarische Variante der Moderne aber zur Gegenwart gehört, macht sie für die heute Unversehrten zu einem Skandal, der sich kaum verdrängen lässt. So steht Amérys Text über die Erfahrung der Folter – singulär und zugleich stellvertretend für gestern und heute – hier, in diesem Kapitel über den Leib und den dinglich gemachten Körper.

48 Siehe dazu Hartmut Rosas kategorische Abgrenzung der Gewalt, unten S. 151 f.

49 Ebd.

50 Georg Büchner: Lenz, in: ders.: Sämtliche Werke, Bd. 1, Dichtungen, hg. von Henri Poschmann, Frankfurt a. M. 1992, S. 223–253, dort S. 225 bzw. S. 250.

51 Ebd., S. 229 f.

52 Ebd., S. 231.

53 Ebd., S. 242.

54 Ebd., S. 241.

55 Ebd., S. 228.

56 Ebd., S. 250.

57 Hartmut Rosa: Resonanz. Eine Soziologie der Weltbeziehung, Berlin 2016, S. 685.

58 An Hartmut Rosas Buch «Resonanz» war ich im Rahmen des Jenaer Postwachstumskollegs beteiligt, ich habe es während seines Entstehens mit Rosa diskutiert. Daher bin ich keine unbefangene Kritikerin der seit 2016 gedruckt vorliegenden und seither weithin rezipierten, diskutierten und übersetzten Resonanztheorie, möchte aber in diesem Kapitel mit einigen Überlegungen auf sie antworten. Während des Entstehens meines Buches am Jenaer Kolleg hat wiederum Hartmut Rosa es mit mir diskutiert. Das Ergebnis ist hier zu lesen.

59 Rosa: Resonanz, S. 621.

60 Ebd., S. 643.

61 Ebd., S. 693.

62 Ebd., S. 747.

63 Ebd., S. 83.

64 Ebd., S. 744.

65 Ebd., S. 685.

66 Ebd., S. 593.

67 Vgl. Elisabeth von Thadden: Wie Hoffnung klingt, in: DIE ZEIT, 16.7. 2015.

68 Rosa: Resonanz, S. 685.

Ausgangs: Auf dünnem Eis

1 Hans-Wilhelm Müller-Wohlfahrt: Mit den Händen sehen, Berlin 2018, S. 41.

2 www.bundesaerztekammer.de/presse/pressemitteilungen, 10.05.2018.
3 tagesschau.de, 19.12.2017.
4 Siehe oben, S. 76 f.
5 Egbert Tholl: Der allerzarteste Kuss, in: Süddeutsche Zeitung, 15.4. 2018.
6 Paula Cocozza: No hugging, in: The Guardian, 9.3.2018.
7 Frederik Eikmanns: Im Schlaf verdient, in: Süddeutsche Zeitung, 23.5. 2018.
8 Paula Cocozza, a.a.O.
9 Süddeutsche Zeitung, 24./25.3.2018.
10 Helmuth Plessner: Grenzen der Gemeinschaft, Eine Kritik des sozialen Radikalismus, Frankfurt a. M. 2002 (zuerst 1924), S. 107.
11 Goethe: Dichtung und Wahrheit, Hamburger Ausgabe Bd. 10, München 1982, S. 84 f.
12 Goethe: Gedichte, Hamburger Ausgabe Bd. 1, München 1982, S. 131.
13 Goethe: Der Mann von funfzig Jahren, in: Wilhelm Meisters Wanderjahre, Hamburger Ausgabe Bd. 8, München 1982, S. 212.

Literatur und Quellen

1. Monografien und Aufsätze

Piotr Adamowicz: Gdansk according to Lech Walesa, Gdansk 2013
Mazda Adli: Stress and the City. Warum Städte uns krank machen, München 2017
Philippe Ariès/Georges Duby (Hg.): Geschichte des privaten Lebens, Bd. 5: Vom Ersten Weltkrieg zur Gegenwart. Aus. dem Franz. von Holger Fließbach, Frankfurt a. M. 1993
Aristoteles: Über die Seele, in: ders.: Philosophische Schriften in sechs Bänden, Bd 6. Aus dem Griech. von Willy Theiler, bearbeitet von Horst Seidl, Hamburg 1995
Honoré de Balzac: Die Frau von dreißig Jahren. Aus dem Franz. von Konrad Harrer, Stuttgart 1992
Ders.: Die Physiologie der Ehe, Leipzig 1903
Barbara: Es war einmal ein schwarzes Klavier. Unvollendete Memoiren. Aus dem Franz. von Annette Casasus, Göttingen 2017
Zygmunt Bauman: Retrotopia. Aus dem Engl. von Frank Jakubzik, Berlin 2017
Fethi Benslama: La Psychoanalyse à l'épreuve de l'Islam, Paris 2002 (dt.: Psychoanalyse des Islam, Berlin 2017)
Ders.: Le surmuselman, Paris 2016 (dt.: Der Übermuslim, Was junge Menschen zur Radikalisierung treibt. Aus dem Franz. von Monika Mager und Michael Schmid, Berlin 2017)
Andreas Bernard: Kinder machen. Neue Reproduktionstechnologien und die Ordnung der Familie, Frankfurt a. M. 2014
Charles Bernheimer: Figures of ill repute. Representing Prostitution in Nineteenth-Century France, Cambridge, MA, 1989
Franz J. Brüggemeier/Lutz Niethammer: Schlafgänger, Schnapskasinos und

schwerindustrielle Kolonie, in: Jürgen Reulecke/Wolfgang Weber: Fabrik, Familie, Feierabend, Wuppertal 1978, S. 135–177

Georg Büchner: Lenz, in: ders.: Sämtliche Werke, Bd. 1, Dichtungen, hg. von Henri Poschmann, Frankfurt a. M. 1992, S. 223–253

Stephanie und John Cacioppo: Toward a neurology of loneliness, in: Psychological Bulletin, 2014, Vol. 140, No. 6, S. 1464–1504

Michaela Christ: Auf Entdeckungsreise – Heinrich Popitz' «Phänomene der Macht», in: Soziale Passagen. Journal für Empirie und Theorie Sozialer Arbeit 2/2010, S. 251–254

Dies. und Christina Gudehus (Hg.): Gewalt. Ein interdisziplinäres Handbuch, Stuttgart 2013

Dies. und Maja Suderland (Hg.): Soziologie und Nationalsozialismus. Positionen, Debatten, Perspektiven, Berlin 2014

Melinda Cooper: Life as Surplus. Biotechnology & Capitalism in the Neoliberal Era, Seattle/London 2008

Sylvie Consoli: La tendresse. De la dermatologie à la psychoanalyse, Paris 2003

Dietmar Dath: Maschinenwinter. Wissen, Technik, Sozialismus, Frankfurt a. M. 2008

Jacques Derrida: On touching – Jean-Luc Nancy, Stanford 2005

Denis Diderot: «Douleur», in: Jean le Rond d'Alembert/Denis Diderot (Hg.): Encyclopédie, ou dictionnaire raisonné des sciences, des arts et des métiers, Band 5, 1751

Ders: «Jouissance», in: ebd., Band 8, 1765

Suzanne Degges-White: Skin Hunger. Why you need to feed your hunger for contact, in: Psychology Today, 7.1.2015

Klaus Dörner: Helfensbedürftig. Heimfrei ins Dienstleistungsjahrhundert, Neumünster 2012

Barbara Duden: Geschichte unter der Haut. Ein Eisenacher Arzt und seine Patientinnen um 1730, Stuttgart 1987

Jan Eckel: Die Ambivalenz des Guten. Menschenrechte in der internationalen Politik seit den 1940ern, Göttingen 2014

Shereen El Feki: Sex und die Zitadelle. Liebesleben in der sich wandelnden arabischen Welt, München 2013

Norbert Elias: Über den Prozeß der Zivilisation. Soziogenetische und psychogenetische Untersuchungen, Bd. 1, Frankfurt a. M. 1997

Volker Epping: Grundrechte, 4. Aufl., Heidelberg 2010

Didier Éribon: Rückkehr nach Reims. Aus dem Franz. von Tobias Haberkorn, Berlin 2016

Didier Fassin: Das Leben. Eine kritische Gebrauchsanweisung. Aus dem Franz. von Christine Pries, Berlin 2017

Michel Foucault: Überwachen und Strafen. Die Geburt des Gefängnisses. Aus dem Franz. von Walter Seiter, Frankfurt a. M. 1977

Allen Frances: Normal. Gegen die Inflation psychiatrischer Diagnosen. Aus dem Engl. von Barbara Schaden, Köln 2013

Giovanni Frazzetto: Nähe. Wie wir lieben und begehren. Aus dem Engl. von Nele Junghanns, München 2018

Thomas Fuchs: Leib, Raum, Person. Entwurf einer phänomenologischen Anthropologie, Stuttgart 2000

Ders: Das Gehirn – ein Beziehungsorgan, Stuttgart 2008

Ders: Das Gedächtnis des Leibes, in: Loccumer Pelikan 3/12, S. 103–107

Ders.: Kopf und Körper. In: Ruperto Carola Nr. 5, 2014, S. 18–25

Ders.: The virtual other. Empathy in the Age of Virtuality, in: Journal of-Consciousness Studies, Vol. 21, No. 5–6, May/June 2014, S. 153–170

Ders.: Körper haben oder Leib sein, in: Gesprächspsychotherapie und personenzentrierte Beratung, 3/15, S. 147–153

Peter Gay: Die zarte Leidenschaft. Liebe im bürgerlichen Zeitalter. Aus dem Engl. von Holger Fließbach, München 1987

Johann Wolfgang von Goethe: Werke. Hamburger Ausgabe, Band 1, hg. von Erich Trunz, Gedichte und Epen, München 1982

Ders.: Der Mann von funfzig Jahren, in: Werke. Hamburger Ausgabe, Band 8, hg. von Erich Trunz, Wilhelm Meisters Wanderjahre, München 1982, S. 167–225

John Green: Schlaft gut, ihr fiesen Gedanken. Aus dem Engl. von Sophie Zeitz, München 2017

Martin Greschat: Die Zusammenbruchsgesellschaft, in: Ellen Ueberschär (Hg.): Der Deutsche Evangelische Kirchentag. Wurzeln und Anfänge, Gütersloh 2017, S. 19–50

Karin Gröwer: Wilde Ehen im 19. Jahrhundert: Die Unterschichten zwischen städtischer Bevölkerungspolitik und polizeilicher Repression, Hamburg 1999

Martin Grunwald: Homo Hapticus. Warum wir ohne Tastsinn nicht leben können, München 2017

Michael Hagner: Der Hauslehrer. Die Geschichte eines Kriminalfalls, Frankfurt a. M. 2010

Yuval Noah Harari: Homo Deus. Eine Geschichte von Morgen. Aus dem Engl. von Andreas Wirthensohn, München 2017

Heinrich Heine: Romanzero, in: ders.: Werke, hg. von H. M. Greiner, Köln 1956, Band 1, S. 301–466

Stefan-Ludwig Hoffmann: Rückblick auf die Menschenrechte, in: Merkur, 71. Jg., Jan. 2017, Nr. 812, S. 5–20

Lynn Hunt: Inventing Human Rights, New York/London 2007

Eva Illouz: Der Konsum der Romantik. Liebe und die kulturellen Widersprüche des Kapitalismus. Aus dem Engl. von Andreas Wirthensohn, Frankfurt a. M. 2005

Dies.: Warum Liebe weh tut. Eine soziologische Erklärung. Aus dem Engl. von Michael Adrian, Berlin 2012

Dies: Résilience, in: Le Monde, 20.6.2016

Dies: Wa(h)re Gefühle. Authentizität im Konsumkapitalismus. Aus dem Engl. von Michael Adrian, Berlin 2018

Katharina Inhetveen: Körper., in: Gewalt. Interdisziplinäres Handbuch, hg. von M. Christ und Christian Gudehus, Stuttgart 2013, S. 203–208

Hans Joas: Die Sakralität der Person. Eine neue Genealogie der Menschenrechte, Berlin 2011

Ders.: Sind die Menschenrechte westlich?, München 2015

Katharina Kakar: Frauen in Indien, München 2015

Immanuel Kant: Idee zu einer allgemeinen Geschichte in weltbürgerlicher Absicht, in: ders., Werkausgabe in 12 Bänden, Bd. XI, hg. von W. Weischedel, Frankfurt a. M. 1977, S. 33–50

Vera King: Geteilte Aufmerksamkeit, in: Psyche, August 2018

Marc-Uwe Kling: Qualityland, Berlin 2017

Reinhart Koselleck: Vergangene Zukunft. Zur Semantik geschichtlicher Zeiten, Frankfurt a. M. 1979

Ivan Krastev: Europadämmerung. Ein Essay. Aus dem Englischen von Michael Bischoff. Berlin 2017

Andreas Kruse: Lebensphase hohes Alter. Verletzlichkeit und Reife, Berlin/Heidelberg 2017

Bernd Ladwig: Zwei Wege der Begründung von Menschenrechten, in: Die Unversehrtheit des Körpers, hg. von Sibylle van der Walt und Chr. Menke, Frankfurt/New York 2007, S. 187–214

Julia Laite: Common Prostitutes and ordinary citizens. Commercial Sex in London 1885–1960, London 2012

Alessandra Lemma/Luigi Caparotta (Hg.): Psychoanalyse im Cyberspace? Psychotherapie im digitalen Zeitalter, Frankfurt a. M. 2016

Stephan Lessenich: Neben uns die Sintflut. Die Externalisierungsgesellschaft und ihr Preis, München 2016

Gesa Lindemann: Die Verkörperung des Sozialen. Theoriekonstruktionen und empirische Forschungsperspektiven, in: Markus Schroer (Hg.): Soziologie des Körpers, Frankfurt a. M. 2005, S. 114–138

Dies: Weltzugänge. Die mehrdimensionale Ordnung des Sozialen, Weilerswist 2014

Jack London: Menschen der Tiefe. Reportage aus dem Londoner East End um 1900. Aus dem Engl. von Erwin Magnus, Leipzig 2013

Steffen Mau: Das metrische Wir. Über die Quantifizierung des Sozialen, Berlin 2017
Anna Katharina Meßmer: Überschüssiges Gewebe. Intimchirurgie zwischen Ästhetisierung und Medikalisierung, Berlin/Heidelberg 2017
John Stuart Mill und Harriet Taylor-Mill: Die Unterwerfung der Frauen. Aus dem Engl. v. Jenny Hirsch, in: John Stuart Mill: Ausgewählte Werke, hg. von Ulrike Ackermann, Band 1, Hamburg 2012, S. 439–561
Hans-Wilhelm Müller-Wohlfahrt: Mit den Händen sehen, Berlin 2018
Christina Newinger u. a. (Hg.): Energie.wenden. Chancen und Risiken eines Jahrhundertprojekts, München 2017
Thomas Nipperdey: Deutsche Geschichte 1866–1918. 1. Bd.: Arbeitswelt und Bürgergeist, München 1990
Barbara Nothegger: Sieben Stock Dorf. Wohnexperimente für eine bessere Zukunft, Wien 2017
Martha Nussbaum: Creating Capabilities. The Human Development Approach, Cambridge (MA) 2011
Dies: Political Emotions. Why love matters for Justice, Cambridge (MA) 2013
Hellmuth Plessner: Grenzen der Gemeinschaft. Eine Kritik des sozialen Radikalismus, Frankfurt a. M. 2002 (zuerst 1924)
Heinrich Popitz: Phänomene der Macht. Autorität, Herrschaft, Gewalt, Technik, Heidelberg 1992
Andreas Reckwitz: Die Gesellschaft der Singularitäten, Berlin 2017
Olivier Remaud: Solitude volontaire, Paris 2017
Lyndal Roper: Ödipus und der Teufel. Körper und Psyche in der frühen Neuzeit. Aus dem Engl. von Peter Sillem, Frankfurt a. M. 1994
Dies: Hexenwahn. Geschichte einer Verfolgung. Aus dem Engl. von Holger Fock und Sabine Müller, München 2007
Hartmut Rosa: Beschleunigung. Zur Veränderung der Zeitstrukturen in der Moderne, Frankfurt a. M. 2005
Ders.: Resonanz. Eine Soziologie der Weltbeziehung, Berlin 2016
Jean-Jacques Rousseau: Emile oder von der Erziehung, 5. Buch, Sophie oder die Frau. Deutsche Erstübertragung von 1762, vollständig überarbeitet von Siegfried Schmitz, München 1979, S. 469–599
Ders: Diskurs über die Ungleichheit. Kritische Ausgabe des integralen Textes. Aus dem Franz. von Heinrich Meier, 3. Aufl., Paderborn 1993
Andrea Sangiovanni: Humanity without Dignity. Moral Equality, Respect and Human Rights, London 2017
Hermann Schmitz: System der Philosophie, Bd. 2: Der Leib, Bonn 1965
Ders: Der gespürte Leib und der vorgestellte Körper, in: Michael Großheim: Wege zu einer volleren Realität. Neue Phänomenologie in der Diskussion, Berlin 1994, S. 75–91

Barbara Schönig u. a. (Hg.): Wohnraum für alle?, Bielefeld 2017
Juliet Schor: Plenitude. The New Economics of True Wealth, London 2010
Robert Seethaler: Ein ganzes Leben, Berlin 2014
Volkmar Sigusch: Sexualitäten. Eine kritische Theorie in 99 Fragmenten, Frankfurt a. M. 2013
Ders: Das Sex ABC. Notizen eines Sexualforschers, Frankfurt a. M. 2016
Georg Simmel: Das Individuum und die Freiheit, Berlin 1984
Heike Springhart: Der verwundbare Mensch, Tübingen 2016
Charles Taylor: Die Quellen des Selbst. Die Entstehung der neuzeitlichen Identität. Aus dem Engl. von J. Schulte, Frankfurt a. M. 1996
Hans Jürgen Teuteberg: Homo habitans, Münster 1985
Birger Thureson: Die Hoffnung kehrt zurück. Der Arzt Denis Mukwege und sein Kampf gegen sexuelle Gewalt im Kongo, Frankfurt a. M. 2013
Sherry Turkle: Alone together. Why We Expect More from Technology and Less from Each Other, New York 2011
Greta Wagner: Selbstoptimierung. Praktik und Kritik von Neuroenhancement, Frankfurt a. M. 2017
Zacharias Wertheim: Medicinische Topographie von Wien. Leben und Überleben im Biedermeier, hg. von Attila Dunky und Herwig Knaus, Wien 1999
Clemens Zimmermann: Von der Wohnungsfrage zur Wohnungspolitik. Die Reformbewegung in Deutschland 1845–1914, Göttingen 1991

2. Musikalben

Dota Kehr: Alles Konfetti, 2017
Marillion: Marbles, 2004
Pink Floyd: The Wall, 1979

3. Zeitungsquellen

Paula Cocozza: No hugging: Are we living through a crisis of touch?, in: The Guardian, 7.3.2018
Frederik Eikmanns: Im Schlaf verdient, in: Süddeutsche Zeitung, 23.5.2018
Christiane Grefe/Tilman Santarius: Der Stromhunger wächst, in: DIE ZEIT, 31.1.2018

Tobias Haberl: Anfassen, Berühren, Streicheln, in: Süddeutsche Zeitung, 17.10.2008
Stefanie Kara: Oxytocin, unsere Wunderdroge, in: DIE ZEIT, 14.4.2016
Guido Kleinhubbert: Immerhin kuschlig, in: Der Spiegel, 1.4.2017
Caterina Lobenstein: Er hört, wie sie schreien ..., in: DIE ZEIT, 21.4.2016
Dies.: Warum verdient Frau Noe nicht mehr?, in: DIE ZEIT, 7.12.2017
Margarete Moulin: Die unterkuschelte Gesellschaft, in: tageszeitung, 30.4./1.5.2016
Elisabeth von Thadden: Komm, schöner Tod, in: DIE ZEIT, 20.12.2013
Dies.: Wo Helfen hilft, in: DIE ZEIT, 19.4.2012
Dies.: Wir sind Brüder, Gespräch mit Philippe Pozzo di Borgo, in: DIE ZEIT, 29.11.2012
Dies.: Luft und Liebe, Besuch bei André und Dorine Gorz, in: DIE ZEIT, 22.9.2007
Dies.: Über den Tod hinaus, Nachruf auf André und Dorine Gorz, in: DIE ZEIT, 28.9.2007
Dies.: Sigmund Freud – war er ein guter Vater?, in: DIE ZEIT, 27.5.2010
Dies.: Brutalste Aufklärung, in: DIE ZEIT, 30.9.2010
Dies.: Den Tod genießen. Gespräch mit Fethi Benslama, in: DIE ZEIT, 30.3.2017
Dies.: Und wer bist Du? Über den Film «Meine glückliche Familie», in: DIE ZEIT, 12.7.2017
Dies.: Fingerspitze ohne Gefühl. John Greens Roman «Schlaft gut, Ihr fiesen Gedanken», in: DIE ZEIT, 10.1.2018

4. Dokumentationen, statistische Quellen

Polizeiliche Kriminalstatistik BRD, Jahrbuch 2016, Band 2, Wiesbaden 2016
Siebter Altersbericht der Bundesregierung, November 2016
Sechster Pflegebericht der Bundesregierung, Dezember 2016
Zweiter Gleichstellungsbericht der Bundesregierung, Juni 2017
Daten des Portals statista, gedruckt in: Factbook Einzelhandel, Neuwied 2012
Dossier Megatrends des Datenportals statista, 2017
Statistisches Bundesamt
Barmer GEK Pflegereport 2015